中国新经济
蓝皮书
研究报告之二

新理念、新路径、新探索

——惠东县安墩镇践行"五大发展理念"总体开发构想研究报告

裴长洪　吴滁心◎主编

中国社会科学出版社

图书在版编目(CIP)数据

新理念、新路径、新探索：惠东县安墩镇践行"五大发展理念"总体开发构想研究报告 / 裴长洪，吴滁心主编 . —北京：中国社会科学出版社，2017.6
ISBN 978 - 7 - 5203 - 0460 - 3

Ⅰ.①新… Ⅱ.①裴…②吴… Ⅲ.①乡镇—区域经济发展—研究报告—惠东县 Ⅳ.①F127.655

中国版本图书馆 CIP 数据核字(2017)第 123541 号

出 版 人	赵剑英
责任编辑	王 衡
责任校对	朱妍洁
责任印制	王 超

出　　版	中国社会科学出版社
社　　址	北京鼓楼西大街甲 158 号
邮　　编	100720
网　　址	http://www.csspw.cn
发 行 部	010 - 84083685
门 市 部	010 - 84029450
经　　销	新华书店及其他书店
印　　刷	北京君升印刷有限公司
装　　订	廊坊市广阳区广增装订厂
版　　次	2017 年 6 月第 1 版
印　　次	2017 年 6 月第 1 次印刷
开　　本	710×1000　1/16
印　　张	21
字　　数	240 千字
定　　价	88.00 元

凡购买中国社会科学出版社图书，如有质量问题请与本社营销中心联系调换
电话：010 - 84083683
版权所有　侵权必究

编委会

主编 裴长洪　吴滁心

编委 刘洪愧　谢　谦　王雪峰　温文忠

　　　　刘建峰　周壬旭　周小龙　宁建肖

目 录

第一篇 宏观经济形势与任务：怎样接地气？

第一章 中共十八届五中全会"五大发展理念"的提出 ………（3）
- 第一节 五大发展理念提出的背景 ……………………………（3）
- 第二节 五大发展理念的内涵 ……………………………………（6）
- 第三节 五大发展理念的具体目标和任务 ……………………（8）
- 第四节 落实五大发展理念 ……………………………………（10）

第二章 惠东县经济发展的挑战以及惠东县委的战略决策 ……………………………………………………………（12）
- 第一节 惠东县经济发展面临的主要挑战 ……………………（12）
- 第二节 惠东县委的战略决策 …………………………………（15）
- 第三节 惠东县新型城镇化建设构想 …………………………（19）

第二篇 怎样从山区与安墩镇的实际出发

第三章 山区发展的优势与前提：生态环境与可持续性 ……（25）
- 第一节 生态综合一体化开发的指导思想 ……………………（25）

第二节　生态综合一体化开发的基本原则 …………………（28）

第四章　安墩镇生态综合一体化开发 ………………………（32）
　　第一节　安墩镇概况 ………………………………………（32）
　　第二节　安墩镇经济社会发展现状 ………………………（34）
　　第三节　安墩镇资源储量及分布现状 ……………………（38）
　　第四节　安墩镇资源开发及保护现状 ……………………（43）
　　第五节　安墩镇生态综合一体化开发的机遇及挑战 ……（45）
　　第六节　安墩镇生态综合一体化开发的目标 ……………（61）

第五章　安墩镇生态综合一体化开发的方针和战略 ………（66）
　　第一节　十字发展方针 ……………………………………（66）
　　第二节　生态优先保护战略 ………………………………（67）
　　第三节　区域合作整合战略 ………………………………（67）
　　第四节　产业促进培育战略 ………………………………（68）
　　第五节　"以点带面"战略 …………………………………（70）
　　第六节　文化传承发展战略 ………………………………（72）
　　第七节　社会设施完善战略 ………………………………（73）

第三篇　谋篇布局：引入大企业与政企合作

第六章　引入大企业、大资本：广东金东海集团 ……………（77）
　　第一节　公司简介 …………………………………………（77）
　　第二节　发展历程 …………………………………………（79）
　　第三节　资质及荣誉 ………………………………………（81）
　　第四节　主营业务 …………………………………………（89）

目 录

　　第五节　公司业绩 ……………………………………………（90）
　　第六节　竞争优势 …………………………………………（105）
　　第七节　企业文化 …………………………………………（108）
　　第八节　企业发展理念 ……………………………………（109）

第七章　政企合作与总体规划构想 ………………………（111）
　　第一节　解读政企合作 ……………………………………（111）
　　第二节　安墩镇生态综合一体化开发空间布局 …………（114）
　　第三节　安墩镇生态综合一体化开发的保障 ……………（124）

第四篇　谋篇布局：产业发展

第八章　农业：对生态环境最好的保护是利用 …………（131）
　　第一节　安墩镇生态及农业现状 …………………………（131）
　　第二节　实现绿色生态可持续发展 ………………………（133）
　　第三节　安墩镇生态有机农业发展分析 …………………（135）
　　第四节　安墩镇林下经济产业基地发展指引 ……………（140）
　　第五节　农林业发展具体规划 ……………………………（148）

第九章　矿业与陶瓷业：绿色开采　艺术陶瓷 …………（155）
　　第一节　安墩镇瓷土发展情况 ……………………………（155）
　　第二节　安墩镇发展陶瓷业的必要性和可行性 …………（157）
　　第三节　安墩镇陶瓷业发展建议 …………………………（160）

第十章　旅游产业：热汤温泉　客家文化 ………………（172）
　　第一节　旅游产业发展概况 ………………………………（172）

第二节　旅游产业发展趋势 …………………………… (174)
　第三节　安墩镇旅游业的发展条件分析 ………………… (176)
　第四节　安墩镇旅游市场分析 …………………………… (178)
　第五节　安墩镇旅游产业发展规划 ……………………… (181)
　第六节　安墩镇温泉旅游 ………………………………… (186)
　第七节　安墩镇文化旅游 ………………………………… (196)

第十一章　健康养生养老产业:盛世桃源　康乐年华 …… (207)
　第一节　养生养老产业概况 ……………………………… (207)
　第二节　养生养老产业趋势分析 ………………………… (208)
　第三节　安墩镇发展养生养老产业的优势 ……………… (210)
　第四节　养生养老产业定位及特点 ……………………… (215)
　第五节　安墩镇养生养老产业规划分析 ………………… (218)
　第六节　康乐年华健康养生基地 ………………………… (225)
　第七节　盛世桃源项目 …………………………………… (226)

第五篇　谋篇布局:开发模式

第十二章　开发模式一:与农民结成利益共同体 ………… (241)
　第一节　初级形式的利益共同体 ………………………… (242)
　第二节　高级形式的利益共同体 ………………………… (246)
　第三节　保障农民利益的四种机制 ……………………… (250)

**第十三章　开发模式二:与村组织、镇政府结成利益
　　　　　　共同体** ……………………………………… (254)
　第一节　村组织、镇政府的功能定位 …………………… (255)

第二节　利益共同体的组织模式 ………………………… (257)

第十四章　开发模式三:金融支持方式 ……………… (261)
　　第一节　企业融资方式 …………………………………… (261)
　　第二节　农民融资方式 …………………………………… (270)

第十五章　资源整合:总体一级开发与分包二级开发 …… (274)
　　第一节　相关概念界定 …………………………………… (274)
　　第二节　总体一级开发中政府的职责 …………………… (277)
　　第三节　一级开发企业的目标和作用 …………………… (279)
　　第四节　二级开发企业的作用 …………………………… (282)

第六篇　市场开拓与开发预期

第十六章　市场开拓 ……………………………………… (285)
　　第一节　市场开拓总体思路 ……………………………… (285)
　　第二节　目标客源市场 …………………………………… (286)
　　第三节　目标客户群 ……………………………………… (288)
　　第四节　市场营销策略 …………………………………… (290)

第十七章　近期开发预期 ………………………………… (295)
　　第一节　子项目开发预期 ………………………………… (295)
　　第二节　近期建设预期 …………………………………… (297)

第七篇　创新意义的内涵

第十八章　创新意义的内涵 …………………………（309）
第一节　新农村建设创新 ……………………………（309）
第二节　农林业技术创新 ……………………………（315）
第三节　矿业开发创新 ………………………………（318）
第四节　金融支持创新 ………………………………（320）
第五节　开发模式创新 ………………………………（323）

第一篇

宏观经济形势与任务：
怎样接地气？

第一章 中共十八届五中全会"五大发展理念"的提出

党的十八届五中全会在《中共中央关于制定国民经济和社会发展第十三个五年规划的建议》(以下简称《建议》)中首次明确提出"创新、协调、绿色、开放、共享"五大发展理念,标志着党中央和国务院关于发展理念的又一重大突破和进步。理念是行动的先导,发展理念的转变,有利于引领发展思路、发展方向、发展方式的转变。具有战略性、纲领性、引领性的五大发展理念将是实现"十三五"时期发展目标,破解发展难题,厚植发展优势的基础,也将是今后更长时期中国发展思路、发展方向、发展着力点的集中体现。五大发展理念也体现了党中央对中国经济社会发展规律的深刻认识,各级政府和社会各界对此必须要有清醒的认识,并自觉在实际行动中贯彻落实这五大发展理念。

第一节 五大发展理念提出的背景

一 经济发展新常态

改革开放 30 多年以来,中国经济社会发展取得了一系列重大成就。根据国家统计局报告，1979—2012年中国经济年均增速达9.8%，同期世界经济年均增速只有2.8%。但是自2013年以来，中国经济增速开始放缓，2013—2015年国内生产总值（GDP）增速分别为7.7%、7.4%和6.9%。由此不难看出，中国经济增长已经开始进入换挡期，这是未来中国经济发展的新常态。在经济发展新常态背景下，以往的粗放式发展模式将不可持续，经济发展方式必须加快转变，并培育新的经济增长动力。

五大发展理念是在深刻分析国际发展大势、国内发展阶段性特征的基础上形成的。从国际上看，世界经济在大调整、大变革之中出现了一些新的变化趋势，原有增长模式难以为继，科技创新孕育着新的突破。从国内看，"十三五"时期，中国发展的环境、条件、任务、要求等都发生了新的变化，增长速度从高速转向中高速，发展方式从规模速度型粗放增长转向质量效率型集约增长，发展动力从传统增长点转向新的增长点。新的发展变化需要树立新的发展理念。认识新常态、适应新常态、引领新常态，保持经济社会持续健康发展，必须有新思路、新举措。这五大发展理念，符合"十三五"时期中国发展所处的历史方位和特定阶段，揭示了中国经济发展的新特征、新趋势，有利于中国在未来国际竞争中赢得主动，集中体现了中国在"十三五"乃至更长时期的发展思路、发展方向和发展着力点，充分反映了党对经济社会发展规律认识的不断深化。

经济发展新常态下中国经济社会发展面临一系列新的阶段性特征。第一，经济发展呈现速度变化、结构优化、动力转换三个新的特征。第二，增长速度要从高速转向中高速，发展方式要从追求规模速度转向追求质量效益，经济结构调整要从以增量扩能为主转向调整存量、做优增量并举，发展动力要从主要依靠资源和低成本劳动力等要素投入转向创新驱动这"四个战略转变"。第三，国际金融危机发生以来不断变化的世情国情，使新常态下中国发展的重要战略机遇期由原来的加快发展速度的机遇期转变为加快经济发展方式转变的机遇期，由原来规模快速扩张的机遇期转变为提高发展质量和效益的机遇期。

为主动适应和积极引领经济发展新常态，我们必须以变应变，做到变中求新、变中求进、变中突破，走出一条质量更高、效益更好、结构更优、优势充分释放的发展新路。这就必须按照《建议》，从过去较多利用国际市场扩张以增加出口，转变为更多依靠扩大内需带动经济增长；从过去较多利用劳动力比较优势参与经济全球化分工以推动发展，转变为依靠创新驱动发展；从过去较多利用招商引资以促进发展，转变为积极参与全球经济治理，保护和扩大我国发展利益。

二 经济发展面临诸多难题

虽然中国物质基础雄厚、人力资本丰富、市场空间广阔、发展潜力巨大，经济长期向好的基本面没有改变，但是也要清醒地认识到，中国经济发展也面临着发展不平衡、不协调、不可持续的问题。第一，发展方式粗放，创新能力不强，部分行业产能过剩严重，企业效益下滑。第二，城乡之间、东中西部之间发展不平衡，收入差距较大。第三，资源约束趋紧，生态环境恶化趋势尚未得到根本扭转，环境保护压力较大。第四，基本公共服务供给不足，收入差距较大，人口老龄化加快，消除贫困任务艰巨。按照十八届五中全会的分析判断，全面建成小康社会的短板主要存在于社会事业发展、生态环境保护、民生保障等方面，特别是7000多万农村贫困人口生活水平没有明显提高。① 第五，人们的文明素质和社会文明程度有待提高。第六，法治建设有待加强。我们必须增强忧患意识、责任意识，着力在优化结构、增强动力、化解矛盾、补齐短板上取得突破性进展，争取早日跨越中等收入阶段。

第二节 五大发展理念的内涵

《建议》指出了五大发展理念的内涵，坚持创新、协调、绿色、开放、共享五大发展理念，是关系我国发展全局的一场深刻变革。这既是指发展思路、发展方向的变革，也是指发展方式、发展着力点的变革，更重要的是指发展体制机制的变革。

创新是引领发展的第一动力。必须把创新摆在国家发展全局的核心位置，不断推进理论创新、制度创新、科技创新、文化创新等各方面创新，让创新贯穿党和国家的一切工作，让创新在全社会蔚然成风。要加快形成促进创新的体制机制，形成有利于创新发展的市场环境、产权制度、投融资体制、分配制度、人才培养和使用体制，塑造更多依靠创新驱动、更多发挥先发优势的引领性发展。

协调是持续健康发展的内在要求。必须正确处理发展中的重大关系，重点促进城乡区域协调发展，促进经济社会协调发展，促进新型工业化、信息化、城镇化、农业现代化同步发展，不断

---

① 新华网，2015年12月6日。

增强发展整体性。通过协调发展，塑造要素自由有序流动、主体功能约束有效、基本公共服务均等、资源环境可承载的区域协调发展新格局，不断增强发展整体性。

绿色是永续发展的必要条件和人民对美好生活追求的重要体现。必须坚持节约资源和保护环境的基本国策，坚持可持续发展，坚定走生产发展、生活富裕、生态良好的文明发展道路，加快建设资源节约型、环境友好型社会，形成人与自然和谐发展现代化建设新格局，构建科学合理的城市化格局、农业发展格局、生态安全格局，推进美丽中国建设，为全球生态安全做出新贡献。

开放是国家繁荣发展的必由之路。必须顺应中国经济深度融入世界经济的趋势，奉行互利共赢的开放战略，坚持内外需协调、进出口平衡、引进来和走出去并重、引资和引技引智并举，发展更高层次的开放型经济，积极参与全球经济治理和公共产品供给，提高中国在全球经济治理中的制度性话语权，构建广泛的利益共同体。

共享是中国特色社会主义的本质要求。必须坚持发展为了人民、发展依靠人民、发展成果由人民共享，并据此做出更有效的制度安排，使全体人民在共建共享发展中有更多获得感，实现全体人民共同迈入全面小康社会，增强发展动力，增进人民团结，朝着共同富裕方向稳步前进。

党中央要求统一贯彻这五大发展理念，不能顾此失彼，也不能相互替代。《建议》在强调"坚持以经济建设为中心"的同时，还强调"坚持以提高发展质量和效益为中心""坚持以人民为中心的发展思想"。把这三个"为中心"并提，不是要改掉以经济建设为中心,而是要把提高发展质量和效益、增进人民福祉和促进人的全面发展作为发展的出发点和落脚点,这正是新的发展理念的新意所在。

第三节 五大发展理念的具体目标和任务

五大发展理念为我们确立了引领经济发展新常态的基本思路和方法,以此为指引,必须重点实现以下发展目标。

第一,加快推动供给侧结构性改革,增强发展的内生动力。当前,中国经济下行压力加大。这其中不乏总量性、全球性、周期性因素的影响,但主要还是结构性问题。贯彻落实新发展理念,要进一步加大供给侧结构性改革力度,用改革的办法推进结构调整,以结构调整带动经济增长。短期内,要以去产能、去库存、去杠杆、降成本、补短板五大任务为重点,稳步推进供给侧结构性改革,实现新旧产业和发展动能的顺利转换。

第二,转变经济发展方式,实现货真价实的增长。以新发展理念指导发展实践,努力改变高投入、高消耗、高污染、低产出的经济发展方式,促进社会全要素生产率提高、企业效益提升、投资效益上升,使发展在"十三五"时期达到新水平。通过创新发展,增强经济增长的内生动力;通过协调发展,提升经济发展的整体水平;通过绿色发展,解决生态环境污染和发展不可持续问题;通过开放发展,提高发展的内外联动性和抗风险能力;通过共享发展,使城乡人民共享改革发展成果。

第三,补齐经济社会发展短板,打赢脱贫攻坚战。建成全面小康社会,最艰巨、最繁重的任务在农村,特别是贫困地区。

"十三五"规划纲要指出：我国还有约5000万建档立卡贫困人口。① 这是全面建成小康社会最大的"短板"。牢固树立共享发展理念，必须坚决打赢脱贫攻坚战，确保到2020年所有贫困地区和贫困人口一道迈入全面小康。为此，应加快实施精准扶贫、精准脱贫，以更大的决心、更精准的思路、更有力的措施，确保到2020年中国现行标准下的农村贫困人口全部实现脱贫。

第四，稳步推进农业现代化建设，夯实现代化的基础。农业是全面建成小康社会、实现现代化的基础，但是中国的农业现代化水平还较低。在农业发展方式上，要发展多种形式适度规模经营，发挥其在现代农业建设中的引领作用，着力构建现代农业产业体系、生产体系、经营体系，提高农业质量效益和竞争力。推动粮经饲统筹、农林牧渔结合、种养加一体，第一、第二、第三产业融合发展，走产出高效、产品安全、资源节约、环境友好的农业现代化道路。在农业发展体制机制上，在稳定农村土地承包关系的同时，要完善土地所有权、承包权、经营权分置办法，依法推进土地经营权有序流转，构建培育新型农业经营主体的政策体系。此外，要通过培养新型职业农民，提高农业生产效率。通过深化农村金融改革，提高制约农业发展的资金约束。大规模推进农田水利、土地整治、中低产田改造和高标准农田建设，加强粮食等大宗农产品主产区建设，探索建立粮食生产功能区和重要农产品生产保护区。优化农业生产结构和区域布局，推进产业链和价值链建设，开发农业多种功能，提高农业综合效益。

---

① 央视网2016年11月28日新闻指出，截至2016年年初，中国贫困人口还有5575万。

第五，发展更高层次的开放型经济，谋求深度融合的国际互利合作。要把我国经济发展放在经济全球化大背景下来筹谋，拓展国际视野和大国胸怀。保持战略定力，更好地利用国际国内两个市场和两种资源，拓展对外开放的广度和深度。提高贸易投资便利化水平，加强国际产能合作，务实推进"一带一路"建设，积极参与全球经济治理和公共产品供给，构建广泛的利益共同体。

第四节　落实五大发展理念

发展理念是发展行动的先导，发展行动是发展理念的最终归宿。只有各级政府和社会各界将五大发展理念牢牢扎根于实践中，其才能真正落到实处。各级党组织和政府必须结合本地实际，根据形势变化，在应对新情况、解决新问题的过程中贯彻落实五大发展理念。

习近平总书记指出，在当前情况下，要全面贯彻党中央决策部署，按照"五位一体"总体布局和"四个全面"战略布局，认真落实五大发展理念，创造性地开展工作。"五位一体"总体布局指的是经济建设、政治建设、文化建设、社会建设、生态文明建设同步推进。"四个全面"战略布局指的是全面建成小康社会、全面深化改革、全面依法治国、全面从严治党。

在实际工作中，各级党组织和政府要把创新摆在国家发展全局的核心位置，让创新贯穿一切工作，让创新在全社会蔚然成风；深刻认识协调是持续健康发展的内在要求，牢牢把握中国特色社会主义事业总体布局，正确处理发展中的重大关系，不断增强发展整体性；深刻认识绿色是永续发展的必要条件和人民对美好生活追求的重要体现，坚定走生产发展、生活富裕、生态良好的文明发展道路，推进美丽中国建设；深刻认识开放是国家繁荣发展的必由之路，奉行互利共赢的开放战略，发展更高层次的开放型经济；深刻认识共享是中国特色社会主义的本质要求，坚持发展为了人民、发展依靠人民、发展成果由人民共享，朝着共同富裕的方向稳步前进。

牢固树立和贯彻落实五大发展理念，还必须提高各级党组织和政府领导干部的素养和能力。要坚持理论联系实际，把党的理论创新成果转化为谋划发展的具体思路，转化为落实发展任务的工作举措，转化为推动科学发展的实际成效。要让广大党员领导干部和全体人民深刻认识经济发展进入新常态蕴含的机遇和挑战，随着经济发展方式加快转变、经济结构不断优化、发展动力持续转化，良好的发展态势可以保持。此外，我们面临诸多矛盾叠加、风险隐患增多的严峻挑战，需要增强机遇意识、忧患意识、责任意识，为实现新的发展蓝图而顽强奋斗。要提高各级领导干部认真贯彻依法治国基本方略的能力，让他们带头尊法学法守法用法，更好地运用法治思维和法治方式深化改革、促进发展、化解矛盾、维护稳定。各级领导干部要以"三严三实"要求来贯彻五大发展理念，标准要严、措施要实，以"严"的精神改进工作作风，以"实"的干劲抓好发展任务。

第二章 惠东县经济发展的挑战以及惠东县委的战略决策

党的十八届五中全会提出将"创新、协调、绿色、开放、共享"作为"十三五"乃至更长时期中国的发展思路、发展方向、发展着力点的集中体现，这为惠州市在新常态下实施创新驱动核心战略，增创"五位一体"绿色跨越新优势提供了重要引领与支撑。"五大发展理念"与惠东县提出的"山海联动"战略具有内在的相关性。惠东县安墩镇综合一体化开发也是响应"十三五"规划五大发展理念而做出的重大战略举措。但是也要清醒地认识到，惠东县经济发展仍面临着诸多挑战，惠东县委和县政府积极应对，提出了一系列战略举措。

第一节 惠东县经济发展面临的主要挑战

一 惠东县基本概况

惠东县是广东省惠州市市辖县，从地理位置上看，惠东县东连汕尾市深汕特别合作区，北靠河源市紫金县，西接惠阳区，南临南海的大亚湾和红海湾。惠东县辖22个镇，根据惠东县统计局数据，截至2015年年底，年末常住人口93.14万人，城镇化率为56.15%，户籍人口84.5万人。惠东籍的港、澳、台同胞，海外侨胞和华裔共18万余人。惠东县毗邻港澳、临近深圳，水陆交通非常便利，基础设施优良，国道广汕公路横穿惠东县城中心，港口大澳塘、平海碧甲和稔山亚婆角作业区已升级为国家一类口岸。总体来看，惠东县属于珠三角地区，有一定地缘优势。但同时也要看到，惠东县只是处于珠三角西侧边缘地带，港澳和深圳等对其辐射的能力较弱；此外，惠东县丘陵山区面积较大，这些都在一定程度上制约了其发展。

惠东县是"广东省的象棋之乡"、全国体育先进县、"广东女鞋名城"、中国女鞋生产基地、粤东商贸物流重镇。惠东县农业经济全面发展，粮食连年丰过时收；工业生产快速增长，已经初步建立起以电子、机械、建材、服装、制鞋为重点，门类比较齐全的工业体系；交通、通信、能源和市政基础设施日臻完善，投资环境不断优化，对外开放水平明显提高；个体私营经济粗具规模，以黄埠、吉隆两镇为代表的个体私营制鞋业已发展成为惠东的支柱产业。

二 经济发展的主要挑战

在经济新常态和新型城镇化建设背景下，惠东县宏观经济发展前景较为乐观，经济社会发展的积极因素持续增加，目前是大有可为的战略机遇期，但也面临着一些潜在风险和挑战，主要体现在以下几个方面。

第一，来自国际宏观经济形势方面的挑战。从国际大环境看，国际金融危机的负面影响仍然存在，全球经济持续低迷，世界经济增速整体处于低位，仍属于危机后的缓慢修复阶段。与此同时，发达国家的贸易政策开始分化，贸易保护主义有所抬头，而且部分地区地缘政治冲突不断加剧，已经成为经济波动的重大风险来源。所有这些因素导致全球对外贸易增速缓慢，甚至出现负增长。这些因素也导致中国外部有效需求不足，2015年以来，进口和出口双双呈现负增长态势。

第二，来自国内经济环境方面的挑战。从国内环境看，经济发展正处于增长速度换挡期、结构调整阵痛期、前期刺激政策消化期三期叠加阶段。总体来看，国内经济仍然存在出口下降、投资增速持续下降、工业生产形势严峻、财政收入下降、金融风险加剧等突出问题。总体来看，预计2016年全国经济将保持在合理区间运行，但增速将有所放缓，保持在6.5%至7.0%之间。此外，中国人口老龄化问题开始凸显，劳动力成本不断上升；资源不断枯竭，进口资源能源不断增加，价格上升；环境污染加剧，环境治理和保护成本增加；等等。这些因素进一步增加了企业运行的成本和不确定性。

第三，来自惠东县自身发展面临的问题。其一是经济结构调整步伐不够快。主导产业竞争力不强、产业链条不完善、处于价值链低端、产业辐射能力不够、新兴产业尚未形成规模等，依然制约着惠东县经济结构的调整步伐，表现在传统制鞋业仍处在价值链低端，高技术制造业和先进制造业规模偏小，占规模以上工业企业总数的比重偏低，新兴产业尚未形成。其二是财税增收形势较为严峻。2015年公共财政预算收入全年仅增长了14.8%，低于"十二五"期间年均28.9%的增长速度。国税和地税收入总额增长了2.0%，增幅与2014年相比下降了22.3个百分点，全年有多个月份处于负增长状态。其三是外贸出口下行压力增大。虽然2015年上半年外贸出口总额增长了16.9%，但是下半年同比增速呈逐月下降趋势，导致全年总体仅增长2.0%。这凸显出惠东县外贸出口企业存量扩能不够、增量发展不足的现状，全县现有出口企业受外需萎缩影响而订单不足，近年来新引进的出口生产型企业较少。

同时，惠东县经济社会发展也面临着其他一些挑战，包括经济发展基础不牢、质效不高、后劲不足，产业转型升级迫切、任务艰巨；科技创新基础薄弱，创新要素和载体缺乏，自主创新能力需加快提升；基础配套设施建设滞后，城乡发展不够充分，区域发展不够均衡；保障和改善民生任务繁重，民生支出压力加大；政府职能需进一步转变，机关效能有待提高；等等。

第二节 惠东县委的战略决策

虽然惠东县经济运行将面临一定的下行压力，但总体来说机遇大于挑战，"十三五"期间惠东县经济仍将保持平稳较快发展态势。一方面，"十二五"期间积累了强大的发展基础，"十三五"期间发展的政策环境有不断改善的趋势；另一方面，惠东县委和县政府提出了一系列加快经济发展，全面建成小康社会的战略决策，这势必推动全县经济加快发展、提速发展。

一 "十二五"期间的战略举措和成就

根据惠东县2016年政府工作报告，"十二五"期间，惠东县委和县政府始终围绕"推动跨越发展、建设幸福惠东"和"尽快进入珠三角第二梯队"总目标，解放思想，积极作为，圆满完成了"十二五"各项目标任务，为"十三五"经济社会发展打下了坚实基础。"十二五"期间，全县地区生产总值实现了"五年翻一番"的跨越，2015年达到520.3亿元，比2014年增长14.5%，年均增长15.2%；人均生产总值突破5.5万元，超过全国平均水平。公共财政预算收入相继突破20亿、30亿元，2015年达到34.7亿元，增长14.8%，增幅排名惠州市前列。"十二五"期间，惠东县坚定不移地转变发展方式、调整经济结构，集中精力保稳定惠民生，在诸多方面取得了较大成绩。一是着力抓项目补短板，工业发展步伐加快。5年共安排重点项目346项，建成210项，累计完成投资512亿元。二是坚持绿色优先发展，旅游商贸繁荣活跃。滨海旅游项目建设顺利推进，"百里滨海绿色长廊"成为惠东县对外展示形象的闪亮名片。三是突出特色化规模化，现代农业稳步发展。2015年全县农业总产值为71.3亿元，增长7.1%。5年累计建成14.8万亩高标准农田、1个现代农业综合示范区和9个高产示范基地。四是推进全面深化改革，创新活力不断迸发。围绕上级改革部署，蹄疾步稳推进各项改革，356项改革任务完成204项，其余152项加快推进。五是狠抓规划建设管理，新型城镇化迈出坚实步伐。2015年完成固定资产投资292.4亿元，增长31.7%，5年累计完成投资1014.8亿元，年均增长23%，城镇规划日臻完善。六是大力加强生态创建，美丽惠东加快建设。深入开展"美丽乡村"三大行动，镇村生活垃圾收运设施进一步完善，配备2507名农村保洁员，形成了"村收集、镇运输、县处理"的垃圾收运体系；县垃圾无害化处理场投入使用。七是努力办好民生实事，惠民水平不断提升。坚持把县级新增财力的70%以上用于保障和改善民生，在努力完成省、市民生实事办理任务的同时，每年办好县十件民生实事，建设一批"接地气、百姓缘"民生项目。八是加大投入，强化管理，社会建设成效明显。社会事业全面进步，社会秩序和谐稳定。

二 "十三五"期间的战略决策

"十三五"期间，惠东县经济社会发展所坚持的总体指导思想是：全面贯彻落实党的十八大精神和十八届三中全会、十八届四中全会、十八届五中全会精神，以及广东省委、惠州市委的重大决策部署，以推动科学发展、谋求更大突破为主题，以转变发展方式、加速产业集聚为主线，以保障和改善民生为根本，突出"重大平台、重大区域、重大项目、重大支撑、重大保障"五重建设，统筹推进"五位一体"协调协同发展，不断促进发展方式转变、经济体制转轨、社会结构转型，全面增强县域综合实力、发展活力和整体竞争力，构建山海统筹发展示范县，为全市以更好质量、更高水平进入珠三角第二梯队做出新的贡献。

"十三五"期间，惠东县制定的经济社会发展主要目标是：地区生产总值年均增长12%左右，突破1000亿元，比2015年翻一番；人均生产总值年均增长11.5%左右，突破10万元，赶超全省平均水平，与惠州市同步进入全面小康社会。"活力惠东、平安惠东、文明惠东、法治惠东"四个惠东建设取得明显成效，山海统筹发展示范县建设实现重大突破。为实现"十三五"时期主要目标，惠东县将始终坚持创新、协调、绿色、开放、共享五大发展理念，实施"创新驱动发展战略、山海（江）统筹发展战略、新型城镇化发展战略、工业强县发展战略和海洋经济强县发展战略"五大发展战略，以此引领新发展，实现新作为，拟重点把握以下六个方面。

第一，以改革创新激发经济社会发展活力。全面深化行政、经济、社会管理等体制改革，推动重要领域和关键环节的改革取得阶段性成果，充分激发市场活力、社会活力和全县人民的创造力。第二，以山海统筹推动区域协调发展。科学布局沿江、沿海、山区产业，着力打造新型工业化、海洋经济和绿色低碳"三大产业中心区"，加快建成全省海洋经济强县和国家级高端滨海旅游示范区、全市乃至全省绿色低碳经济发展示范区。规划建设山海互联互通的重大交通基础设施，结合实际提高镇村公路标准，打造三个片区综合立体交通体系，为构建新型产业聚集发展格局打好打牢基础。第三，以城乡统筹提升新型城镇化水平。统筹城乡空间布局，明确各镇功能定位，实施"双城一体"战略，打造以县城—稔山滨海新城为核心的"山海联动、双城一体"城镇发展格局。第四，以绿色低碳厚植可持续发展根基。全面落实《中华人民共和国环境保护法》，把生态建设融入经济社会发展全过程，确保城镇生活污水处理率达到95%，城镇生活垃圾无害化处理率保持100%。加强环境综合整治和资源综合利用，创建低碳生态示范区，到2020年低碳生态示范区覆盖率达到60%以上。第五，以开放合作融入区域联动发展。树立开放合作、以海兴城的发展理念，加快发展海洋产业，做大做强海洋经济。以"一带一路"建设、"自贸区"战略和《珠江三角洲地区改革发展规划纲要（2008—2020年）》的深入实施为契机，加快构建大开放、大招商格局，规划建设临港农副产品基地等临港经济发展区。第六，以共建共享促进社会和谐稳定。坚持把保障和改善民生摆在工作首位，完善保基本、兜底线、促公平、广覆盖、可持续的多层次社会保障体系。到 2017 年，全面完成脱贫攻坚任务。到 2020 年，全体居民人均可支配收入突破 3 万元，年均增长 10% 左右；城镇登记失业率控制在 2.5% 以内。

第三节 惠东县新型城镇化建设构想

尤为重要的是，惠东县加快了山海统筹进程，着力推进新型城镇化建设。新型城镇化是以城乡统筹、城乡一体、产城互动、节约集约、生态宜居、和谐发展为基本特征的城镇化，是大中小城市、小城镇、新型农村社区协调发展、互促共进的城镇化。坚持以科学发展观为指导，以加快转变经济发展方式为主线，以富民强镇为目标，把加快新型城镇化建设作为带动"三化"协调发展、推进城乡一体化发展的着力点，以新型城镇化建设为引领，以科学规划为先导，以产业发展为支撑，以促进人口集聚、城镇扩容提速为重点，以完善基础设施建设、提高城镇综合承载力和辐射带动力为核心，加快推进新型城镇化步伐，努力打造经济发展繁荣、社会和谐稳定、生态环境优美的"山海惠东"。推进惠东县新型城镇化建设必须注意以下几个方面。

惠东县新型城镇化建设的目标是以惠东县城、重点镇为核心推进农业人口的就近转移和本地城镇化。同时需要加强对返乡人口再创业的支持，吸纳外出劳动力回流。发展策略包括提高县城和重点镇公共服务发展水平，推进转移人口享有城镇基本公共服务，吸引农村转移人口向县城和重点镇集聚。依托县城和重点镇提供多产业、多门类、多形式的劳动岗位，形成灵活互补的就业体系；重点支持涉农产业，完善惠农支农政策，鼓励外出劳动力回乡创业，在小额贷款、税收减免、创业培训领域提供支持；建立应对老龄化的服务业和公共服务体系，完善社会养老和医疗保险异地转移转接办法，保障自由迁徙的基本权利。

新型城镇化建设的重点在于推动城乡发展一体化。第一，推进城乡统一要素市场建设。逐步构建统一开放、竞争有序、服务完善、城乡一体的人力资源市场体系，实行城乡统一的就业政策，完善创业服务体系公共平台，率先建立城乡统一的建设用地市场。第二，促进城乡基本公共服务均等化和基础设施一体化建设。深入推进基本公共服务均等化，重点扩大教育、文化、医疗、社会保障等农村基本公共服务覆盖面并提高保障水平。

新型城镇化建设要以农业现代化为基础。第一，要优化现代农业发展格局，完善现代农业产业体系。形成高效与特色农业区、山区绿色生态农业区、旅游休闲观光农业区、沿海蓝色渔业区四大农业功能区。大力发展特色农产品基地、城郊农业生产基地、现代林业生产基地、观光农业基地、现代农业示范区及现代农业示范园等，建设引领现代农业发展的典型和样板。第二，要规范引导农村土地承包经营权有序流转。培育农村土地承包经营权流转市场和平台，培育土地流转机制，健全土地流转服务平台，完善县乡村三级服务和管理网络。

新型城镇化建设的保障措施是完善城镇化发展体制机制。第一，推动以转移人口市民化为重点的人口管理制度改革。推行"一元化"户籍登记管理制度。取消农业户口和非农业户口性质区分，统一登记为惠东县居民户口。第二，拓展居住证社会应用功能，建立"一证通"流动人口管理制度。全面深化已有居住证制度，逐步提高居住证的使用范围，建立统一口径的人口信息管理制度。完善人口统计调查、人口变动调查制度，逐步消除流动人口统计口径不一的弊病。第三，深化土地管理制度改革。加快农村宅基地制度改革，着力盘活土地存量。加快开展宅基地及农房统一确权登记发证工作，探索落实宅基地使用权人在宅基地的优先使用权能，建立存量用地二次开发的倒逼机制，推进三旧改造规划全覆盖。第四，创新土地资源调控机制。积极探索和创新土地管理方式，加大闲置土地处理力度，盘活存量建设用地，引导工业向园区集中、人口向城镇集中、住宅向社区集中，建设节约集约用地示范市。

第二篇

怎样从山区与安墩镇的
实际出发

第三章　山区发展的优势与前提：生态环境与可持续性

作为一个尚未开发的地区，安墩镇有很大的后发优势。其后发优势来源于其自然资源、地理位置、客家文化，更来自于其原生态自然环境。后发优势还来自于我们可以统一、谨慎、全面细致地对安墩镇做整体开发规划，以避免先开发、后保护的老路。生态环境的可持续性是安墩镇发展的前提，所以必须把坚持保护生态环境，作为安墩镇发展的根本所在。

第一节　生态综合一体化开发的指导思想

一　总体指导思想

惠东县安墩镇生态综合一体化开发项目是广东省"十三五"规划重点项目，其总体指导思想与中国"十三五"规划总体指导思想具有内在一致性，是响应创新、协调、绿色、开放、共享五大发展理念的创新之举。这意味着安墩镇开发项目必须深入贯彻党的十八大和十八届三中全会、十八届四中全会、十八届五中全会、十八届六中全会精神，牢固树立五大发展理念；以"四个全面"战略布局和"五位一体"总体布局作为安墩镇生态综合一体化开发的总体指导思想，坚持改革开放，大胆探索创新；引进民营资本，大力推进混合经济，实行政府和社会资本合作（PPP）模式；逐步推进以发展促生态保护，以生态保护促发展的开发模式，在生态综合一体化过程中实现安墩镇全面建设小康社会的发展要求。

二 具体指导思想

考虑到安墩镇的实际要求以及安墩镇生态综合一体化开发项目的实践特点，我们从保护生态环境，维护当地群众利益，带动地方经济发展等角度提出了以下具体指导思想。

（一）综合协调，平衡各方发展需求

充分考虑镇、村发展建设需求，在规划层面进行综合协调与平衡。在开发过程中，要妥善处理好整体利益与局部利益的关系，实现两者的有机统一，形成平衡发展的结构，推进多层次协调发展。在开发过程中，既要保证全镇的总体规划安排，又要兼顾每个村的特殊发展需要，根据各村的具体资源禀赋情况进行规划。对于未来的利益分配，既要让开发商有利可图，有开发的热情，也要保证农民的利益，使得农民的生活越来越好。面对开发过程中可能出现的问题以及各种各样的短板，要直面问题、认真谋划、找出对策、开好良方，不断增强发展的整体性、全面性和协同性；同时尽量补齐短板，把补短板的过程变成拓展空间、释放潜能的过程，让各方主体在共建共享中有更多的获得感、更高的满意度。

（二）动态规划，分期弹性引导发展

城市规划需与国土规划相衔接。在拓展城镇建设范围的同时，处理好耕地与基本农田保有量问题。对林业经济及旅游、养生养老、温泉度假等，在不同阶段采用不同发展导向。具备基础与实力后，逐步推广林业经济模式，引导健康养生养老设施、温泉度假服务配套功能的升级，逐步发展成东部和北部山区生态农林产品集散基地、健康养生养老基地和温泉度假服务基地。

（三）城乡统筹，建设新农村

协调城乡二元发展，将村庄逐步纳入城镇统一规划与管理，实现土地转制。在城镇建设用地范围以外逐步进行农村社区改造，按照新农村的建设指引要求，积极引导村庄发展。充分发挥综合规划对城乡功能提升、土地整合、形象塑造、资源利用一体化等方面的引领作用，优化全镇空间格局，引导各村专业化、集约化发展，保证全镇高效发展，形成特色鲜明的村级功能区和片区结构。

（四）产业升级，推动城镇发展

以生态农林业为基础、以养生养老为主导、以陶瓷产业为支撑、以文化教育和特色旅游为辅助，推动安墩镇经济发展。在当地丰富的森林资源及林地资源的基础上，科学引导林下经济模式和林地多样性种养模式的推广和发展，建设生态农林产品的加工、冷链物流基地，培养龙头企业，推广可持续发展。利用当地底蕴深厚的客家文化、自然优美的生态环境和独特的热汤温泉资源优势，逐步打造健康养生养老国家示范基地，推动养老产业与镇村经济的发展，增加村镇人口就业岗位，促进自然生态环境的健康持续发展。同时，强化文化教育和特色旅游产业，加大第三产业比重。利用当地矿产资源优势，科学引领高岭土资源的绿色开采，通过建设陶瓷科技产业园，提高产品的附加值与品牌影响力。通过资源的综合与循环利用，使安墩的特色产业实现绿色可持续发展。

第二节 生态综合一体化开发的基本原则

一 总体原则

（一）坚持生态保护优先、开发与保护并重原则

坚持环境优先原则，在保护中开发。坚守生态红线，必须先启动健康养生和生态农业项目建设，在严格落实各项环保措施的前提下，启动陶瓷科技产业园项目建设。同时，要设定条件，明确限定瓷土资源开发项目不得直接销售初级产品。第一，新形势下的开发要避免传统的先污染、后治理的老路，要始终把生态自然环境、人文社会环境的保护放在首要位置。第二，在开发高岭土资源的时候，要做到开发一片，绿色一片，一边开发，一边治理，绝不让生态环境遭到破坏。第三，在开发养生养老项目、文化教育和特色旅游项目的时候，积极保护代表客家文化和生活习惯的传统建筑。项目的最终目标是构建出一条以开发促保护的积极保护生态环境、人文社会环境的道路。

（二）坚持创新开发模式、协调发展原则

安墩镇生态综合一体化开发项目具有开创性特点，是经济新常态下的一个创举。更为重要的是，本项目涉及多方利益集团，多种经济形式，既包括代表传统经济特点的农业和农民，也包括代表现代资源组织方式的投资方，同时还包括基层政府。怎么处

理好农民、投资方和基层政府三者之间的责任、权利和义务是本项目的关键所在。所以唯有坚持创新、协调发展理念，在实践中不断摸索出合适的开发模式和发展方式，才能确保本项目的平稳进行。

（三）坚持绿色、开放、共享开发原则

绿色、开放、共享是"十三五"规划的五大发展理念中的三个，是一种顶层设计，必须落实到实处，落实到在中国开发的每一个项目中，才能形成一种合力，起到实际作用和成效。安墩综合开发项目从本质上讲是响应和符合了"十三五"规划五大发展理念的，它的两个子项目成功申请了广东省"十三五"规划重点项目正是体现了这一点。在具体的开发过程中，将严格按照规划设计的蓝图进行，始终坚持绿色、开放、共享开发原则。所谓绿色，就是把生态环境保护、能源高效利用等始终放在第一的位置。所谓开放，指的是积极听取各方意见和建议，积极接纳其他有意愿参与本项目开发的企业、组织和个人，等等。所谓共享，就是发展成果由所有参与方共享，保证农民的利益。

（四）坚持重点突破、逐步推进、改善民生原则

安墩镇生态综合一体化开发是一个综合项目，涉及全镇好几万人民的生活就业，涉及479.1平方千米的土地综合利用。怎么具体开发？先开发什么？再开发什么？最后开发什么？有哪些需要重点突破的问题？可能面临哪些瓶颈？其难点是什么？这一系列问题需要去回答、去解决，但是没有现成的答案，需要去摸索。重点突破、逐步推进、改善民生是必须坚持的原则。

（五）坚持政府引导、资本推进、社会参与原则

安墩镇生态综合一体化开发也是一个社会项目、民生项目，

仅靠政府可能力不从心，政府在资金和开发经验方面需要企业的帮助。所以要鼓励和引导社会资本参与到本项目的投资和开发过程中，采用政府和社会资本合作（PPP）的模式。要坚持政府引导、市场驱动原则，同时强化政府在制度建设、规划制定等方面的职责，建立统一开放、竞争有序的开发环境。要尊重市场规律，坚持使市场在资源配置中起决定性作用，正确处理好政府和市场的关系。

二 具体实践原则

（一）可持续发展原则

以可持续发展为主题，对区域内各类资源进行优化配置，将产业发展、人口调配、资源整合、基础建设、环境保护与规划管理纳入规范化、科学化和法制化轨道，确保城镇持续、协调、健康、和谐的发展。

（二）区域协调原则

强化对区域发展的协调控制，与广东省城镇体系规划、惠东县城市总体规划等上层规划充分衔接，并与安墩镇土地利用总体规划相互协调，加强对不同地区的统筹协调和分类指导，解决好发展的战略性、区域性、综合性问题，做到设施共建、资源共享、环境共保、协同发展。立足长远，科学规划，提出符合区域协调发展的村庄调整撤并方案。

（三）以人为本原则

城镇总体规划应以是否方便人的生产活动，满足人们出行、购物、娱乐、审美、交往、休闲等各种生活需求为最终目标。城镇规划与建设要最大限度地为人民群众提供良好的工作、生活环境，通过改善交通条件、完善公共配套设施、优化生态环境、塑造良好城镇景观，最大限度地提高公众参与程度。

（四）尊重自然、生态优先原则

根据安墩镇的自然地理条件，尊重自然，优先保护生态，避开自然保护区和水源保护地，调整优化城乡布局、人口分布、产业结构和生产力布局，促进社会经济发展与生态环境相适应，走区域协调、人地和谐的科学发展道路。

（五）因势利导、分步建设原则

从安墩镇实际情况出发谋划近期建设和长远发展，要充分考虑自然、社会、经济、地方民俗等各方面的因素，合理确定建设方式、优先领域和发展时序。要统筹安排、保证重点、兼顾一般，正确处理好"远期合理和近期现实、普遍提高和重点突破"的关系，以"长远合理布局"为战略目标，因势利导，实现分期推进和可持续发展。

第四章 安墩镇生态综合一体化开发

第一节 安墩镇概况

一 地理位置和交通

安墩镇隶属广东省惠州市惠东县管辖,位于惠东县境东北部,西枝江上游,西与多祝镇接壤,南与白盆珠镇相邻,东与宝口镇相连,北接紫金县蓝塘镇。地理坐标为东经115°,北纬23°。安墩镇总体上位于珠江三角洲地区,地理区位优越,交通十分便利。其西南距惠东县城50千米、惠州市区90千米。1小时交通圈半径可到达惠州市、河源市和汕尾市等地;2小时交通圈半径可达深圳市、广州市和香港特别行政区等地。

二 人口和环境

安墩镇下设22个行政村和1个社区居委会。2013年年底,全镇户籍人口5.9万人,常住人口3.79万人,城镇人口0.35万人。安墩镇土地资源总量多,辖区面积约479.1平方千米。但是山多耕地少,山地面积占62万亩,耕地面积仅为4.37万亩,人均只有0.73亩。耕地面积中水田39049亩、水浇地4673亩，林地与耕地的比例为13:1。据统计，2012年全镇农作物种植面积达4.9万亩。安墩镇现主要农业产品种植类型为稻谷、蔬菜、水果，随着当地居民外出务工，有一部分耕地和林地荒废。

三 历史沿革

从南宋起，不断有中原乡民迁徙定居到安墩镇。明末当地盗贼猖獗，居民深受其祸，因此商议决定在圩中筑起高炉式的土墩，一旦发现盗贼，就在土墩上点火熏烟，作为报警信号，故名"烟墩"。清末社会稳定、盗贼减少，故改为安墩，意为安全的土墩。

1948年3月，中共江南地委在安墩成立惠（阳）紫（金）区行政委员会，后改为惠紫边人民政府。1949年春，粤赣湘边纵队司令部位于安墩镇黄沙村。1950年冬安墩镇属惠阳县第二十区，1958年成立安墩人民公社，1965年成立惠东县后为惠东县所辖，1983年改设为区，1987年改设为镇。2003年1月石塘镇并入安墩镇。安墩镇是西枝江上游工农业产品集散地。安墩圩早在200多年前就有集市，每逢圩期，县内安墩及紫金县等地的山货及农副产品在此贸易。

四 地质地貌和气候

安墩镇地处乌禽嶂南坡，地势由东南向西北倾斜。境内海拔500米的山峰有51座，其中剥皮崀海拔1085.3米、白石崀1022.1米。最高点位于安墩镇东北部镇界边缘，西距乌禽嶂约450米，高度为海拔1108.4米。

安墩镇属亚热带季风气候，四季分明，雨量均匀，年平均气温为22.5℃，年降雨量为1926毫米。1月气温最低，平均气温为10.1°C，极端情况低温可降至-3.4°C，俗称"倒春寒"；7月气温最高，平均气温为28.8°C，极端高温可达38.3°C，9—10月出现寒露风，平均气温约为21.2°C。4—9月为降雨高峰期，降雨量为1275.2毫米，年均降雨量为1697.5毫米，属夏热冬寒多雨区域。

五　水文水系

安墩镇境内有西枝江一级支流安墩河和小沥河。安墩河发源于海拔1188米的乌禽嶂南麓，全长51千米，集雨面积404平方千米，有黄竹水、白沙河、松坑河汇入。小沥河发源于宝口，全长33千米，河道基本在镇内。

第二节　安墩镇经济社会发展现状

一　社会发展现状

安墩镇因受山区特定因素影响，在资源开发上长期得不到合理有效利用，再加上旱情严重或是暴雨成灾，造成大部分水利工程抵御自然灾害的能力较为薄弱。综合条件限制了农村和农村经济的发展，造成整体民生质量差，村民生活贫困。

全镇现有低保户830户，五保户361人，九个省级贫困村。2013年新增4个省级贫困村（宝安、葵双、洋潭、和岭）和7个市级贫困村的扶贫开发。2013年镇政府工作报告提出，采取扶贫挂钩联系制度，开展对口支援，以增强各个贫困村的造血功能，解决好交通、水利、文化等基础设施建设，从而促进山区经济发展。

社会福利方面，2011年镇内仅有一家医疗卫生机构，门诊部3所，每万人拥有病床0.3张，没有综合性医疗机构，很难满足群众看病住院需求，医疗配套设施相对落后。初中适龄人口入学率、小升初升学率、九年义务教育覆盖率均达100%，但幼儿园只有1所，幼儿入学率不高。交通基础设施薄弱，仍然是制约山区镇社会经济发展的瓶颈问题。村内断头路较多，导致各村联系不强。总体基础硬件跟不上社会发展形势的需求。

思想观念方面，农民的发展意识保守，还保持着小农经济思想，市场意识不强。大部分农民群众文化素质低、观念陈旧，面对纷繁复杂的市场经济，不能正确分析当地的资源优势，不能抓住市场竞争强的支柱产业和名牌产品，基本为分散的小规模传统农业，生产效率较低，已成为乡镇经济发展的一大障碍。

二 经济发展现状

安墩镇属于农业大镇，农林业是其主要产业。2012年全镇GDP实现值为25329万元，对比上年度同比增长6.1%。2012年镇政府工作报告提出，第一、第二、第三产业比例从原来的7:1:2转变为6.5:1.0:2.5。安墩镇主要从事水果、农林等行业，其特点是生产投入大，占地广，劳动力需求多。甘薯、春甜桔、蜜柚为安墩的三个特色产品。全镇种植甘薯2万亩，产值（包括加工销售）达14000多万元，形成全县最大的甘薯种植专业镇；春甜桔种植面积约3500亩，在正常情况下，仅种植春甜桔一项年产值可达2000万元以上。

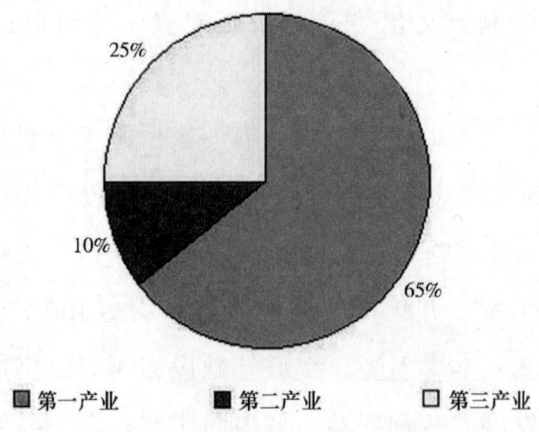

图1 安墩镇2012年三大产业GDP情况

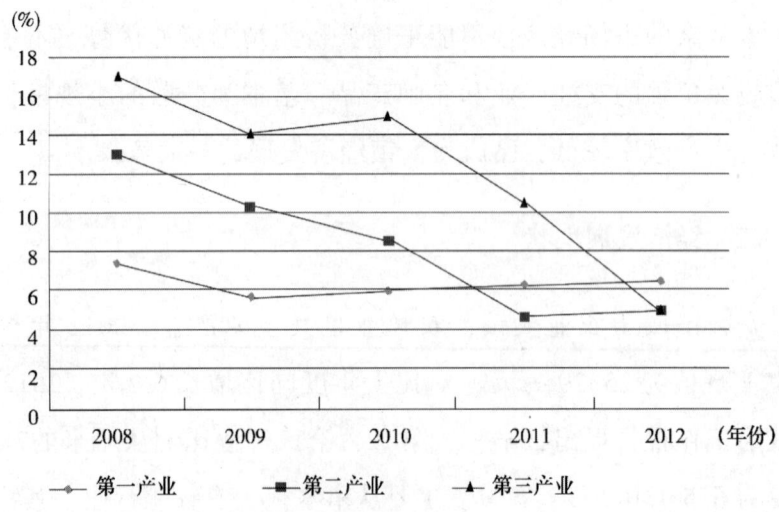

图2 安墩镇三大产业增长率（2008—2012年）

安墩镇产业发展的主要问题为第一产业比重偏高，且有增加趋势，第二、第三产业比重偏低，且有下降趋势（见图3）。未来规划应重视第三产业的发展，提高第三产业的比重。具体来看：

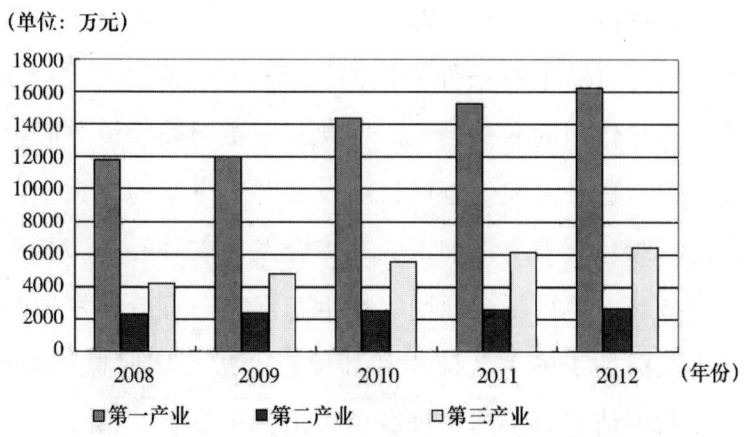

图 3　安墩镇三大产业 GDP 产值（2008—2012 年）

（一）第一产业

2012 年第一产业 GDP 达到 16246 万元。安墩镇已经建立起多层次的农业发展结构，主要包括：家庭承包农业、农业产业基地（以甘薯、蜜柚、春甜桔、油茶为主）、农产品加工基地（以薯丝加工厂为主）。正逐步形成基地化、产业化、规模化和商品化的发展模式。但是安墩镇农业集约化、规模化、商品化、现代化程度较低，传统单一的农业经济和粗放经营方式仍占较大的比重，很难与市场相对接。安墩镇有丰富的林地资源，适宜发展林下经济种养和山地改造多样性种养；依托优越的森林资源，野生动物驯养与牧养拥有广阔的发展前景，可引进龙头企业进行示范推广带动。

（二）第二产业

2012 年第二产业 GDP 达到 2674 万元。现主要是在农业带动下，发展相应的加工业，以农产品加工业、小型水力发电为主，如水果类食品加工。未来可继续引进和扩大农林种养、农林产品加工、冷链物流和矿泉水资源加工。安墩镇还有丰富的高岭土资源，但是因为自然生态条件的制约，第二产业的发展较为滞后，现缺乏起引导作用的龙头企业。因此，安墩镇委、镇政府亟须引进具备资源绿色开采和生态可持续发展解决方案的龙头企业对当地瓷土进行绿色开采与深加工，并综合发展农林经济。开采与加工地点的选址应遵循就近原则，在生态优先与可持续发展的前提下，对瓷土深加工的工艺流程和环境影响进行实时监控与调整，可考虑今后申请省级、国家级绿色矿山开采试点。借此方式，安墩镇才能打破一家一户分散生产的现状，实现与区域市场的对接，继续实施项目带动策略，积极争取并加快实施资金有保障、开发有潜力、拉动作用强的建设项目，改善当地产业的投资发展环境。

（三）第三产业

2012年第三产业GDP达到6409万元。安墩有粤东地区商贸重镇之称，第三产业发展较为成熟的是服装业和鞋业批发。此外，旅游业发展势头和潜力较好，镇内有粤赣湘边纵队遗址，建有纪念馆和温泉项目，适合建设养生设施、度假村与发展红色旅游项目。要充分挖掘第三产业（特别是旅游业和养生养老产业）的发展潜力，镇委、镇政府可考虑引入有养生养老、医疗保健全面配套的联盟企业进驻，在发展红色旅游的同时，拓展文化教育项目，整合和完善温泉度假产业，开发生态旅游业。

第三节　安墩镇资源储量及分布现状

根据实地调查，发现安墩镇的资源品种齐全，储量丰富，包括矿产资源、温泉资源、历史文化资源、农业资源等。

一 矿产资源

矿产资源丰富，境内主要有金、银、铜、铁、锡、钨、莹矿、钾长石、瓷土等，品位达国家标准。储量最大的莹矿和钾长石上亿吨，瓷土2亿吨以上。

值得重点提及的是，安墩瓷土资源丰富，品位较高，主要分布在黄沙、洋潭、石珠、和岭、热汤、宝安等8个分布点。安墩瓷土品质较高，为片管状结构，色白度高，光泽度好，遮光性密，悬浮性良好，缺陷在于可塑性差，黏结性偏低，是工艺陶瓷的上乘材料。安墩陶瓷生产自明代初期开始，已有近700年的历史，是惠东重要的陶瓷生产基地。新中国成立前，已有村民合股经营陶瓷制作坊，生产碗、钵、盘、杯、盅之类的日用陶瓷，但工艺较为粗糙，产品主要在周边地区销售。新中国成立后，迁址新田桥头水建厂，规模有所扩大。1958年，安墩公社接管陶瓷厂，派出干部负责管理，聘请技工，扩大生产。到20世纪70年代，企业发展到300多人，产品销往省内各地。改革开放后，引进外商投资，从原来只生产日用陶瓷发展到生产工艺陶瓷。该厂生产的"花篮""九龙吐珠""狮子滚球"等工艺品，深受人们喜爱，产品销往国内外。1993年，引进美国投资建立安墩金山陶瓷厂，生产成品、半成品工艺陶瓷，产品全部外销。后来，该厂迁址县城郊区谭公村，虽然生产技术和产品迅速发展，但传统的安墩陶瓷已经消失。

二　温泉资源

安墩镇的热汤温泉得天独厚，有以下几大特点。第一，温泉泉眼多。温泉眼遍布热汤河至安墩河近300米范围，面积达1平方千米。第二，温泉流量大。热汤河河水冰凉，但整条河床底下温泉涌动，只要扒开表层泥土，就有热水渗出。据粗略估计，流量每分钟在0.09立方米以上的就有好几十处，泉水常年喷涌不断，且水量非常稳定，不受季节和天气变化影响。第三，温泉水温高。温度达90℃以上，可直接烫熟鸡蛋等食物，是广东省水温最高的天然温泉。第四，温泉水质价值高。温泉四周群山环抱，植被良好，无污染，开发价值高。水质含硫、氟等几十种天然矿物质和对人体有益的微量元素，具有护肤保健、促进血液循环和治疗各种皮肤病的独特效果，热汤温泉水质与云南著名的腾冲温泉相似，有很高的开发价值，1994年已建有温泉浴场。

三　历史文化资源

安墩镇有雄厚的历史文化资源，主要分为特色历史建筑、客家文化和红色旧址资源。安墩镇特色历史建筑多集中在其中部、西北部和东南部，主要分为两类：宗祠庙宇和名人故居。宗祠、庙宇是维系村落氏族关系的纽带，安墩镇几乎每个村中都有氏族宗祠和庙宇，而规模较大、较有影响的有杉元村的冯氏老祠堂、黄沙村的奉政第、下洞村的谭公庙等。另外某些村落也保留了一些当地比较有影响的人物的故居，如安墩少华书室以及建于清咸丰二年（1852年）的百岁牌坊遗址。这些故居大多规模较为宏大，保留也较为完整，对研究当地民居有较大的参考价值。

安墩镇的主要居民为客家人，具有独特的客家文化。客家人有以种姓聚族而群居的特点，历史上客家人每到一处，本姓本家人总要聚居在一起。由于客家人大多居住在是偏僻的山区或深山密林，为防豺狼虎豹、盗贼侵扰，所以客家人便营造"抵御性"的城堡式建筑住宅，即常说的"围屋"。各地的客家民居都不尽相同，例如，广东大部分的客家围屋和福建的客家土楼就风格各异，但在功能上却都大致相同。安墩地区的客家古民居以"古堡式围屋"为最主要建筑形式。"围屋"一般以一个中心出发，依不同的半径，一层层向外展开，环环相套，非常壮观。围屋通常分为两到三层，平面呈现"回"字样式，最外层围墙往往厚实而高大，加之四个边角上的楼堡，让围屋的防御性能十分优越。除了结构上的独特外，围屋的内部窗台、门廊、檐角等也相当华丽精巧，在中国民居建筑中独树一帜。

革命旧址主要分布在安墩镇中南部，这一带曾是粤赣湘边纵队活动的主要根据地。黄沙有粤赣湘边纵队纪念公园、司令部旧址及重要会议会址等红色景点。热汤有国民革命军东征军击败军阀陈炯明的"热汤之战"的战场。明末清初著名历史人物古隆贤和辛亥革命先辈林海山皆出生于此。

四 农业资源

安墩镇是一个农业大镇，农业资源丰富。第一，山林、草被资源供应丰富。安墩天然草被区域面积260多亩，长年青草茂盛，而且大部分地区都是山林密布，自然资源丰富，环境优美，为农林水牧基地的规划和建设奠定了良好的生态基础。第二，牧禽技术力量雄厚。安墩镇养殖基地通过对野生动植物的保护和牧禽良种繁育，已积累了大量驯化动物和养殖牧禽的管理经验，建有一整套标准的技术规范和流程，使驯化动物和牧禽生产的可控性得到了保证。同时与国内多批养殖专家、学者建立了良好的合作关系，生产技术有保障。第三，环境污染小。境内无化工厂、无大型医院等污染源单位，"三废"的排放量少，有利于发展生态农业、林业、牧业和天然饮用水。第四，有丰富的热带雨林资源。境内年平均日照2076小时，年平均气温22.5℃，全年无霜期达350天左右。安墩镇拥有丰富的热带雨林带，可以提供源源不断的天然雨露，生产天然饮用矿泉水，十分便利可靠。而且热带雨林带面积大，适合农林水牧基地的建设与发展。第五，已开发多种特色农产品。安墩镇的特色名品包括：安墩春甜桔、三黄鸡、花生油和乌龙茶。安墩春甜桔（又称蜜桔），皮薄、核少、蜜香、清甜，果实均匀、色泽橙润，具有"健脾开胃、生津润肺"之功效，是绿色环保型的健康食品和春节前后送礼之佳品。目前，全镇种植面积约700亩，年产值500多万元。安墩三黄鸡是由农民按传统的方法孵出，喂以"五谷杂粮"放养而成。肉健不油腻、香滑口感好、清甜味无穷，是食用、送礼、请客、烹饪的佳品，逢年过节，供不应求。安墩盛产花生，经土法炒香压榨加工成油。油质纯正香滑，未添加任何色素和香料，是烹饪好帮手，美味佳肴的好伴侣。安墩乌龙茶从选地种植到采集制作都非常讲究，完全采用传统的手工制作方法，文火慢焙，过程严谨。泡出的茶色泽清淡、茶香扑鼻，饮之生津止渴、甘纯润喉。特别是饭后泡一壶安墩乌龙茶，可解油腻，清香怡人。

五 其他自然资源

第一，江河资源。惠东的母亲河——西枝江贯穿安墩镇全境，其全长176千米，流域面积达4120平方千米。第二，气候资源。其气候亚热带季风气候，年平均气温22.5℃，年降雨量1926毫米。气温适中，雨量充沛。第三，山地资源。安墩镇山地面积广阔，有62万亩，且气候温和，雨量充足，适宜发展各种山地旅游项目。安墩镇的常住人口中80岁以上的老人多达1500人，90岁以上的老人有287人，百岁长寿老人有12人。良好的生态环境和朴实的民风使得安墩成了长寿老人的"诞生地"。

第四节 安墩镇资源开发及保护现状

一 矿产资源开发和保护现状

近年来安墩镇矿产盗采行为屡禁不止，矿区无人修复，导致水土流失严重，水源水质受到污染。安墩镇矿产资源在惠东县山区各镇中最为丰富，近年来成为矿产盗采的重灾区，大小高岭土和稀土盗采点达40处左右，其中以水美村和热汤村周边最为严重。同时，镇域范围内的一些莹矿和钨矿采矿点，在开挖矿井时已导致村民的宅基地和农田发生镂空和沉降。沿流经镇域的安墩河分布的盗采点，将污水直接排入河中，未经白盆珠水库直接汇入西枝江。

矿区私采盗挖严重，导致部分地区的道路不断被土渣阻塞，周边山体露出白骨般的土层，无人对开采后的山体进行修复，上面寸草不生，动植物生活环境受到极大的破坏。同时开凿的沟槽直接流向周边的农田和村庄，导致农田不断被土渣和化学药品冲刷和污染，至今仍未恢复。究其原因，主要是矿产资源的开发没有统一的规划、监督和保护措施。

二 温泉资源开发和保护现状

安墩镇近几年在旅游产品的开发建设上，注重热汤温泉的开发，取得了一定成效。安墩镇初步建成了热汤温泉度假村，有一大批温泉旅游度假区洗浴中心，并增加了许多休闲娱乐项目，如住宿、餐厅等多种旅游要素。但是不足之处在于规模较小，产业化发展不太明显；缺乏特色，产品同质化严重；景区包装深度不够，难以形成旅游品牌。所以如何在惠州市甚至广东省脱颖而出是亟须解决的问题。

三 历史文化资源开发和保护现状

在开发方面，安墩镇虽然历史文化资源多，但缺陷是古建筑较雷同，精品不多，并且相对分散，加上交通不便，难以形成历史文化旅游景点群。此外，由于一些文物年代较久远，缺乏详细的资料，难以形成清楚的文物认知并加以宣传，这在一定程度上削弱了外界对古迹的认同感。

在历史文化资源保护方面，存在以下几个问题。第一，文物保护意识缺乏。在保护文物的过程中，安墩镇部分基层干部以及大部分村民对文物的保护认识不到位，存在着"重经济建设、轻文物保护"的思想，只重眼前利益、局部利益，不顾长远利益、社会效益，视文物保护为包袱，缺乏文物保护意识。第二，文物保护力度不够。虽然安墩镇的文物大部分保存相对完整，但是由于经费不足，有的文物因为年久失修已破烂不堪，如杉元村的冯氏宗祠，有的则被用来堆放杂物，如热汤村的兵工厂。第三，文物专业人才匮乏。安墩镇缺乏文物保护的专业人才，不能对当地文物古迹保护提出有效的方法。

四 农业资源开发和保护现状

安墩镇山地资源丰富，自然生态资源保护良好，没有遭到大肆的破坏，能开发形成可观效果良好的森林植被景观。但是问题在于其植被过于单一，速生林的大片种植可能导致土壤肥力持续下降，破坏生态系统。由于安墩镇地形以丘陵山地为主，划定了大片基本农田保护区，且是西枝江重要的水源保护区，生态门槛较高，不适宜高强度开发。山区林地面积较大，经济林主要以桉树和美国松两大类为主，辅以小部分竹树和油茶，整体植被较为单一，生态系统稳定性易受到外部干扰和破坏，生态系统较为脆弱。由于桉树生长速度快，对当地土壤肥力的损耗大，导致土壤肥力与生态环境的自我调控能力逐年持续下降。

第五节 安墩镇生态综合一体化开发的机遇及挑战

一 安墩镇生态综合一体化开发的机遇

（一）国家政策支持

第一，安墩镇生态综合一体化开发项目契合国家新型城镇化建设、农业现代化建设等政策。2012年11月，党的十八大肯定了中国的新型城镇化建设，指出"城镇化水平明显提高，城乡发展协调性增强"，并提出"坚持走中国特色新型工业化、信息化、城镇化、农业现代化道路，推动信息化和工业化深度融合、工业化和城镇化良性互动、城镇化和农业现代化相互协调，促进工业化、信息化、城镇化、农业现代化同步发展"。2013年12月12日，中央城镇化工作会议高度重视生态安全，扩大森林、湖泊、湿地等绿色生态空间比重，增强水源涵养能力和环境容量；不断改善环境质量，减少主要污染物排放总量，控制开发强度，增强抵御和减缓自然灾害能力，提高历史文物保护水平。

中央城镇化工作会议进一步指出：城镇化是现代化的必由之路。推进城镇化是解决农业、农村、农民问题的重要途径，是推进区域协调发展的有力支撑，是扩大内需和促进产业升级的重要抓手，对全面建成小康社会、加快推进社会主义现代化具有重大现实意义和深远历史意义。这是党站在新的历史起点，为走出一条中国特色新型城镇化道路指明了方向和提出了更高要求。在此背景下，作为珠三角东部经济板块山区城镇的安墩，城镇化面临着新的机遇，安墩镇可以很好地承接珠三角中心城市的辐射带动影响，在更大的区域中统筹产业分工与协作，整合利用更多更广的资源启动山区经济，加快实现产城融合与城镇化的发展目标。

第二，安墩镇生态综合一体化开发项目符合新型城镇化的发展原则。现今我国仍处于城镇化率30%—70%的快速发展区间，但延续过去传统粗放的城镇化模式，将会带来产业升级缓慢、资源环境恶化与社会矛盾增多等诸多风险，进而影响现代化进程。随着内部环境和条件的深刻变化，城镇化必须进入以提升质量为主的转型发展阶段。《国家新型城镇化规划（2014—2020年）》提出，以人的城镇化为核心，有序推进农业转移人口市民化，稳步推进城镇基本公共服务常住人口全覆盖,不断提高人口素质;推动信息化和工业化深度融合、工业化和城镇化良性互动、城镇化和农业现代化相互协调,促进城镇与产业支撑、就业转移和人口集聚相统一,促进城乡要素平等交换和公共资源均衡配置,形成以工促农、以城带乡、工农互惠、城乡一体的新型工农、城乡关系;把生态文明理念全面融入城镇化进程,着力推进绿色发展、循环发展、低碳发展,节约集约利用土地、水、能源等资源,强化环境保护和生态修复,减少对自然的干扰和损害,推动形成绿色低碳的生产生活方式和城市建设运营模式。因此,安墩镇在国家新型城镇化规划的背景下,应转变过去较为粗放、分散、不可持续的发展模式,立足于更高的城镇建设要求进行新一轮的总体规划编制。

第三,安墩镇生态综合一体化开发项目与国家倡导发展生产性服务业的指导思想具有内在一致性。国务院高度重视服务业发展。近年来陆续出台了家庭、养老、健康、文化创意等生活性服务业发展指导意见,服务供给规模和质量水平明显提高。与此同时,生产性服务业发展相对滞后、水平不高、结构不合理等问题突出,亟须加快发展。生产性服务业涉及农业、林业、工业等多个环节相结合的生态产业,具有专业性强、创新活跃、产业融合度高、带动作用显著等特点,是全球产业竞争的战略制高点。加快发展生产性服务业,是向结构调整要动力、促进经济稳定增长的重大措施,既可以有效激发内需、带动扩大社会就业,持续改善人民生活,也有利于引领产业向价值链高端提升。重点发展生态产业、节能环保服务、品牌建设、陶瓷研发设计、冷链物流、融资租赁、小商品期货、农林业保险、信息技术服务、检验检测认证、电子商务、商务咨询、服务外包、售后服务、人力资源服务及养生养老、温泉度假、文化教育、资源绿色开采与深加工、生态农林产品深加工、生态饮用水加工等。

(二) 当地政府支持

随着经济社会的发展，近年来安墩镇城镇化速度不断加快，随着发展理念的更新，惠东县住建局和安墩镇政府对城镇建设的水平提出了更高的要求。县委、县政府计划启动山区经济，建设"生态安墩，康乐年华"，在保护安墩镇良好生态环境的基础上进行保护性开发，利用当地的农业经济优势、水源生态条件与瓷土资源进行生态农林水牧基地、温泉度假健康养生养老基地、瓷土资源绿色开采基地和文化旅游四大板块的整体发展构思，改善总体经济发展环境，增加当地居民收入，为当地经济的可持续发展提供产业的内生动力。为了更好地把握安墩镇城镇未来的发展和定位，把握好城镇的发展方向和建设策略，有预见性地指导未来的城镇建设，惠东县住建局和安墩镇政府开展了《惠州市惠东县安墩镇总体规划（2013—2030年）》的编制工作。

根据该总体规划，可以发现区域格局与战略的转变，为安墩镇未来的发展提供了新一轮契机。根据《珠江三角洲地区改革发展规划纲要（2008—2020年）》（以下简称《规划纲要》）的要求，惠东县政府提出，要结合本县的实际，抓住用好全县经济社会发展的重要战略机遇，促进经济平稳较快发展、社会全面进步，将以推动科学发展、促进社会和谐为主题，以加快转变经济发展方式为主线，以抓好"三个对接"、构建"四大功能区"、打造"五个基地"为主要任务，加快与珠三角发达地区在发展理念上、在基础设施建设上和在发展产业上的对接；按资源禀赋、地理环境和发展条件的不同，将全县划分为农业生态功能区（山区片）、承接产业转移功能区（沿江片）、滨海旅游观光功能区（大亚湾东岸）和临港工业功能区（红海湾海岸）；打造珠三角产业转移基地、珠三角清洁能源基地、珠三角滨海旅游休闲基地、珠三角绿色食品生产供应基地和巩固提升中国鞋业产销研生产基地。规划旨在将惠东县建设成为深莞惠经济圈东部重要的经济板块、惠州市经济发展的东引擎和县域经济的排头兵。

从20世纪90年代开始，惠东县利用自身优越的滨海资源禀赋，积极开拓海边经济，大力推动巽寮湾等地的滨海资源发展。位于县域南部的巽寮镇稔平半岛的巽寮湾旅游度假区是粤东数百千米海岸中海水最洁净的海湾之一，拥有半月形海滩，沙细洁白，是良好的天然海水浴场，现已成为惠州市开发较为成熟的滨海旅游度假胜地，当地的社会经济与各项事业都实现了跨越式发展。然而，惠东县作为山区县，山区面积约占县域总面积的56.4%，县委、县政府计划启动"山区经济"，经济发展方向与战略从海边转向山海经济，促使县域经济发展方向向山区腹地延伸，充分挖掘山地资源，统筹县域经济发展，平衡各地域的经济发展，拓展县域经济发展空间，提升整体的综合竞争能力。

在此背景下，作为山区城镇的安墩，其区域发展平台将得到极大的提升，安墩镇产业升级蓄势待发。安墩镇具有良好的生态、水源条件和农林业资源，可利用当地的资源禀赋合理开发生态资源和水资源，发展养生养老、温泉度假、绿色开采和高岭土高端产品加工等产业。

二 安墩镇生态综合一体化开发的条件

（一）交通方面

潮莞高速的动工建设，以及《惠东县公路网规划》的实施，使得安墩镇的交通条件有了一定的提升，大大增加了安墩与外界的联系。

（二）两镇合并

安墩、石塘两镇合并为安墩镇后，镇域面积约479.1平方千米，人口增长至5.9万人，为镇今后的发展提供了更为广阔的用地保证和人力资源供给。

（三）自然资源方面

安墩镇拥有丰富的矿产资源，尤其是瓷土储量丰富，初步估计为2亿吨以上，制瓷历史悠久，工业开发价值难以估量。此外，安墩镇具有得天独厚的热汤温泉，泉眼多、流量大，水温高达90℃以上，是广东省水温最高的天然温泉，旅游开发价值极大。

（四）生态环境方面

安墩镇自然环境优美，镇域内自然、人文旅游景观资源丰富。安墩镇丰富的人文景观资源，为开发山区旅游业提供了优厚的条件。安墩镇现有的森林保护区、自然保护区以及经济林地生态系统保存较为完整，为未来的绿色生态产业发展保留了良好的环境本底。

（五）历史文化及红色旅游资源方面

安墩镇具有悠久的历史，客家文化传统深厚，留下了大量独特的历史建筑和人文景观。安墩镇也是解放战争时期著名的粤赣湘边纵队的根据地，镇域多个地方保留了该纵队的遗址，这些遗址是安墩镇开拓发展红色旅游的重要资源。

（六）市场潜力方面

广州、深圳、东莞均处在安墩镇2小时交通圈内。未来交通条件的提升为安墩镇旅游产业发展提供了优势条件。未来旅游市场开发可以惠州客源市场为立足点，发掘周边大城市，如广州、深圳、东莞等地的客源市场。以广州、深圳为核心的城市群，人口众多，经济发达，市场潜力巨大。一方面，安墩镇可借助宜人的气候、自然湖光山色、无污染的户外环境成为周边区域的休憩旅游胜地；另一方面，安墩镇独特的历史文化资源和热汤温泉等宝贵自然资源对周边地区的旅游爱好者也有很大吸引力。

（七）政策方面

自2009年开始，广东省启动"宜居城乡"创建工作，安墩镇位于珠三角东部边缘，具有"多城辐射效应"，可依托良好的自然生态环境，打造广东省东部山区示范性的宜居城乡。2010年，汪洋书记提出"一镇一品，一镇一策"转型升级政策，加快促进专业镇产业结构优化升级。安墩镇是惠东县北部山区农林业大镇，农林业专业镇将成为其重要的发展方向。

安墩镇也有建设生态旅游、养老养生基地的政策条件。《珠江三角洲环境保护规划纲要（2004—2020年）》（以下简称《纲要》）规划"在2020年，生态环境安全格局基本形成，循环经济体系逐步完善，生态环境良性循环，所有城市达到生态市要求，建成生态城市群"。提出在珠江三角洲现代化建设过程中，要完成"红线调控、绿线提升、蓝线建设"三大战略任务。《纲要》将安墩镇划入惠州东部山地重要系统维护区，镇域大部分为重要生态功能控制区,西部与中部的部分用地分别为严格保护区、城市群城间绿岛生态缓冲区。镇域重要和敏感的生态功能区,应进行严格保护;生态缓冲区与重要生态功能控制区可在保障环境质量与生态功能的前提下进行适度开发利用,同时采取积极措施促进区域生态功能的改善和提高。

三 安墩镇生态综合一体化开发面临的挑战

(一)整体经济发展相对滞后,产业结构有待提升

2012年,安墩镇第一、第二、第三产业占乡镇生产总值的比重为64.1%、10.5%、25.4%,农业比重过大,工业和服务业比重低,产业结构层次有待进一步优化。农业尚处于产业链低端环节,农产品加工与相关农业技术研发等产业环节相对薄弱,农副产品市场调控能力较弱,附加值较低,导致农民的收入水平增长缓慢,影响了社会消费水平的提升;而对劳动力需求大的第二、第三产业一直发展缓慢,占乡镇生产总值的比重偏低,导致社会公共服务资源缺乏和对劳动人口的吸纳不足。产业结构的不合理,制约了社会经济发展。

(二)城镇化水平太低,人口外迁现象普遍

根据相关的统计资料显示,安墩镇近几年的城市化水平都在10%以内,城市进程缓慢。2012年安墩镇城市化水平仅为6%,远低于同期广东省的城市化水平65%和珠江三角洲的80%,不利于服务业的发展和集聚效益的实现。2010年,全镇税收收入3097万元,其中能够投入到公共服务和市政基础设施建设的资金非常有限,影响了整体投资环境的改善。安墩镇以农业经济为主,第二、第三产业发展缓慢,缺乏较大规模的企业,导致社会公共服

第四章　安墩镇生态综合一体化开发　53

务资源缺乏和就业岗位不足，劳动力素质不高，人口外迁现象严重。而留守人员多为被抚养人口，给安墩镇的经济发展造成了一定的社会负担。

表4-1　　　　　　安墩镇历年户籍人口统计

年份	2008	2009	2010	2011	2012
户籍人口数（人）	55126	55916	58544	60379	59232
自然增长率（‰）	4.3	6.37	6.22	5.8	2.6

资料来源：安墩镇政府工作报告及惠东县统计年鉴。

表4-2　　　　　　安墩镇历年暂住人口统计

年份	2008	2009	2010	2011	2012
暂住人口数（人）	34250	33830	33120	32770	32280
变化率（‰）	—	-12.3	-21.0	-10.6	-14.9

资料来源：安墩镇政府工作报告及惠东县统计年鉴。

表4-3　　　　　　安墩镇历年城镇人口统计

年份	2008	2009	2010	2011	2012
城镇人口数（人）	4528	3502	3560	3590	3500
城镇化水平（%）	8.21	6.26	6.08	4.3	5.91

资料来源：安墩镇政府工作报告及惠东县统计年鉴。

（三）对外交通方式单一，镇域交通网络不成体系

受到自然条件与历史条件的影响，安墩镇的社会经济发展相

对滞后于惠东县的其他城镇，间接导致了安墩镇公路网的建设速度慢，成为社会经济发展的一个瓶颈。目前安墩镇仅有一条省道（即S243，又称蓝多公路）贯穿其中，另外与一条乡道（Y699）相接，使镇中的交通干道成Y形布局。蓝多公路承担主要的对外交通功能，对外交通联系方式相对单一。在安墩镇内，仅有一处客运站，位于安墩镇区蓝多公路上的安墩客运站，车站紧邻蓝多公路，缺少专门的停车场。客车主要发往惠东县城、多祝镇、蓝塘镇等地方。

此外，镇域道路交通网络不成体系。道路分工不明确，等级功能参差不齐，缺乏指向性。镇区主要干道即为衔接安墩镇对外交通的道路，对内、对外交通重叠，尚未形成等级分明的路网体系。且道路普遍等级较低、道路两边相关配套设施匮乏，已经不能满足越来越大的车流量需求，严重阻碍了整体经济的发展。尤其是南北向交通衔接严重不足，给镇域东部发展造成了障碍。

表4-4　　　　　　　安墩镇域道路现状汇总

道路名称	方向	性质	道路红线宽度	备注
蓝多公路（S243）	南北走向	主干道	7米	安墩镇通往外界的主要干道，也是唯一一条贯通安墩的道路
Y843	东西走向	次干道	7米	蓝多公路分出来的次干道，是安墩镇南片区的重要交通干道
Y915	东西走向	次干道	7米	蓝多公路分出来的次干道，与Y843相接，形成南部片区的道路网

续表

道路名称	方向	性质	道路红线宽度	备注
Y699	东西走向	次干道	7米	与蓝多公路成"Y"字形，是安墩东部片区的主要通道，始于安墩镇区，至梅坪村
Y842	南北走向	次干道	7米	与Y669相接，向安墩北部伸展，是安墩北部片区的重要交通干道
Y718	南北走向	次干道	7米	连接蓝多公路与Y915，形成南部片区道路网

（四）配套设施不完善，村镇建设风貌亟待改善

第一，公共服务设施配套体系不完善。根据调查资料显示，安墩镇22个行政村基本配备村委会、商店、卫生所，但是这些设施只能满足农村居民基本的日常生活需求。而发展需求的公益性服务设施，如警卫室、金融银行网点、邮政所等则相对缺乏，无法满足村民的需求。第二，公共服务设施用地面积小，服务半径大。安墩镇公共服务设施用地现有4.5公顷，占镇域总建设用地的0.8%，主要集中在安墩镇区。由于安墩镇幅员辽阔，部分公共服务设施服务半径过大，造成部分行政村的村民生活不便。第三，公共服务设施空间布局不均衡，各行政村分布存在差异性。由于自然、区位、基础条件的不同，各行政村社会经济发展水平存在明显差异，使得公共服务设施在区域空间上呈现明显的不均衡性。在所调查的23个行政村中，有21个村庄建有教育设施（包括幼儿园、小学、中学）。其中幼儿园、中学主要分布在镇域内人口相对较多的中心村或者镇驻地。因此教育设施呈现出集中与分散相结合的分布态势。第四，村民有效需求不足。农村公共服务设施主要是满足农村居民的需求，因此居民的需求直接影响到公共服务设施配置的种类与规模。居民对公共产品的需求大小取决于两个方面：人口规模和经济发展水平。受传统农业生产方式和社会经济现状的影响，安墩镇的村庄规模小且布局较为分散。在安墩的22个行政村233个自然村，村庄平均人口不足300人。村庄人口规模小，达不到部分公共服务设施设置的人口门槛，使得农村部分公共设施项目缺失。

表4-5　　　　安墩镇各行政村公共服务设施统计

行政村	小学	卫生院	派出所	候车亭	文化广场	自来水	有线电视	有线电话	道路硬底化
水美	●	●	-	●	●	●	●	●	部分
洋潭	●	●	-	●	●	-	●	●	●
新村	●	●	-	●	●	●	●	●	●
热汤	●	●	-	●	●	●	●	●	●
大布	-	●	-	-	●	-	●	●	●
石珠	●	●	-	●	●	●	●	●	●
和岭	●	●	-	●	-	-	●	●	部分
宝安	●	●	-	●	●	●	●	●	●
南华	●	●	-	●	●	●	●	●	部分
葵双	●	●	-	●	●	-	-	●	●
新田	●	●	-	●	●	●	●	●	●
黄沙	●	●	-	-	●	●	●	●	●
澄华	●	●	-	●	●	●	●	●	●
珠湖	●	●	-	●	●	部分	●	●	部分
左华	●	●	-	-	-	部分	●	●	部分
石塘	●	●	-	●	●	●	●	●	●
上洞	●	●	-	●	●	●	●	●	●
下洞	●	●	-	●	●	●	-	●	部分

续表

行政村	小学	卫生院	派出所	候车亭	文化广场	自来水	有线电视	有线电话	道路硬底化
仙洞	-	●		●	●	●	-	●	●
杉元	●	●		●	●	-	●	●	●
梓横	●	●		●	●	●	●	●	●
白沙	●	●		●	●	●	●	●	部分
居委	●	●	●	●	●	●	●	●	●

注：●表示具备；-表示缺乏；部分表示部分硬底化。

资料来源：安墩镇实地考察和访谈。

（五）丘陵山地面积比重较大，生态环境保护要求很高

安墩镇辖区面积479平方千米，在自然条件方面属于典型的南方山地丘陵地形，山地面积广阔，平坦土地较少，山地面积占62万亩，耕地面积仅为4.37万亩。安墩镇划定了大片的基本农田保护区，且是西枝江重要的水源保护区，生态门槛较高，不适宜高强度开发，在引进产业项目过程中，应慎重考虑对生态环境的影响，尽量选择能够保护和扩大生态环境的农林企业、积极做好生态保护景观建设的养生度假服务行业和具备生态修复、循环利用技术的项目。

《纲要》将安墩镇划入惠州东部山地重要系统维护区，镇域大部分为重要生态功能控制区，西部与中部的部分用地分别为严格保护区、城市群城间绿岛生态缓冲区。镇域重要和敏感的生态功能区，应进行严格保护；生态缓冲区与重要生态功能控制区可在保障环境质量与生态功能的前提下进行适度开发利用，同时采取积极措施促进区域生态功能的改善和提高。此外，根据《珠江三角洲环境保护一体化规划（2009—2020年）》，安墩镇位于西枝江上游，应

对水源地实行强制性保护,禁止新建污染企业,逐步清理区域内现有污染源。在水源涵养区和水土保持区等重要生态功能区,实施限制开发,加强污染企业的清理和整顿,严格限制可能损害主导生态服务功能的产业发展,限制大规模的开发建设活动。

(六)现有土地经营权较为分散,再组织难度大风险高

安墩镇主要土地集中于农村,采用的是家庭经营承包制,土地经营权较为分散。考虑到农民思想观念保守,市场意识不强,还保持着小农经济思想,所以对土地资源的再组织难度将很大,风险会比较高。这将严重阻碍安墩镇由分散的小规模传统农业经济向现代化大规模农业经济转型,从而制约乡镇经济的发展。导致安墩镇土地经营权较为分散的原因主要有以下几个方面。

第一,人口布局分散,村庄规模较小。安墩镇现有22个行政村,233个自然村,各自然村平均人口不足300人。且人口规模达到5000人以上的行政村只有洋潭村和宝安村,呈现出"地广人稀"的状态。此外,村庄聚落比较分散,安墩镇目前的村庄聚落基本都沿河道或交通干道呈狭长条状分布,难以有效整合。表2-6是安墩镇各行政村自然村数量、人口、耕地面积、林地面积的情况。

表4-6　　　2012年安墩镇行政人口产业情况

行政村	自然村数量(个)	人口(人)	耕地面积(亩)	林地面积(亩)	主要种植作物
水美村	10	2200	2200	80800	水稻、花生
洋潭村	25	4900	3400	35724	水稻、花生
新村村	3	1600	1200	48370	水稻、甘薯、花生、油茶

第四章　安墩镇生态综合一体化开发

续表

行政村	自然村数量（个）	人口（人）	耕地面积（亩）	林地面积（亩）	主要种植作物
热汤村	7	3000	1900	36000	水稻、甘薯
大布村	4	1500	1500	13456	水稻、甘薯、花生
石珠村	4	1500	1700	26110	水稻、甘薯、花生
和岭村	12	4000	2600	47415	水稻、甘薯、花生
宝安村	16	4900	3800	26537	水稻、甘薯、柑桔、蜜柚
南华村	3	1100	2200	28400	水稻、甘薯、柑桔
葵双村	11	3200	2500	19600	水稻、甘薯、蜜柚、柑桔
新田村	7	2700	2000	28760	水稻、甘薯、花生
黄沙村	8	3100	2500	60348	水稻、甘薯、花生
澄华村	4	2400	1700	9645	水稻、甘薯、花生
珠湖村	12	3900	3100	23060	水稻、甘薯、花生
左华村	10	3700	3200	25560	水稻、甘薯、花生
石塘村	28	3100	1800	18000	水稻、甘薯
上洞村	9	680	600	10300	水稻、甘薯、花茶、蜂蜜
下洞村	12	1100	750	9990	水稻、甘薯、花生
仙洞村	12	1000	580	7800	水稻、甘薯、花生
杉元村	20	2000	1300	13800	水稻、甘薯
梓横村	5	1700	1200	15400	水稻、竹产品
白沙村	11	2300	2000	45231	水稻、甘薯、花生
居委会	3	3500	—	—	—

注：人口数据统计时间为2012年12月。

第二，农业用地占比大，建设用地比重低。农业用地的使用权基本掌握在农民手里，整合难度很大。全镇农用地面积为

46283.72公顷，占土地总面积的96.61%。其中耕地占7.29%，园地占0.46%，林地占87.05%，其他农用地占1.81%。全镇建设用地为919.83公顷，仅占土地总面积的1.92%。其中城乡建设用地占1.50%，交通水利用地占0.40%，其他建设用地占0.02%。其他土地包括水域和自然保留地，面积共706.05公顷，占土地总面积的1.47%。水域面积349.1公顷，占其他土地的49.44%。自然保留地包括荒草地、盐碱地、沙地、裸地和其他未利用地，共356.95公顷，占其他土地的50.56%。

第三，农业结构落后，建设用地开发不合理。安墩镇农业集约化、规模化、商品化、现代化程度较低，传统单一的农业经济和粗放经营方式仍占较大的比重，开发整合起来相对困难。而且镇域土地开发不合理、土地利用不经济、土地发展不科学，土地开发集约化水平和产业水平较低，违章用地建房的现象较多。这进一步增加了统一规划开发的难度。

（七）两镇合并的挑战，周边城镇的竞争

原石塘镇并入安墩镇后，虽然扩大了安墩镇今后发展的地域空间和人力资源，但也带来了一些不容忽视的挑战。石塘镇有一定的历史，长期的人文沉淀、心理认同、感情依赖将继续延续，两镇磨合将有一个时间过程。石塘镇经济实力较弱，基础设施尚未完善，基本上是农业镇且农业生产力较低，农业生产抵御自然灾害的能力较弱。未来安墩镇应带动石塘的发展、体现区域公平性，将是镇政府面临的一项长期课题和任务。

此外，周边的宝口镇、多祝镇、白盆珠镇等具有相近的区位竞争优势和发展条件，对安墩镇吸引区外生产要素发展经济构成了一定挑战。

第六节　安墩镇生态综合一体化开发的目标

惠东县安墩镇发展的总体定位为：以健康养生养老为主导，以生态农林产业为配套，以陶瓷产业为支撑，以文化教育与特色旅游相辅助，建设以生态农林、健康养生养老、温泉度假、陶瓷产业、文化教育特色旅游小镇和惠州市新型示范绿色小镇，促进镇区创建国家新型城镇化示范区，实现绿色生态可持续发展。

安墩镇生态综合一体化开发的目标是把安墩镇打造成：温泉度假健康养生养老基地、生态农林产业基地、生态农林产品加工与冷链物流基地、瓷土绿色开采与加工基地、陶瓷产业园、客家古村落文化观园、爱国教育基地。

在保护生态资源的前提下，做好生态修复，优先发展农林业及生态林产品加工业。安墩镇内自然资源丰富，城镇建设应以生态自然保护为主导，适度建设、点状开发。以潮莞高速的建设为契机，积极发展生态农林业与生态林产品加工业，逐步培育"龙头企业+合作社"或"龙头企业+农民"等推广模式，形成新的增长点。同时推动当地陶瓷科技产业发展、生态观光旅游发展、以热汤温泉为主的健康养生养老产业发展，把安墩镇打造成惠东县东北部新兴的生态产业链生产服务基地。

一　安墩镇生态综合一体化开发的经济目标

（一）提高安墩镇生产总值，提升人均收入水平

安墩镇生态综合一体化开发的宏观目标是要加快安墩镇经济增长速度，总体上要高于广东省的平均经济增速，2016—2020年

平均增速要达到8%或以上。借此提高安墩镇生产总值，达到赶超广东省其他地区的目的，全镇GDP在2020年达到47亿元，2030年超越100亿元的目标。同时，要努力提升人均收入水平，注意人均收入差距不要过大，在2020年实现全镇人民全体进入小康社会的目标。

（二）推动农业现代化建设，巩固第一产业地位

在县委、县政府启动山区经济，建设"生态安墩，康乐年华"的契机下，安墩镇可充分利用当地农林资源优势、水源生态等有利条件发展生态农林基地。坚持以发展绿色生态农林业为基础，做好产业规划。扩大林下经济种养与林地生物多样性种养的绿色产业规模，建立优良种质资源圃、良种繁育中心，积极引进适应当地生态、气候条件的优良经济作物、良种牧禽品种、南方中药材品种、特色花卉。

（三）发展陶瓷科技产业，提高第二产业比重

目前，安墩镇产业结构严重失衡，不利于经济持续快速发展。据安墩镇2012年政府工作报告，第一、第二、第三产业比例为6:1:3，第一产业比重过大。安墩镇综合一体化开发项目要通过多种措施，重点提高第二产业的比重。第一，大力拓展林下经济产业与生物多样性种养的经济延伸发展空间，通过引入加工业，提升农作物的附加值，提高第二产业比重。第二，延伸上下游产业链，对农产品进行深加工，完善冷链物流业，提升农林产品的工业附加值。第三，积极利用当地无污染水资源，加工瓶装矿泉水。第四，最为重要的是，要充分利用当地丰富的瓷土资源打造陶瓷科技产业园，把瓷土绿色开采与深加工结合起来，建设陶瓷科技产业体验区，作为承接珠三角产业转移的基地。

（四）开发特色旅游产业，提升第三产业比重

安墩镇生态综合一体化开发项目要通过挖掘特色资源，开发特色旅游产业，努力提升第三产业的比重。重点是加快和完善健康养生养老、温泉旅游度假、观光体验旅游、文化教育特色旅游等第三产业的发展。第一，发掘资源价值。在现有已开发资源的基础上，对安墩镇域范围内的历史人文景观、生态湿地景观、温泉等资源进行重新梳理，并对旅游资源进行分类整理、评估。第二，建立健康养生养老基地。依托安墩镇得天独厚的生态资源，开发养生养老体验区，建设天然养生、中药养生、饮食养生、运动养生、心理养生等不同形式的养生会馆，配套相应的基础设施，尽可能满足各类人群健康养生、休闲度假的需求。第三，建立温泉旅游度假基地。结合历史悠久、功效多样的热汤温泉特色资源，以及独特的历史文化资源，以生态农林业、热汤温泉深度体验游为主，打造特色温泉小镇。第四，发展观光体验游、文化教育特色旅游等。对生态资源进行挖掘，利用山林资源，增加生态旅游景区，作为户外徒步，观光旅游者的目的地。地处山区的安墩，在农业经济上颇具优势，发展环保型农业和农业生态项目建设前景广阔。充分利用安墩的红色旅游景点、历史文化建筑、深厚客家文化底蕴等，开展中国传统文化宣传活动，深度挖掘特色旅游。

总之，要在旅游产业开发上加大投入，拓宽融资渠道，分析相关旅游项目发展的投资需求，加强对旅游企业和旅游项目的金融支持力度，特别是温泉度假、经典文化旅游线路上的景区基础设施建设、旅游宣传推介和重点旅游产品研发等方面。目标旨在将安墩镇打造为集温泉、历史、生态、陶瓷艺术、红色旅游等于

一体的综合旅游度假区。

二 安墩镇生态综合一体化开发的社会目标

第一，优化人口结构，提高人口素质和文化水平。近期九年义务教育普及率稳定在100%，要逐步普及高中教育，适龄青年受高中教育和高等教育的比例，近期分别设定为50%和4%，远期分别设定为80%和6%以上。实施"科教兴镇"战略，大力发展教育，加强科技队伍建设，推广农业使用技术，促进农林业发展。开展中国文化大讲堂互动，宣传中国传统文化与当地优秀的粤赣湘红色旅游文化，营造文明和谐的社会氛围。加强当地医疗卫生事业的发展，提高医务人员的专业水平。

第二，合理控制人口增长率，优化就业结构。规划期（2013—2030年）内人口自然增长率控制在年均10.0‰以内。三大产业就业人口比例，近期为55:10:35，远期为45:15:40。

第三，增加公共服务供给量，方便居民生活。近期拟建设1座图书馆、1座青少年宫、1所新建医院、1所保健体检中心、1个体育公园、1所高级技术培训学校，使得文化机构服务覆盖率达80%。远期计划提高每千人卫生技术人员大于4人，每千人病床3张，千人拥有医务人员5人，平均期望寿命75岁以上，参加养老保险100%。镇区人均公园绿地面积达到8平方米。

三 安墩镇生态综合开发一体化的基础设施目标

首先，对本镇人口规模、资源条件进行统筹安排，重点建设和完善镇区基础设施，优化中部镇区公共服务配套设施，发挥小城镇的辐射和集聚效应，形成一套高效的管理体系，建成优质的城镇生态环境。其次，规划近期完成自然村村道改造与省道 S243 改线工程，全方位提升安墩镇对外交通便利度，以及镇域各村交通网络。再次，提高全镇村民生活用水便利程度，近期使得镇区自来水普及率达到 80%，远期达到 100%。最后，规划近期建设污水处理厂，改善和减缓生活污水以及工业污水对安墩镇各河流的污染，保护水资源。

四 安墩镇生态综合开发一体化的环境保护目标

安墩镇生态综合开发一体化是想通过积极的开发促进生态资源的保护，以及持续发展和利用。所以要坚持以可持续发展战略为指导，保护生态环境和自然资源；以环境优先为原则，实行环境与发展综合决策机制，合理开发利用资源；以总量控制为目标，有效治理各种污染源，提高环境质量。近期重点解决生活垃圾、污水的排放和处理问题，重点关注农林产品的种养与深加工、瓷土资源绿色开采与深加工、健康养生养老、温泉度假和环境保护之间的关系，始终坚持建设生态、文明、和谐、幸福、康乐的国家新型城镇总目标。远期目标是营造生态环境优美的生态小镇。

第五章 安墩镇生态综合一体化开发的方针和战略

第一节 十字发展方针

坚持"东承、南商、西耕、北游、中优"十字发展方针：(1) 东承文脉——传承客家文化和革命先烈的优良精神，大打历史文化牌，在农林业生产基础上弘扬地域文化和历史文化。(2) 南商工贸——利用潮莞高速开通与省道S243改线的机遇，加强和南面白盆珠镇的联系，建立生态农林产品加工与冷链物流基地和陶瓷艺术产业园，打造安墩镇生态农林产品与瓷土深加工产品的物流平台。(3) 西耕沃土——利用广阔的林地建立生态农林产品生产基地，探索先进种养模式，发展林下经济与生物多样性种养经济，鼓励不同的村落根据自身实际的种养条件选择主导的种养模式，实现"以点带面"策略。(4) 北游汤泉——利用热汤资源主推健康养生产业，通过健康养生设施的建设完善周边居住与生活设施等配套功能，配合生态农林基地观光、体验等功能，综合发展旅游休闲健康养生养老基地。(5) 中优服务——优化中部镇区的综合服务功能，完善其公共服务体系与旅游服务配套功能，强化对镇域各个组团的引力作用。

第二节 生态优先保护战略

一 通过科学发展促进自然生态可持续发展

优先保护原有生态本底，在保护自然生态系统与生物多样性的基础上，深度结合森林保护区和自然保护区，科学规划，大力发展具有优势的现代生态农林产业、农林产品加工与冷链物流产业，促进和实现生态环境的可持续发展。同时利用优越的生态环境，加快温泉度假、健康养生养老的配套设施建设，做到瓷土资源的绿色开采与加工循环利用。

二 完善城镇生态系统

保留自然特征的河流廊道、河岸的带状公园和城市道路两侧的立体绿化带，在被污染和破坏的地区推进生态恢复。通过科学规划与适度建设城镇垃圾、废水等污染物的处理场所，减少人为因素对生态环境的破坏。

加强水污染综合整治，修复水生态系统。按照国家标准综合处理和利用固体废弃物以及生活垃圾。通过合理修整或修建河道、整治河流，减少人为破坏，保护水资源。

第三节 区域合作整合战略

一 积极参与"大珠三角"地区合作进程

依托自身独特的资源优势，积极开拓区域市场、加强与周边地区的劳务交流与合作，大力发展温泉度假和特色旅游，主动融入"大珠三角"地区协调发展。

二 周边乡镇错位协调发展

在与惠东县其他乡镇的统筹发展中,突出生态农林、温泉度假、养生养老、瓷土资源绿色开采优势,发挥后发优势,推行高标准规划建设,实现错位发展,避免低水平建设和恶性竞争。

三 镇区设施与资源的整合共享

建立和完善合理的村镇体系,形成"镇区—中心村(组团中心)—基层村"三个等级的村镇体系,加强村镇的基础设施建设,以镇区辐射中心村、中心村辐射基层村,大力促进镇区与周边行政村基础设施的互惠共享,以规模化提高供给的效益,减少各自投资重复建设。对应不同的村镇等级,扩充或增加相应的交通、供水、供电、邮电、商业和绿化等生产和生活服务设施,提高村镇的设施水平,全面改善村镇的面貌。

第四节 产业促进培育战略

一 运用森林与林地发展优势

在森林保护区和自然保护区建立林下经济种养模式,大力推广高附加值的林下经济产业。引入生物多样性立体种养模式,推广并改进现有的速生林林地和油茶、茶叶、果树林地种养,并延伸其产业链,进行生态农林产品加工和冷链物流建设。

二 有选择地发展和弹性预留大型产业项目

依托当地独特的矿产资源优势,发展优势产业,将循环利用、绿色开采、水土保持、生态恢复作为产业项目发展的约束性目标。通过设立安全评估、生态恢复与产品升级准入门槛,完善产业的选择机制,综合考核,积极引进具备资源绿色开采技术、有意申请省级与国家级绿色矿山试点的深加工企业,实现资源的高附加值生产、加工与综合利用,促进镇域经济与生态环境的可持续发展。

三 继续稳固多元的基础配套产业

利用当地的生态资源、水资源、历史民俗文化等作为基础支撑,引进能运营健康养生养老、温泉度假、文化教育、特色旅游配套设施建设的大型服务企业,带动当地居民参与服务性产业就业。

四 制定鼓励性政策,加快主导优势形成

一是要加大对农林种养及农林产品加工与冷链物流的财政支持和项目申报。增加对农林种养、农林产品加工和市场体系建设的投资。投资重点用于优良种质资源圃、良种繁育中心、野生动植物保护与驯养等科研性项目、林下经济示范基地、生物多样性种养示范基地、农林产品加工与冷链物流、电子商务等基础性项目,以及其技术引进、示范推广、电商技术等服务设施,产品标准、质量检测和环境控制等保障设施。制定对农林产品加工业的税收优惠、财政补贴、银行贴息等政策。对重点农产品加工龙头

企业进行税费上的优惠，鼓励农产品加工企业加快技术开发和技术创新。二是加大对省级、国家级绿色矿山试点项目的申报，加大财政支持瓷土资源绿色开采技术、高端瓷土产品研发、替换推进式生态恢复模式等科研性项目。三是制定对特色民俗文化、地方历史文化的鼓励性政策，加大对文化旅游产业配套设施的基础性项目支持。

第五节 "以点带面"战略

一 利用资源优势，扩大绿色产业规模

在原有森林资源和林地改造资源的种植基础上发展多种林下种养模式和多种生物多样性种养模式，通过推广达到绿色产业规模。成立多个种养模式的专业农业和林业合作社，以打破农民常年以来自产自销、各自为战的被动局面，提供产前、产中、产后服务，解决之前信息不灵、质量不优、规模不大的问题，从而发挥资源集聚的龙头企业带动效应，增加当地农民收入。

二 引进龙头企业，打破分散型小生产

目前安墩镇主要以水稻、甘薯、花生、甜桔、蜜柚、油茶、少量蔬菜和速生林种植为主，没有规模和产品优势，规划引进相关重点龙头企业，积极建设以林下经济种养、速生林改造生物多样性经济种养、现有其他林地发展为生物多样性经济种养、牧养场为主的特色产业基地，重点发展石塘村、新村村、水美村、和岭村、梓横村、下洞村等一批种养专业村。同时，安墩镇委、镇政府计划引进现代化、技术先进的具备瓷土绿色开采技术、加工

工艺的陶瓷制品企业，在符合生态门槛的基础上，在洋潭村、珠湖村等村落进行陶瓷原料加工基地与陶瓷文化产业园的选址与建设，结合新田村客家民俗观园形成陶瓷文化圈，以整合当地的陶瓷文化资源，通过合理开发与深加工提升瓷土资源的附加值，延伸陶瓷产业链。引进健康养生养老、温泉度假服务企业，重点在大布村、热汤村建设休闲度假中心、中医调理中心和商业服务中心，并在三个中心之间配套发展相关居住与生活设施，同时在水质良好、坡地平缓的村落进行养生设施选址，构建健康养生圈。通过龙头企业的桥梁和纽带作用，打破一家一户的分散型小生产，实现与区域市场的对接。

三　搭建信息平台，提高抗风险能力

依托政府信息平台，整合农技、民生与其他互联网资源，提供一体化信息服务，为"以点带面"发展提供有效的市场信息反馈；积极联系农业专业院校及专业技术人才，结合新型农民科技培训项目，围绕主导产业开展农民技能培训，提升当地农民的综合素质，培养新型农民；同时注重人才和品牌效应，申请注册商标，使当地特色的优质产品能够向外推广，实现品牌化经营。

四　兴办农村合作经济组织，配合当地经济发展

在安墩镇委、镇政府的推动下，应围绕"以点带面"积极兴办农村经济合作组织，发展适销对路的高产、优质、生态、安全的主导产品，在稳定粮食生产和保护生态环境的前提下重点发展特色农产品、瓷土产品与健康养生产品。大力推进品牌化建设，推行标准化生产，发展无公害绿色产品，加强特色优质产品的地

理标志保护,做好注册商标和集体商标工作。积极引进推广生产和加工先进适用技术,加快发展产业化经营,加强特色产品品牌宣传,提高品牌产品的信誉度和知名度。通过政府推动、精英带动、农民参与以加速发展,

切实有效地利用和重新整合农村合作经济组织以提高农民的组织化程度,辅助和支持当地"以点带面"经济的发展。

第六节 文化传承发展战略

一 积极保护历史名胜古迹

加强对重点文物保护单位、名村、古迹等的普查、申报、划定和公布工作。加强历史建筑的保护和再利用,采取历史环境保护和有机更新方式,逐步改善历史文化街区、名村的生活条件。

二 注重客家文化的传承

安墩镇的主要居民为客家人,客家文化底蕴深厚。由于客家人具有强烈的宗族血缘意识,客家民居以种姓聚族群居的特点和建造特色都与客家人的历史密切相关。历史上客家人每到一处,本姓本家人总要聚居在一起。加之客家人大多居住在偏僻的山区或深山密林之中,为防豺狼虎豹、盗贼侵扰,客家人便营造"抵御性"的城堡式建筑住宅。安墩地区的客家古民居以"古堡式围屋"为主要建筑形式。因而,在规划中应在保护客家古民居等历史文化空间载体完整性的基础上,通过开展中国文化大讲堂等活动,深入挖掘与传承弘扬客家文化。

三　延续地域文化

地域特色文化的延续应以继承与创新为核心，注重水源音、"九腔十八调"和谭公、何仙姑、郭姑婆等民间语言、民间音乐、民间信仰等不同形式的非物质文化的活态传承与传统民居、街区等文化空间载体的完整性保护，在形成鲜明地方特色的同时，培育具有时代特点的城镇文化精神。

采取制定非物质文化名录、确定保护单位和传承人、设立保护区等多种方式建立非物质文化遗产的保护体系和传承机制。对具有开发价值的非物质文化遗产和独具特色的风俗文化应加以包装，发展为特色文化体验项目。

第七节　社会设施完善战略

第一，提升城镇综合防灾减灾能力，保证民众生命财产安全，确保社会和谐、城市可持续发展。建立并完善突发公共事件应急预案体系。第二，建立资源供应与公共安全保障机制。加强食品、供排水以及能源供应等城市生命线系统的建设。第三，优先建立面向基层的、层级配置合理的教育、卫生、文体、交通等基本公共服务网络，实施统一的公共服务设施配置标准。

第三篇

谋篇布局：引入大企业与政企合作

第六章　引入大企业、大资本：广东金东海集团

第一节　公司简介

广东金东海集团有限公司成立于1991年10月，现具有港口与航道工程施工总承包一级等九个施工资质，是一家专业从事工程施工、房地产开发、港口经营、新能源和矿产资源开发、旅游休闲等的大型综合性企业集团。

公司现有职工1600人，其中教授级高工、高中级职称以及管理人员1120人，占企业总人数70%，工程施工船舶40多艘，机械设备800台（套）。集团总资产达50多亿元，年总产值60多亿元，注册资金5.6888亿元。目前，在全国各地设有子（分）公司40多家。

公司秉承"团结、严谨、务实、奋进"的企业精神，遵循"质量第一、信誉第一"的服务宗旨，精心施工、安全生产，致力为国家建设创造精品工程，为业主提供优质、高效的服务。现已发展成为一家经济实力雄厚、技术水平高、管理能力强的现代化企业集团。公司连续多年被评为"全国优秀施工企业""全国

水运工程建设优秀施工企业""广东省优秀企业"。集团党委被中共广东省委授予"广东省先进基层党组织"荣誉称号。

公司具有科学的团队管理、雄厚的技术力量，在国内建筑行业中享有较高的声誉。先后荣获"全国优秀施工企业家""全国建设系统劳动模范""中国建筑骄子""全国免试工程建设行业高级职业经理人""全国优秀项目经理"等荣誉的有30多人。

诚信经营，使公司赢得了信誉、赢得了市场，在竞争中得到不断发展壮大。公司先后荣获"中国工程建设社会信用AAA""中国建设银行信用等级AAA级和总行级重点客户""中国守合同重信用企业""广东省A级纳税人""广东省最佳诚信企业"等荣誉称号。

公司依靠雄厚的技术力量、完善的质量保证体系、精湛的工艺技术、优良的建筑品质，从抓质量、创名牌、争一流入手，努力打造"高、精、尖"工程精品和企业名牌。公司先后与长沙理工大学、重庆交通大学等多所高校建立了产学研合作关系。拥有国家工程实践教育中心和省级企业技术中心。科技成果荣获中国水运建设行业协会科学技术一等奖。目前，公司已经在全国各地承建各类大、中型工程1000多项。工程一次性验收合格率为100%，优良率为86%。先后荣获"国家优质工程金质奖""中国电力优质工程奖""全国水运工程质量奖""全国用户满意工程""全国工程建设优秀质量管理小组奖"等多项殊荣。

近年来，公司先后成功投资开发了深圳碧海天家园、深圳麒麟花园金麟阁、深圳坪山人才安居房、江苏淮安蓝庭印象花园、天津欧风国际等房产项目。还投资建设了南澳对台综合服务基地；广东惠东陶瓷产业园和温泉生态养生基地，打造中国知名的养生基地；长江货运码头和港口物流园区项目；安徽九华山下西岔湖文化旅游综合开发项目，打造中国最具活力的生态休闲景观带和文化旅游产业走廊。

第二节　发展历程

广东金东海集团有限公司自1991年成立以来，已经经历了25年的发展，按时间顺序归纳其发展历程如下：

1991年10月15日，经汕头市交通办公室批准，成立"汕头市港口疏浚建设公司"。

1993年7月29日，经汕头市交通委员会批准，更名为"汕头市航务工程公司"。

1995年3月21日，成立汕头市东海港务有限公司。11月15日，经汕头市工商局核准注册，改称为"汕头市航务工程总公司"。12月28日，成立汕头市港口疏浚工程有限公司。

1997年1月7日，召开首届党员大会暨"中共汕头市航务工程总公司支部委员会"成立大会。7月25日，成立汕头航务工程总公司深圳分公司。8月11日，成立深圳市金潮海投资发展有限公司。11月18日，召开首届职工代表大会暨"汕头市航务工程总公司工会委员会"成立大会。

1998年3月16日，经汕头市政府同意，在市体改委、市交通委、市财政局、市集资办的支持下，完成企业改制，并经广东省工商局核准，组建"广东金东海集团有限公司"。5月27日，成立广东金东海集团南澳对台经济综合开发有限公司。10月30日，国家建设部批准集团公司晋升"航务工程、航道工程、市政工程壹级"资质。

1999年3月31日，成立广东金东海集团南澳田安港务有限公司。10月，经广东省新闻出版局批准，由原广东省委书记、政协主席吴南生题写刊名、公司主办的《东海潮》创刊号正式面世。

2000年3月8日，公司获得中国GACC、英国UKAS国际、国内ISO9002质量体系双认证。

2001年4月4日，成立广东金东海集团有限公司深圳公司。

2002年2月，集团被汕头市交通运输协会授予副会长单位。

2003年4月，被汕头市建筑业协会授予副会长单位；经GACC审核，通过了ISO9001、ISO14001、OHSAS18001的质量、环境保护、职业安全健康管理体系一体化认证。11月9日，公司党支部升格为党总支委员会。

2004年7月，集团被广东省质量协会授予单位会员。

2005年10月3日，公司设立中共广东金东海集团团委员会。

2006年2月，集团被中国水利工程协会授予单位会员。2月11日，广东金东海集团有限公司网站正式开通。8月，"金东海1号" 4500立方自航耙吸式挖泥船建成投产。

2007年3月1日，广东金东海集团党委成立。8月，"金东海2号" 2000立方绞吸式挖泥船建成投产。

2008年8月，"金东海3号" 3000立方绞吸式挖泥船建成投产。12月，集团被广东省建筑业协会授予常务理事单位。

2009年5月8日，江苏淮安国金置业有限公司成立。5月10日，广东金东海集团华东工程公司成立揭牌仪式举行。11月，广东金东海集团与天津泰达海洋开发公司合作的滨海新围海造陆项目签约。

2010年4月1日，广东金东海集团—长沙理工大学工程技术研发中心挂牌仪式举行。7月2日，成立广东金东海疏浚工程有限公司。9月13日，广东金东海集团华南公司乔迁新址暨揭牌仪式举行。11月20日，广东金东海集团有限公司全面推行OA系统。

2011年2月，"金东海8号""金东海9号"4000立方绞吸式挖泥船建成；成立广东金东海集团华北工程公司；成立天津金东海有限公司。5月16日，广东金东海集团与天津旅游控股公司合作的天津滨海旅游区首个商业综合体——欧风国际项目签约。12月5日，广东省金东海公益基金会成立暨金东海集团成立20周年庆典活动隆重举行。12月23日，集团当选为中国水运建设行业协会副会长单位。

2012年4月23日，集团董事长周壬旭当选为汕头市公益基金会名誉会长。5月26日，集团副董事长周小龙当选为广东省爱国拥军促进会副会长。9月25日，集团董事长周壬旭当选为广东省企业联合会、广东省企业家协会副会长。11月18日，广东金东海集团有限公司网站全新形象全面升级正式启用。

第三节 资质及荣誉

一 工程资质

公司现拥有九个施工资质，分别为：港口与航道工程施工总承包一级资质、市政公用工程施工总承包一级资质、地基与基础工程专业承包一级资质、土石方工程专业承包一级资质、公路工程施工总承包二级资质、水利水电工程施工总承包二级资质、房屋建筑工程施工总承包二级资质、建筑装修装饰工程专业承包二级资质、园林古建筑专业承包三级资质。

二　企业荣誉

广东金东海集团以及企业杰出代表在多个方面获得了一系列荣誉称号。

（一）公司荣誉

1995年，被汕头市住房和城乡建设局授予"汕头市建筑业先进企业"称号。

1996年，1995—1996年连续两年被汕头市住房和城乡建设局授予"汕头市建筑业先进企业"称号。被汕头市政府授予"八五期间交通邮电系统先进单位"称号。

1997年，1995—1997年连续三年被汕头市住房和城乡建设局授予"汕头市建筑业先进企业"称号。

1998年，1995—1998年连续四年被汕头市住房和城乡建设局授予"汕头市建筑业先进企业"称号。被汕头市工商行政管理局评为"守合同重信用企业"，被中国建设银行授予"AAA级"信用企业。

1999年，1995—1999年连续五年被汕头市住房和城乡建设局授予"汕头市建筑业先进企业"称号。1998—1999年连续两年被汕头市工商行政管理局评为"守合同重信用企业"。被汕头市委宣传部、市劳动局、市普法办和市总工会联合授予"汕头市贯彻实施《劳动法》先进单位"。被汕头市人民政府授予"纳税光荣户"称号。

2000年，1995—2000年连续六年被汕头市住房和城乡建设局授予"汕头市建筑业先进企业"称号。1998—2000年连续三年被汕头市工商行政管理局评为"守合同重信用企业"。被汕头市人民政府评为"重合同守信用企业"。

2001年，1995—2001年连续七年被汕头市住房和城乡建设局授予"汕头市建筑业先进企业"称号。1998—2001年连续四年被汕头市工商行政管理局评为"守合同重信用企业"。被汕头市人民政府评为"重合同守信用企业"。

2002年，1995—2002年连续八年被汕头市住房和城乡建设局授予"汕头市建筑业先进企业"称号。1998—2002年连续五年被汕头市工商行政管理局评为"守合同重信用企业"。

2003年，1995—2003年连续九年被汕头市住房和城乡建设局授予"汕头市建筑业先进企业"称号。1998—2003年连续六年被汕头市工商行政管理局评为"守合同重信用企业"。

2004年，1995—2004年连续十年被汕头市住房和城乡建设局授予"汕头市建筑业先进企业"称号。1998—2004年连续七年被汕头市工商行政管理局评为"守合同重信用企业"。被中国建设银行评定信用等级为"AAA级"，被广东省劳动和社会保障厅、总工会等授予"首届广东省百家和谐劳动关系先进企业"称号。

2005年，1995—2005年连续十一年被汕头市住房和城乡建设局授予"汕头市建筑业先进企业"称号。1998—2005年连续八年被汕头市工商行政管理局评为"守合同重信用企业"。被中国工程建设社会信用管理委员会评为"中国工程建设社会信用AAA级"。

2006年，被中国水运建设行业协会评为"全国水运建设行业优秀施工企业"，被广东省企业联合会评为"广东省优秀企业"

称号。1995—2006年连续十二年被汕头市住房和城乡建设局授予"汕头市建筑业先进企业"称号。1998—2006年连续九年被汕头市工商行政管理局评为"守合同重信用企业"。被中国工程建设协会授予"质量安全管理先进单位"称号，被中国工程建设协会授予"全国安全生产优秀施工企业"。

2007年，被中国施工企业管理协会评为"全国优秀施工企业"。2006—2007年连续两年被中国水运建设行业协会评为"全国水运建设行业优秀施工企业"。2006—2007年连续两年被广东省企业联合会评为"广东省优秀企业"称号。1995—2007年连续十三年被汕头市住房和城乡建设局授予"汕头市建筑业先进企业"称号。1998—2007年连续十年被汕头市工商行政管理局评为"守合同重信用企业"。被国家工商行政管理总局评为"2006年度中国守合同、重信用企业"，被广东省建设报社评为"2007年度广东民营建筑企业综合实力30强"。

2008年，2007—2008年连续二年被中国施工企业管理协会评为"全国优秀施工企业"。2006—2008年连续三年被中国水运建设行业协会评为"全国水运建设行业优秀施工企业"。2006—2008年连续三年被广东省企业联合会评为"广东省优秀企业"称号。1995—2008年连续十四年被汕头市住房和城乡建设局授予"汕头市建筑业先进企业"称号。1998—2008年连续十一年被汕头市工商行政管理局评为"守合同重信用企业"。被广东省企业联合会、广东省企业家协会评为2007年度广东省"最佳诚信企业"，被中国施工企业管理协会评为"企业信用评价AAA级信用企业"，被广东省质量协会授予"改革开放三十年广东省以质取胜企业"称号。

2009年，2007—2009年连续三年被中国施工企业管理协会评为"全国优秀施工企业"。2006—2009年连续四年被中国水运建设行业协会评为"全国水运建设行业优秀施工企业"。2006—2009年连续四年被广东省企业联合会评为"广东省优秀企业"称号。1995—2009年连续十五年被汕头市住房和城乡建设局授予"汕头市建筑业先进企业"称号。1998—2009年连续十二年被汕头市工商行政管理局评为"守合同重信用企业"。被广东省企业联合会、广东省企业家协会评为2007年度广东省"最佳诚信企业"，被中国施工企业管理协会评为"企业信用评价AAA级信用企业"，被广东省质量协会授予"改革开放三十年广东省以质取胜企业"称号。

2010年，2007—2010年连续四年被中国施工企业管理协会评为"全国优秀施工企业"。2006—2010年连续五年被中国水运建设行业协会评为"全国水运建设行业优秀施工企业"。2006—2010年连续五年被广东省企业联合会评为"广东省优秀企业"称号。1995—2010年连续十六年被汕头市住房和城乡建设局授予"汕头市建筑业先进企业"称号。1998—2010年连续十三年被汕头市工商行政管理局评为"守合同重信用企业"。被广东省企业联合会、广东省企业家协会授予2007年至2009年度连续三年"广东省诚信示范企业"称号，被汕头市地方税务局授予纳税等级评定"A级纳税人"称号，被广东省企业联合会、广东省企业创新纪录审定委员会授予"2010年广东省自主创新标杆企业"称号。

2011年，2007—2011年连续五年被中国施工企业管理协会评为"全国优秀施工企业"。2006—2011年连续六年被中国水运建设行业协会评为"全国水运建设行业优秀施工企业"。2006—2011年连续六年被广东省企业联合会评为"广东省优秀企业"称号。1995—2011年连续十七年被汕头市住房和城乡建设局授予"汕头市建筑业先进企业"称号。1998—2011年连续十四年被汕头市工商行政管理局评为"守合同重信用企业"。被中共汕头市金平区委员会、金平区人民政府授予"2010年度纳税大户"称号。被汕头市住房和城乡建设局授予"2010年度汕头市外出施工创税先进企业"称号。被广东省工商行政管理局授予连续十三年"广东省守合同重信用企业"称号。

2012年,荣获2012年度中国企业文化建设先进单位,荣获2012年度汕头市文明单位,荣获2012年度建筑业先进企业,荣获2012年度国家守合同重信用企业,荣获2012年度创建学习型十佳优秀企业,荣获2012年度全国优秀施工企业,荣获2012年度广东省诚信文化建设十佳单位。2007—2012连续六年被中国施工企业管理协会评为"全国优秀施工企业"。2006—2012连续七年被中国水运建设行业协会评为"全国水运建设行业优秀施工企业"。2006—2012年连续七年被广东省企业联合会评为"广东省优秀企业"称号。1995—2012年连续十八年被汕头市住房和城乡建设局授予"汕头市建筑业先进企业"称号。1998—2012年连续十五年被汕头市工商行政管理局评为"守合同重信用企业"。

2013年,荣获2013年度全国优秀施工企业,荣获2013广东省优秀企业。

2014年,荣获2010—2015年度中国施工企业管理协会第六届理事会常务理事单位。荣获2013—2016年度汕头市名优企业,荣获2013年度汕头市建筑业先进单位,荣获2013年度中国企业文化建设十佳先进单位，荣获2013年度广东省企业十佳优秀歌曲，荣获全国工程建设优秀质量管理小组二等奖，荣获全国工程建设优秀质量管理小组三等奖，第十六次被评为广东省"守合同重信用企业"，荣获广东省"A级纳税人"称号。

（二）金东海人荣誉

1996年1月，公司副总裁林辉进在汕头市基础设施重点项目大会战中成绩突出，被汕头市委、市政府评为先进个人。

1997年2月，公司副总裁林辉进被汕头市建设委员会评为1996年度优秀项目经理。

1998—2003年，公司党总支副书记廖锦春连续六年被汕头市交通局机关党委授予"优秀党务工作者"称号。

1999年1月，公司董事长周壬旭被汕头市交通委员会工会评为1997—1998年度"优秀职工之友"称号。4月，公司董事长周壬旭被汕头市总工会授予"优秀职工之友"称号。

2004年5月，公司副总工程师陈楚南被中国建筑业协会授予"中国建筑骄子"称号；公司副总裁林辉进被中国建筑业协会授予"中国建筑骄子"称号。11月，公司副总裁林辉进被评为2004年度全国水运工程建设行业优秀项目经理；公司副总工程师陈楚南被评为2004年度全国水运工程建设行业优秀项目经理。

2005年5月，公司董事长周壬旭被评为2004年度"全国优秀施工企业家"；公司副董事长周小龙通过免试工程建设行业高级职业经理人资格。11月，公司工程师杨文中被评为2005年度全国水运工程建设行业优秀项目经理。

2006年11月，公司工程师廖日辉被评为2006年度全国水运工程建设行业优秀项目经理。12月26日，公司董事长周壬旭出席中共汕头市第九次代表大会。

2007年1月，公司董事长周壬旭当选为汕头市建筑业协会副会长；公司董事长周壬旭当选为汕头市交通运输协会副会长。6月，公司董事长周壬旭被汕头市委非公企业工委授予"支持企业党建工作先进民营企业家"称号。12月，集团公司董事长周壬旭被国家人事部、建设部联合授予"全国建设系统劳动模范"称号。

2008年6月，公司党委副书记廖锦春被中共广东省委授予"广东省优秀党务工作者"称号。11月，公司董事长周壬旭被中共广东省委宣传部授予"广东百佳人文企业家"称号。

2009年1月，公司总工程师陈绍文被中国水运建设行业协会评为2008年度全国水运工程建设行业优秀项目经理。3月，公司董事长周壬旭被广东省企业联合会、广东省企业家协会授予2008年广东省改革开放30周年创建学习型企业"十佳突出贡献奖"；公司党委副书记廖锦春被广东省企业联合会、广东省企业家协会授予2008年广东省改革开放30周年创建学习型企业"十佳先进管理干部奖"。12月，公司董事长周壬旭被评为2009年度广东省企业优秀管理人才，并入选《广东省企业优秀管理人才库》。

2010年2月，公司董事长周壬旭被广东省企业联合会、广东省企业家协会选为副会长。

2011年4月，公司企业文化与信息管理部经理陈少群被广东省企业文化研究会评为2011年度广东省企业文化管理优秀人物。11月，集团副董事长周小龙被授予广东省爱国拥军促进会首届爱国拥军企业家。

2012年4月，公司董事长周壬旭当选为汕头市公益基金会名誉会长；公司董事长周壬旭被广东省企业文化研究会评为广东省企业文化建设十佳先进个人。5月，公司企业文化与信息管理部经理陈少群被评为广东省企业文化建设十佳先进个人；集团副董事长周小龙当选为广东省爱国拥军促进会副会长。9月，广东省企业联合会、企业家协会第九次代表大会选举生产新一届理事会和监事会，公司董事长周壬旭当选为副会长。

第四节 主营业务

广东金东海集团有限公司具有港口与航道工程施工总承包一级等九个施工资质，是一家专业从事多种业务的大型综合性企业集团，主营业务包括房地产业、港口物流业、工程建筑业与施工船舶、新能源与矿产资源业等。

公司在这四项主营业务上均取得了优异的成绩。在房地产业方面，公司投资开发的"碧海天家园"被中国（深圳）住宅与建筑科技展览会组委会评为"十大住宅新星"之一，瑞清花园工程经清远市第二届"金屋奖"精品楼盘评选委员会评选，荣获"最佳城市中心优雅经典社区奖"。在港口物流业方面，海南石梅湾游艇会开发项目码头及防波堤工程是海南省"十一五"重点项目，公司承建的连云港30万吨级航道一期工程W2.2标段被江苏省住房和城乡建设厅评为2011年度江苏省建筑施工文明工地。工程建筑业与施工船舶方面，公司以"百年建筑、百年品质、百年丰碑"的理念开展业务，公司承建的汕头市东海码头被评为"汕头市优良样板工程"，广州港发石油化工8万吨级码头工程被国家交通运输部评为"2005年度交通运输部水运工程质量奖"。新能源与矿产业方面起步较晚，但也逐步步入正轨。

第五节 公司业绩

一 获奖工程

公司开发的多个工程都获得了当地政府和社会各界的认可，取得了一系列荣誉称号。

1993年5月，公司承建的深圳市滨河立交桥被深圳市建设局评为优良工程。

1996年5月，公司承建的深圳市春风路高架桥工程被评为优良工程。

1997年2月，公司承建的汕头市东海码头被评为"汕头市优良样板工程"。

1998年8月，公司承建的深圳市东环快速路工程（南段）第Ⅰ标段工程被深圳市建设局评为优良工程。

1999年11月，公司承建的南澳巨瀛水泥厂综合码头被评为优良工程。

2000年11月，公司投资开发的"碧海天家园"，被中国（深圳）国际住宅与建筑科技展览会组委会评为"十大住宅新星"。

2006年2月7日，公司承建的广州港发石油化工8万吨级码头工程被国家交通运输部评为"2005年度交通运输部水运工程质量奖"。2月，公司承建的广州港发石油化工码头被中国水运建设行业协会评为2005年度全国水运建设行业"用户满意工程"。6月，新都盛世名门被中国房地产及住宅研究会人居环境委员会列为中国人居环境金牌建设试点项目。

2007年10月,经清远市第二届"金屋奖"精品楼盘评选委员会评选,瑞清花园工程荣获"最佳城市中心优雅经典社区奖"。

2008年6月,公司承建的招商局深圳前湾吹填造陆工程荣获2008年度"全国工程建设优秀质量管理小组二等奖"。

2009年7月,公司承建的华能汕头海门电厂工程QC小组和华能汕头海门电厂防波堤胸墙工程QC小组分别荣获全国工程建设优秀质量管理小组三等奖。8月,公司承建的华能汕头海门电厂工程QC小组被授予2009年度"广东省优秀QC小组"称号。

2010年2月26日,公司承建的深圳市龙岗区北通道市政工程第Ⅱ合同段第二标段被评为深圳市优质结构工程。6月,公司施工的华能海门电厂一期($2\times1000MW$)工程(1、2号机组防浪堤及厂区护岸),被中国电力建设企业协会评定为2010年度"中国电力优质工程奖"。7月,连云港30万吨级航道围堤QC小组被国家工程建设质量奖审定委员会授予"2010年度全国工程建设优秀质量管理小组三等奖"。12月,公司参建的华能海门电厂一期1、2号机组工程,被国家工程建设质量奖审定委员会评为2010年度国家优质工程金质奖。

2011年11月,公司承建的连云港30万吨级航道一期工程W2.2标段被江苏省住房和城乡建设厅评为2011年度江苏省建筑施工文明工地。

2012年3月,公司承建的深圳市龙岗区北通道市政工程第Ⅱ合同段第二标段工程被深圳市建筑业协会授予2012年度深圳市优质工程金牛奖。6月6日,公司承建的广州市西江引水工程—输水支线—西村支线后段被广州市市政工程协会授予2012年度广州市市政优良样板工程。11月，公司承建的深圳市龙岗区北通道市政工程第Ⅱ合同段第二标段工程被广东省市政行业协会授予2012年度广东省市政优良样板工程；公司承建的广州市西江引水工程管道施工工程（管线十五标）被广东省市政行业协会授予2012年度广东省市政优良样板工程。

二 工程业绩

（一）港口与航道工程

1. 海南石梅湾游艇会开发项目码头及防波堤工程

海南石梅湾度假区项目是海南省"十一五"重点项目，海南石梅湾游艇会开发项目是度假区的重要组成部分。该项目有四大功能：游艇码头、游艇俱乐部、游艇酒店及国际一流的配套服务设施。游艇码头有水上泊位208个，泊位总长度3528米，可以停靠目前世界上最大的游艇；水深5.8米，可以举办世界著名的VOLVO顶级游艇帆船比赛。陆上干仓停泊位121个，可以提供优质的休闲旅游式游艇服务。外筑合抱式东、南防波堤，东防波堤610.6米，南防波堤84.2米，南海堤442.1米；内挖式港池，新建内港岸线2975.9米。

工程位于海南省万宁市石梅湾旅游度假区。工程包括东护岸、东防波堤工程，南海堤、南防波堤工程，重力式内护岸工程，会所区内护岸工程，提升机平台及斜坡道工程，浮式栈桥工程（共81个泊位），疏浚工程，道路与堆场工程及设备安装工程共九个单位工程以及直升机停机坪台护坡项目工程。陆域面积13.8万平方米，道路面积1.45万平方米。工程合同造价3亿元，于2010年12月开工，2012年6月竣工。

2. 华能广东汕头海门电厂护岸及防波堤工程

华能汕头海门电厂是广东省首个百万千瓦超超临界燃煤机组的重大电力项目，也是广东省电源建设重点项目和国家重点工程之一。合同造价3.1亿元。该工程位于汕头市海门镇洪洞村，于2007年1月开工，2009年10月竣工。

公司承建电厂的主要工程项目：厂区护岸、防波堤。护岸工程全长2574米。东北防波堤总长度为1646.4米，南防波堤总长度为820.0米。防波堤采用有胸墙的斜坡堤结构形式。

2009年7月，荣获全国工程建设优秀质量管理小组三等奖；2009年8月，该工程QC小组被授予2009年度"广东省优秀QC小组"称号；2010年6月，被评为2010年度"中国电力优质工程奖"；2010年12月，被评为2010年度"国家优质工程金质奖"。

3. 广州港发石油化工码头

广州港发石油化工码头为8万吨级高桩梁板式及高桩墩式码头，基桩共590根桩，其中砼桩377根，钢管桩213根，沉桩达到了一天施打12根的较高效率。该工程于2003年5月6日开工，2004年1月15日竣工，比合同期提前105天完成。该工程荣获交通运输部水运工程质量奖和全国用户满意工程。

4. 江苏省泰州港靖江港区新港作业区粮食物流中心码头工程

该工程包括一个3.5万吨级通用泊位，一个5万吨级散货泊位和一个5万吨级油品泊位，以及码头附属设施及配套水电等的施工。该码头结构形式为高桩梁板式结构。码头采用引桥连片式布置，主要由码头作业平台及三座引桥组成。码头平台长711米，宽30米。该工程于2009年5月20日开工，2010年6月竣工。工程总造价 2.19 亿元。

5. 中船澄西船舶修造有限公司十七万吨级浮船坞工程子项扩建码头工程

该工程位于江阴市黄田港西侧，中船澄西厂区内。码头结构形式为高桩梁板式，包含引桥三座、东西侧防撞装置。码头长 445 米，宽 20 米，共分 6 个分段，于 2008 年 9 月 20 日开工，2009 年 4 月 10 日竣工。

6. 招商局深圳前湾吹填造陆工程

工程位于深圳市前海片区，该工程使用功能为汽车贸易城用地、物流园区和码头功能区三个部分。形成陆域分为七个库区，陆域形成总面积为 242.22 万平方米。工程造价 2.3 亿元。于 2005 年 12 月 20 日开工，2007 年 10 月 8 日竣工。

该工程的施工范围包括港池开挖、陆域吹填及吹填区形成排水砂垫层等项目。吹填总面积 2.1 平方千米，总吹填量达 1011.5 万立方米，吹填距离 3.5 千米，铺砂垫层 184.07 万立方米。在吹填土上软基加载时，公司采用竹网加铺土工布垫层法的施工方法，竹网加铺土工布垫层法是一种技术可靠、施工方便、价格低廉的新方法，这在国内是一种创新工艺，从而解决了施工中的难题，缩短了工期，创造了经济效益。

2008 年 6 月，经国家工程建设质量奖审定委员会评定，该工程 QC 小组荣获 2008 年度"全国工程建设优秀质量管理小组二等奖"。

7. 辽宁省红沿河核电厂一期重件码头工程

工程位于辽宁省瓦房店市东岗乡林沟村小孙屯。建设规模为 4 台一百万千瓦级压水堆核电机组。重件码头位于厂区西南海岸已建护岸 GH 段的 G 段，呈突堤米式布置，码头长 120.085 米，宽 40 米，码头靠船侧采用重力式沉箱结构，另一侧采用抛石斜坡堤结构，护面采用扭王字块体结构，堤顶设混凝土挡浪墙。该工程于 2008 年 3 月 26 日开工，2009 年 6 月 30 日竣工。

8. 广东平海电厂防波堤及重件码头工程

广东惠州平海电厂是广东"十一五"规划建设的特大型电力项目，也是广东省首个单机容量一百万千瓦级的高效能项目。该工程总造价 1.004 亿元，包括防波堤与重件码头工程。防波堤为斜坡式结构，长 994.39 米；重件码头为方沉箱结构，长 138 米，最大沉箱重为 492.3 吨。防波堤工程于 2008 年 1 月 23 日开工，2009 年 5 月 26 日竣工。重件码头于 2008 年 2 月 25 日开工，2009 年 4 月 29 日竣工。

9. 福建省厦门市第三码头至同益码头亲水平台及护岸工程

码头岸线全长 1103.6 米，后方陆域回填面积 15 万平方米。该工程于 2002 年 11 月 15 日开工，2004 年 6 月 30 日竣工。该工程荣获广东省优秀 QC 小组成果奖。

10. 深圳机场陆域形成及软基处理工程海堤工程

海堤长 4101 米，工程包括地基处理、堤身填筑，上部结构施工。另外还包括海堤段的上部结构部分，长 3600 米。工程合同造价 2.7 亿元。该项目采用先进的"清华斯维尔项目管理"管理模式，采用抛石挤淤和爆破挤淤施工方法，创日抛石量 2 万立方的施工记录。

11. 上海市浦东国际机场第四跑道

该工程吹砂补土区域南北长 1368 米，东西长 625 米，施工总面积约 85.5 万平方米，吹砂补土达 340 万立方米。工程包括：围堰施工、水利吹砂施工、施工排水系统（包括沉淀池）、覆盖层土工布铺设及土工布覆盖后顶面泥浆施打；并按照设计要求进行地表沉降和地表水平位移的观测。该工程于2005年4月17日开工，2006年1月25日竣工。

12. 浙江省平湖市白沙湾围涂工程第三标段

工程位于杭州湾北岸，地处平湖市黄姑镇与全塘镇境内。该工程建设范围为平湖白沙湾至水口滩地上，堤长10131米。围涂总面积10705亩，围堤轴线总长3994米，其中三标围堤总长1500米。该工程于2006年9月10日开工，2007年12月31日竣工。

13. 大连港东部地区搬迁改造项目填海工程水工永久护岸工程第二标段

工程位于大连港东部地区，该护岸长1000米，范围自M44—M82孔位置，主要包括基槽挖泥、排水板打设、土工格栅铺设、基床抛石、圆筒预制安装、四角空心方块预制安装、棱体回填及圆筒抛填、胸墙混凝土等。本标段断面结构形式为排水板半直立式断面结构。工程于2009年1月开工，2010年6月竣工。合同造价1.31亿元。

14. 大连凌水湾护岸工程第一标段工程

工程位于辽宁大连市凌水湾，凌水河出海口南侧。护岸全长约1249.52米，分为两段，AB段长404.25米，BC段长845.27米，为斜坡式护岸。于2008年3月20日开工，2010年3月竣工。合同造价为1.15亿元。

15. 大连新机场沿岸商务区土地整理工程

工程位于大连市金州湾西侧区域，工程拟填海陆域为不规则长条形。东西方向长3110米，南北方向宽700米，主围堰总长3366米，东西向子堰长1898米，南北向子堰长度分别为425米、705米、667米和666米，形成陆域总面积176万平方米。围堰主体采用斜坡堤结构，陆域形成采用全部陆填。本工程填海面积170万平方米，主围堰和各条子堰将待形成陆域划分8个区域，本次回填范围为3、4、5、7区域。该工程合同造价1.88亿元，于2010年12月18日开工。

16. 连云港30万吨级航道先导试挖工程围堤工程W2.2标

该工程施工内容包括：1#隔堤897米，正堤2西段811米。1#隔堤、正堤2、地基处理均采用爆破挤淤堤，堤身采用陆抛开山石形成。1#隔堤堤顶宽为6米，正堤2堤顶宽为6.3米。1#隔堤外坡设抛石护面。1#隔堤、正堤2内侧设置防渗倒滤层，倒滤层结构为土工布、软体排反滤，采用充填袋压载。正堤2外坡设置3t扭王字块体护面，防浪墙采用混凝土结构。合同造价1.05亿元，于2009年11月开工，2011年8月竣工。

17. 安徽省铜陵市协诚港口有限责任公司码头工程

工程位于安徽省铜陵东联乡复兴村。工程包括新建5000吨级件杂货和通用泊位各1个、10000吨级散货泊位1个，码头平台长453米，宽25米，平台通过2座引桥与陆域连接，上下游引桥分别长为351.3米和355.3米，宽为12米和18米，变电站平台尺寸16×12米；码头护岸长653米。码头采用高桩梁板式结构。该工程于2010年1月开工，2012年9月竣工。

18. 苏州港常熟港区兴华作业区件杂货码头工程

工程地处江苏省常熟市碧溪镇，该工程由内、外档2个码头平台和1座引桥组成。外档码头平台外侧兴建30000DWT件杂泊位1个、5000DWT件杂泊位1个、外档码头平台内侧兴建3000DWT件杂泊位2个，外档码头长359米。内档码头平台外侧兴建2000DWT件杂泊位4个，内档码头长415米，引桥长474.562米。该工程工基槽与港池挖泥858714.3立方米，沉桩施工1227根，钻孔灌注桩196根。该工程于2010年11月18日开工。2012年9月竣工。

19. 天津海滨旅游区临海新城围海造陆项目围堤及吹填工程

该工程位于渤海湾西部的天津港北部海域，广东金东海集团与天津泰达海洋开发有限公司合作的BT项目，总投资约4.7亿元，合同工期18个月。工程分为五区、六区两个标段，其中五区分项工程包括1349.783米长围堤、东围堤防渗处理933.189米长及1243.064米长隔埝的建设等工程。吹填面积161.76万米，吹填泥实际方量为1071.57万米；六区工程包括865.279米长围堤、东围堤防渗处理434.317米长及1624.317米长隔埝的建设等工程。吹填面积130.81万米，吹填泥实际方量为862.97万米。

20. 江苏省南通海门市东灶港东区吹填项目一标

工程位于江苏省南通海门市东灶港外侧黄海滩地。吹填土方约1029万立方米，工程造价1亿元。于2011年5月15日开工，预计2011年12月20日竣工。

（二）市政公用工程

1. 深圳市春风路高架桥

1993年深圳市的重点建设工程之一，总长1620米，总投资1.7亿元。集团公司承建的Ⅱ标段包括：(1) 主桥，长135.5米，宽24米，由A、B两联组成，基础为Φ1200—Φ1500的钻孔灌注桩，梁体为预应力钢筋混凝土箱梁结构；(2) 通道桥，长35米，宽9米的钢筋混凝土框架结构；（3）布吉河桥，长70米，宽50.5米，基础为Φ1200钻孔灌柱桩，上部结构是三跨87片钢筋混凝土结构T形预制梁，布吉河两岸挡墙长198米，河底衬底面积6485平方米；（4）道路工程，主道长400米，宽50米，两条匝道和自行车道及800米长现浇钢筋混凝土挡墙；（5）地下管道工程包括给排水管道、电力管道、电信管道等。该工程于1993年7月8日开工，1996年5月20日竣工，被深圳市建设局评为优良工程。

2. 深圳市滨河皇岗立交桥

滨河皇岗立交桥工程是1992年深圳市十大重点工程之一，工程占地面积约17.5万平方米。工程包括：主桥长160米，宽39.7米，钻孔灌注桩基础，为预应力砼箱梁结构；6座现浇钢筋砼框架结构的通道桥；1620米长的挡土墙和主道皇岗路、滨河路，4条互通直匝道、4条互通环形匝道、4条慢车道等道路工程。1993年6月竣工通过验收，被深圳市建设局评为优良工程。

3. 深圳市龙岗区红棉路市政工程第Ⅳ标段

城市Ⅱ级主干道、双向六车道设计，全长623.25米。施工内容包括：道路及路面工程、桥梁工程、给排水工程、电力电信工程、燃气工程、照明工程、交通标志标线工程、绿化工程等。工程于2010年6月竣工。

4. 深圳市东环快速路高架桥

该工程是1997年深圳市重点建设工程之一，是连接南环快速干道春风路高架桥、东环东段、文锦渡海关，直通火车站的重要交通网络，汇交于春风路、江背路、南湖路、沿河路。

公司承建的深圳市东环快速路工程（南段）具有规模大、配套项目多、技术要求高、施工难度大等特点。该工程包括：（1）桥梁工程，主线223—622.5米，辅线140—576.445米，全长1020.945米。由11个联桥组成，基础均为钻孔灌注桩，上部结构采用现浇预应力钢筋砼连续箱梁，三号桥最大跨度38米，最大梁高1.7米。（2）道路工程，分别为：春风路、南湖路、江背路、沿河路。道路总长1197.94米，地面车道最宽19.75米，辅道最宽9米。该工程于1997年5月12日开工，1998年8月8日竣工，被深圳市建设局评为优良工程。

5. 深圳市龙岗区北通道工程

荣获深圳市优质结构工程。该工程是龙岗区西北部的一条城市快速道路，属深圳市重点建设项目之一，是2011年世界大运会相关的交通配套设施。

工程位于深圳市龙岗区中心城，西起水官高速公路、东至横坪公路，全长13.318千米。该工程道路红线宽度80米，主线双向六车道；公路等级为城市快速路。公司承建的第Ⅱ合同段第二标段起讫桩号为K9860K13338，全长3478米，主要包括：道路工程、桥梁工程、给排水工程、电力电信、照明、交通设施等管理埋设、路灯基础等，工程造价2.1亿元。于2007年6月开工，2010年6月竣工。

6. 深圳市龙岗区碧新路北段市政工程

工程南起宝荷路，北至龙盛大道，道路全长6948.169米，设计车速50千米/时，服务性城市Ⅰ级主干道，机动车道为双向六车道。该工程于2007年12月18日开工。

公司首次成为政府工程代建商，是为深圳市龙岗区土地储备开发中心代建项目，该代建项目造价为3.5亿元。

7. 深圳市南山商业文化中心区核心区景观工程

工程位于深圳市南山区中部，工程施工范围：中心区基地面积与高架平台面积共30公顷，景观设计面积199302平方米，2个雨水处理站面积5500平方米，景观水体33000平方米，景观铺装29317平方米。工程于2007年9月开工，2009年12月竣工。

8. 湛江市金沙湾观海长廊护岸景观工程

该工程是湛江市的重点工程之一，该项目为集防浪和休闲旅游观光为一体的景观工程。护岸总长1080.3米，大部分为弯曲段，外弯和内弯的形式。标准堤岸采用两级防护平台结构，后方设计在原地质基础上回填中、粗砂造成人工沙滩景观。主要施工内容为：使用自吸式抽沙船采砂，开采回填海砂量约30万立方米；混凝土总浇注量约为5569立方米；预制与铺设人行道六角块面积为4468平方米。

9. 福建省厦门市环岛路木栈道第二标段工程

福建省首个木栈道海滨景观工程。该工程为海滨景观工程，起点位于曾厝垵戏台，走向沿海岸线，经曾厝垵海滨浴场、音乐家广场、白石炮台遗址、太阳湾海滨浴场，终点为黄厝石头广场，木栈道宽2米，全长4.3千米，其中沙滩及陆地段长2.38千米，海上及礁石段长1.92千米。包括栈道工程、栈桥工程、木栈道第二段音乐吧工程及其他附属工程等。工程结构形式：基础为现浇钢筋混凝土结构，上部为钢结构。沙滩上栈桥采用现浇混凝土扩大基础。工程于2006年5月11日开工，2006年12月30日竣工。

10. 广州市黄埔南海神庙码头广场工程

工程位于广州市黄埔区南海神庙，施工内容包括码头、广场土建、市政、安装工程，约10000平方米广场铺设及码头建设。工程于2006年5月1日开工，2006年9月30日竣工。

（三）公路与桥梁工程

1. 深圳市清平高速公路下坪大桥

深圳市下坪大桥为清平高速公路的重点项目。该桥位于深平大道主线跨越下坪垃圾填埋处理场，南面与深平大道顺接，向北跨越谷地与清水河检查站相接。下坪大桥是本路段技术难度最大的项目，为左、右幅曲线分离式高架桥，桥长257米，双幅总宽度36.5米，上部采用预应力T形预制梁，最大跨度45米，高2.6米，是当时省内同类结构单跨最长的桥梁之一。墩柱最大高度达30米，帽梁体积大，其悬挑达5.1米，施工相当复杂。该工程于2004年2月开工，2005年6月26日竣工。荣获广东省优秀QC小组活动成果奖。

2. 福建省厦门市翔安大道一期B标工程

该工程南起于东通道西滨立交，终点为仑头立交，总长度为13.095千米，道路等级为城市快速路，双向八车道，设计车速80千米/小时。一期B标工程起点桩号K3000，终点桩号K10500，全长7500米。主要工程量有路基工程：土石方开挖127.5万立方米。桥梁工程：K5165跨线桥桥长107.48米，桥宽8米。涵洞工程：共有16道涵洞，其中圆管涵3座，钢筋混凝土箱涵13座。

3. 佛山市禅城区季华路西延路面改造工程

工程位于佛山市南庄镇，季华路是横贯禅城区东西向重要的交通干道，全线双向8车道，全线长16千米。其中季华路西延段位于南庄，从南庄码头至季华大桥西桥头，全长约5.1千米，道路总宽度为60米，道路等级：城市主干道，设计车速60

千米/时，该工程起止桩号为 K1559.12—K5100，采用改性沥青罩面进行改造。该工程包括路基路面、人行道铺设以及交通设施等工程。于 2008 年 3 月开工，2009 年 3 月竣工。

4. 深圳市大铲湾港区通道 A 标工程返

工程位于深圳市宝安区西乡街道固戍村，主要施工内容为：填海抛石挤淤及填路基、综合管道，道路全长 1357.164 米，城市主干道，双向八车道。该工程于 2007 年 5 月 20 日开工，2008 年 6 月 20 日竣工。

（四）水利水电工程

1. 深圳市东部供水水源工程—布仔河渡槽工程

布仔河渡槽位于惠阳区新圩镇，横跨布仔河和惠阳至陈江公路，是深圳市东部供水工程中唯一一座三跨连续的拱式渡槽，长 188 米、高 40 米。该工程包括隧洞、渡槽。被深圳市水务局授予"深圳市水务工程十大文明施工优良工地"称号。

2. 深圳市郑宝坑渠板桥泵站工程

工程位于深圳市南山区南头片区学府路与港湾大道交汇口，泵站集排水面积 2.41 平方千米，泵站设计雨水排水流量 21.2 立方米/秒，截排郑宝坑渠旱流污水，设计污水排水流量 279 升/秒，是本地区防汛排涝和污水治理的大型泵站工程。该工程于 2004 年 4 月 20 日开工，2005 年 11 月 20 日竣工。

（五）房地产业项目

1. 深圳市碧海天家园

碧海天家园位于南山半岛后海之滨，创业路南与后海路西交汇处。属于南山商业文化中心区周边的纯住宅小区，更有学府小学、佳嘉豪苑幼儿园、学府中学等教育配套设施。项目由 12 幢小高层围合设计，人车分流，环境私密。

2. 深圳市麒麟花园金麟阁

麒麟花园位于深南大道与麒麟路交汇西北角，占地13万平方米。规划建筑面积28万平方米，是南山最大的花园社区之一。其中，"金麟阁"两栋17层高层住宅居于花园东侧正中。项目紧邻南山区政府，地理位置优越，环境幽静怡人，社区配套成熟，是深圳的高端住宅小区。

3. 蓝庭印象花园

蓝庭印象花园位于江苏省淮安市阴区高尚住宅区，项目为后现代建筑风格，主打洋房、高层住宅。项目东南角为2万平方米市民广场，周边紧邻万达广场、长征小学，以及古黄河风光带与东方母爱公园，配套完善。具体如下：（1）项目位置：江苏淮安樱花路；（2）建设时间：2010—2012年；（3）占地面积：66702.1平方米；（4）建筑面积：169363.6平方米；（5）容积率：2.19；（6）总户数：1120户。

4. 欧风国际项目

欧风国际位于天津滨海新区汉沽旅游区内，本项目为包含写字楼、临街商铺以及大型综合商业的城市综合体。项目西侧为规划中预留轻轨站及公交站点，未来交通方便，规划前景好。具体如下：（1）项目位置：天津滨海新区中央大道东侧；（2）建设时间：2011—2013年；（3）占地面积：39290平方米；（4）建筑面积：93000平方米；（4）容积率：2.3；（5）停车位：434个。

5. 汕头南澳台海花园

项目位于汕头市4A旅游景区南澳岛猴鼻尖，北面紧邻海面，南面背依黄花山森林公园，风景优美，环境宜人。项目由4部分组成，分别为仓储码头区、对台自由贸易及商业区（办公、商业、会展、仓储等）、对台生活区（别墅、洋房、高层等）以及对台休闲旅游区（酒店、酒店式公寓、商业、旅艇会等）。具体如下：（1）占地面积：约35.4万平方米；（2）建筑面积：约38.7万平方米；（3）容积率：1.1。

6. 深圳市南澳西涌城市更新项目

深圳南澳项目属于工业厂房旧城改造项目，总占地面积15022.41平方米。西侧紧邻滨海北路，与滨海北路之间为20米宽的城市绿化带，东面、南面为水头沙六路，北面为水头沙五街道，交通条件较为便利。具体如下：（1）项目位置：深圳南澳滨海路北段；（2）占地面积：15022.41平方米；（3）建筑面积：26443.62平方米；（4）容积率：1.5。

7. 深圳市坪山新区人才安居房项目

深圳坪山汤坑保障性住房项目位于坪山新区汤坑社区，距离坪山中心城仅4000米。本项目为深圳市人才安居商品房项目，采用现代建筑风格。项目地块南面紧邻马峦山郊野公园，北面为汤坑小学，医疗、购物依托汤坑社区成熟配套，交通方便，发展潜力大。具体如下：（1）项目位置：深圳市坪山新区；（2）建设时间：2010年年初动工；（3）占地面积：58040平方米；（4）建筑面积：222070平方米；（5）容积率：3.83；（6）停车位：924个。

第六节　竞争优势

一　科研优势

公司具有港口与航道工程施工总承包一级等九个施工资质，

具有专业的科研团队，拥有相当的科研成果。

2012年3月1日，公司与长沙理工大学、重庆交通大学建立了产学研合作基地、研究生教育创新基地、大学生就业实习基地暨技术中心。校企双方建立起了高层互动、友好互访、定期交流的产学研合作机制，公司与高校开展了全方位密切的合作。公司目前自主研发的科研成果有《桥台液化地基加固方法及固化膨胀体》（专利号：ZL201310007501.8 国家级），《一种用于杂质多气量大污水的进排气阀》（专利号：ZL201120241271.8 国家级），《一种吹填淤泥排水固结的方法》（专利号：201110308999.2 国家级），《降低疏浚过程中泥沙再悬浮及释放污染物对环境影响的施工工法》，大比降卵砾石河流水沙运动规律及航道治理研究科学技术三等奖，疏浚工程泥沙再悬浮及释放污染物过程模拟软件V1.0等。

二　人才管理优势

广东金东海集团十分重视人才的引进与培养，一直把吸引人才、培育人才、最大限度地发挥人才的作用，作为企业的一项战略任务。公司建立了一套完备、系统的培训体系，为员工在专业技能和职业发展方面提供各种类型的培训，并配套相应的绩效考核制度，为员工奖励、晋升提供客观、可靠的依据。从2003年实施职业经理人制度以来，充分调动了高层管理人员的工作激情与创新思维，造就了一批优秀的职业经理人队伍。金东海集团始终把人才作为企业发展的根本动力，努力从不同的方面吸引人才，留住人才，使企业成为人才聚集的高地。

三 质量安全理念

公司成立 20 年来，坚持"恪守法规、确保质量，安全生产、保护环境，开拓创新、优质服务"的经营方针。严格贯彻执行国家安全生产法律、法规，建立安全生产保证体系，制定明确的运行程序和严格的管理制度，落实安全生产责任制。在每年的工作会议上，集团与各分公司签订安全生产责任书。每年召开安全生产工作会议，开展"安全生产和质量月"等活动，增强企业全员的安全意识和提高安全文化素质水平。公司注重企业安全文化建设。经常召开各类安全生产教育培训讲座，编制《HSE 作业指导书》，积极创建"建设工程项目 AA 级安全文明标准化诚信工地"和"建筑工程安全生产、文明施工优良榜样工地"。

公司积极开展质量体系认证贯标工作。2000 年 3 月，经 GACC 和 UKAS 审核通过国际、国内 ISO9002 质量体系双认证，成为汕头市首家通过该认证的航务工程施工企业。2003 年 4 月，经 GACC 审核，在同行业中率先通过了 ISO9001、ISO14001、OHSAS18001 的质量、环境、职业健康安全体系认证。使企业质量管理逐步走向制度化、规范化、标准化。

由于质量安全管理工作成绩卓著，2006 年 4 月 3 日，被中国工程建设协会授予"质量安全管理先进单位"；2006 年 8 月，被中国工程建设协会评为"全国安全生产优秀施工企业"；2011 年 1 月，被中国建筑施工管理协会授予"2010 年度全国建设施工安全生产先进单位"称号；2011 年 8 月，被中国建筑施工管理协会授予"2011 年度全国建设施工安全生产先进单位"称号。

第七节　企业文化

20年来，公司积极创建、培育了具有金东海特色的企业文化，致力塑造"团结、严谨、务实、奋进"的企业精神，倡导"学高为师，德高为范"的文化理念，教育广大员工以德为先，遵纪守法，爱岗敬业。公司的企业文化正逐渐地渗透、融合到企业的生产、经营活动之中，不断提高企业的核心竞争力。

从2003年开始，公司开展了重在提升企业学习力和创新力的"创建学习型班组，争做学习型职工"活动，以选树班组示范点为重点，层层制订了员工培训学习计划，并认真组织落实。定期出版宣传栏、黑板报，设置图书阅览室。经广东省新闻出版局批准，于1999年创办企业刊物《东海潮》，2006年2月，开通公司网站。公司开设"职工之声"信箱，在公司刊物设置"职工论坛"，还通过民主评议，倡导优良的作风。每年评选出一批"优秀员工"和"先进集体"，以此来弘扬先进，促进企业精神文明建设。

公司注重企业文化建设，多次开展实践活动、践行企业文化。由于企业文化工作成绩突出，公司于2006年11月，被评为"广东省首届优秀企业文化先进单位"；2008年4月，被评为"2007年度广东省企业文化建设十大示范基地"；2008年3月，被评为"广东省创建学习型企业先进单位"；2009年2月，被中共汕头市委、汕头市人民政府授予"汕头市文明单位"称号；2009年3月，被授予2008年广东省改革开放30周年创建学习型企业"十佳优秀单位"称号；2011年11月，公司刊物《东海潮》被评为

"2011年度广东省优秀企业报刊"。

第八节 企业发展理念

建精品创优质，立诚信共和谐。在未来的日子里，公司将坚持实施精品战略，以质量技术制胜，以管理服务取誉，不断追求卓越、精益求精、超越自我。以坚定的信心，拼搏的精神，科学的态度，务实的作风，一如既往地为各界客户提供高技术、高质量、高效率的服务，打造出更多更好的建筑精品，积极开创科学发展的新局面，为实现中国梦做出积极的贡献。

20多年来，金东海人沧桑砥砺，风雨兼程；艰辛创业，励精图治。20多年来，金东海人栉风沐雨，披荆斩棘，经历了从无到有艰苦创业、从弱到强超越发展、从小到大奋力拼搏、从强到盛走向辉煌的历程。抒写了创业、改革、发展、辉煌的灿烂篇章。金东海人艰苦奋斗、勇于探索、不断创新、积极开拓，成功迈入全国优秀施工企业行列；公司追求卓越、精益求精、创新技术、打造精品，承建的工程获得多项国家级殊荣；金东海塑造了优质施工、安全生产、诚信经营的企业形象和品牌，磨砺了百折不挠的勇气和信心；公司倡导"学高为师，德高为范"的企业文化理念，培育了具有个性特色的金东海文化，以优秀文化打造企业品牌。

春华秋实绘宏图，继往开来谱新篇。在国家"十三五"规划中，国家建设事业的步伐将进一步加快，历史的画卷将翻开崭新的一页。新时期、新任务、新理念，金东海集团在历经20年的岁月洗礼后，必将在新时期承担更新、更重的历史使命。在未来的日子里,广东金东海集团将认真贯彻十八大精神,携手同心,秉承金东海精神,以科学发展观为指导,进一步深化改革,不断推进科技创新,积极拓展新的经营领域和产业发展。

第七章 政企合作与总体规划构想

第一节 解读政企合作

一 政企合作的发展

1992年以后，中国的市场经济意识逐渐成为政界和学界的共识，尤其是邓小平南方讲话之后，大家开始意识到市场是解决问题最好的一个手段，资源配置应主要取决于市场。在这一形势下，城镇化中重要的行政资源、土地资源、金融产品资源都向市场上的企业进行了倾斜。

在这一阶段也出现了诸多问题，诸如土地协议出让过程中产生了很多不透明交易、寻租行为，土地国有资产流失，等等。这直接导致2002—2012年政府出台了一系列关于土地资源配置的政策及关于开发性金融的制度，致使土地和公共基础设施等产品更多放在了由政府主导配置的层面。这10年也出现了严重的问题，如规划的落实问题状况堪忧；城市政府缺乏制约，忽视城市发展客观规律，盲目投资导致了较大债务风险；民营企业被排除在城镇化基础设施和公共设施开发主体之外。

基于前两个阶段的实践和经验教训，地方政府应该去掉"谁主导城镇化发展"的想法,告别单边主义,逐步形成一个合作的逻辑,让市场和政府真正产生合作行为,让政企合作成为未来新型城镇化的重要模式。

二 政企合作的五个方面

政企合作应该从城市规划、契约管理、投融资规划、项目实施与管理和项目营销这五个方面做好工作,立足地方政府和企业层面,以城市投融资为切入点,给新型城镇化政企合作带来更高的成功率和投资效益。

(一) 城市规划

城市规划一直是政府的一种管理手段,并不是真正用来和市场对接,让市场更充分理解城市的意图,让市场真正和城市一起成长的规划。完成政企合作城市规划本身需要做一些调整,用一个形象的说法,就是给企业的参与设计好一个垫脚石,给企业真正参与做好铺垫。在政企合作模式下,可以让市场化投资人、市场化运营主体、城市运营商等角色深度参与前期规划,为企业参与留好接口,这是能使一个城市发展好的重要前提或者改进方向。

(二) 契约管理

过去比较多的政企合作是特许经营协议,一般对应着特许经营管理办法、条例等一些背景性、政策性文件。实际上,特许经营本身不是先有的管理办法,起初也是从严格的合同开始,通过一个有详细条约的合同来探索一种模式。要做探索,要做试点,要出购买公共服务的目录。很多情况下都是先由城市政府和一些企业家群体形成一系列合同的行为,这些行为让中央政府或者地方政府看到它本身在提高公平性、公共服务能力效率等方面的优势，同时又很有操作性，才逐渐上升到制度化层面，最终能形成一个改革制度被推出。

(三) 投融资规划

投融资规划是一种地方政府信用建设的方法，可以称为信用的纽带。投融资规划方法最先是作为落实城市规划的一种方法提出来的，其意义在于它是一种地方政府的守信行为或者地方政府的一种信誉行为。

(四) 项目实施与管理

在新形势下，地方政府应该为企业的参与做好投资机会的孵化，政府站在一个宏观层面，把城镇化问题当作一项永续的事业，比如交通、医疗、卫生、体育、文化等。地方政府还应该把这样的永续事业转化成一系列的项目，转化成边界清楚、有时间起始点的一些项目，也就是说地方政府要学会项目管理，生成的项目可以跟投资人或社会资本直接对接。

这些项目本身是从城镇化角度分解来的，再合成起来时，一定程度上满足了城镇化要实现的各类目标，包括公共服务均等化、人的城镇化，包括兼顾各方面的利益，这种项目管理看起来是很简单的一件事情，实际上它是一个复杂的系统分解再整合成原问题的项目管理问题。

(五) 项目营销

在项目营销过程中，提出了城市消费者的概念，只有城市消费者，才是一个城市考虑的终极群体。过去，我们城市竞争的是企业，实际上，不同企业进驻后，他们竞争的对象就是最终消费者，能否形成一个稳固的消费者群体，这是一个城市能否长期可持续发展的关键。城市营销关注的是城市核心消费者抓没抓准，围绕核心消费者所做的工作可能是事半功倍的。

三 安墩镇政府与广东金东海集团合作

广东金东海集团是广东省百强民营优秀企业,20多年的风雨历程培育出大批优秀人才,形成了现代化的企业管理理念,拥有强大雄厚的资本实力。安墩镇地处珠三角腹地,生态环境优美,自然资源丰富,人文气息浓郁,多处名人故居和世家宗祠使其历史情怀浓厚,这些条件说明安墩可以发展、需要发展旅游业。加之我国老龄化趋势越发明显,健康养生养老产业进入朝阳产业的行列。引入广东金东海集团开发安墩旅游业,并结合健康养生养老产业的一体化发展模式,能够保护生态,促进农业林业的发展,提高当地居民收入,增加地方财政实力,将为我国经济的稳定发展做出较大的贡献。

第二节 安墩镇生态综合一体化开发空间布局

一 总体空间功能布局

(一)镇区总体布局理念

规划将镇区作为安墩镇域四大产业组团的协调发展地区,构建"生态优先、轴带相连、多元中心、环状互动"的空间框架,通过生态空间体系建设和城镇空间结构的统筹,促进各个组团的协调发展。

规划公共服务设施将聚集于镇区中心,以加强向心力,形成有规模效应、中心突出的空间格局。以公共休闲和公共服务设施两带为镇区骨架,划分出四个组团片区,组团与组团紧密联系,形成能协调的空间布局结构。

（二）镇区空间布局结构

在城市形态的基础上强化轴线，美化景观，明确功能片区，完善结构，规划形成"双心、双轴、四片区"的空间布局结构。

第一，"双心"为镇区行政中心和文化休闲中心。镇区行政中心位于镇区中部安墩镇镇政府，规划结合行政、商业、娱乐等打造新镇区行政服务中心。文化娱乐中心，为镇区文化中心及发展相关旅游配套，规划结合文化、娱乐、商业等打造镇区文化休闲娱乐中心。

第二，"双轴"包括镇区主要发展轴和公共设施发展轴。镇区主要发展轴为沿原蓝多公路纵向发展，成为镇区的主要生活性发展轴。公共设施发展轴为沿 Y699 乡道和沿安墩河发展城市主要公共设施配套。

第三，"四片区"包括北部休闲区、中部生活区、东部新城区和南部新城区四个片区。北部休闲区主要是围绕北部粤赣湘边纪念公园建设休闲居住片区；中部生活区为镇区现有主要居民居住区；东部新城区为依托新 S243 省道发展的商贸和居住区；南部新城区规划为镇区新生态居住社区。

（三）城镇体系等级、规模结构

按照《村镇规划建设标准》中的建设要求，大于 1000 人的村庄即可设立中心村。但是，考虑到安墩镇的具体情况，综合区位条件、人口规模、用地面积、产业基础、交通条件和资源分布等情况，规划在现行的行政村范围内，形成镇区—中心村（组团中心）—基层村三个等级的村镇体系。(1) 镇区：规划把安墩镇镇区发展为安墩镇综合娱乐服务区，作为安墩镇整体发展的联系纽带。（2）中心村：规划中心村一共有4个：石塘村、洋潭村、宝安村和珠湖村。（3）基层村：规划基层村主要有18个，主要以安墩镇的行政村为单位，主要有：热汤村、梓横村、杉元村、仙洞村、上洞村、下洞村、白沙村、和岭村、新村村、水美村、大布村、石珠村、新田村、澄华村、黄沙村、左华村、南华村和葵双村。

（四）城镇体系职能结构

规划从城镇和居民点建设现状和未来发展趋势出发，充分考虑了主要居民点的规模、镇域土地使用现状、产业发展现状等因素，综合了考虑安墩镇镇域村镇体系的职能结构。

1. 镇区

在现有镇区的基础上不断完善全镇的行政、居住、商业、文化、医疗、体育和服务中心的职能，即强化行政管理和城镇公共服务的职能。

利用潮莞高速开通和省道S243改线工程建设的机遇，加强和南面白盆珠镇的联系，建立农产品加工基地，打造安墩镇的农贸产品集散基地。结合热汤温泉度假区、健康养生基地的规划建设和红色旅游资源的开发，发展酒店等旅游设施及休闲服务产业，在创造就业机会、增加本地居民收入的同时，有效推进本地城镇化。

2. 中心村

（1）石塘村：发展特色牧养、林下种养。以中北部大量的自然山体资源和现有的农林种植为基础，加强生态保护，优化特色的牧养和林下经济产品种类，促进牧养和林下经济的产业化发展，实现牧场经济、林业经济和生态效益双赢。（2）洋潭村：发展资源绿色开采与精细加工和林地改造的多样性经济种养。借助现有的农林业基础，推广种植油茶配套经济乔木、经济地被等高附加值经济作物，打造省级、国家级绿色矿山试点和特色林地生物多样性产业基地和示范基地。(3) 宝安村：依托镇区的区位和公共配套，建立特色农林产品加工和冷链基地。(4) 珠湖村：发展多样性经济种养和庄园配套。依托生物多样性经济种养基础，培育1—2个生物多样性经济种养示范基地。借助现有的农林业基础，推广种植以油茶、茶叶、咖啡等为主并配套其他经济种养的生物立体多样性高附加值经济作物。

3. 基层村

(1) 梓横村、杉元村、仙洞村、上洞村、下洞村、白沙村、和岭村：以石塘村为中心，发展番薯、花生等特色农业产业基地和竹树经济林培育，发展农家乐等旅游配套服务业。(2) 新村村、水美村、大布村、石珠村：利用当地原始的自然森林条件，发展特色林下经济种养模式和林下铁皮石斛种植与药用产学研基地。(3) 新田村、澄华村、黄沙村、左华村：以珠湖村为中心，发展以茶叶、油料、咖啡为主的生态多样性种养基地，发展林产品深加工与冷链、庄园建设等产业环节，促进生态农林业与庄园建设的联动发展，延伸产业林链。(4) 南华村、葵双村：以宝安村为中心，发展蜜柚、柑桔等特色农业产业基地以及农产品生产加工基地。(5) 热汤村：依托温泉资源，重点发展健康养生养老产业，通过医疗体检中心、休闲度假中心与中医调理中心三大中心的建设逐步打造旅游度假健康养生基地，同时带动本村和周边的生态观光业。

（五）城镇体系空间结构

规划在镇域内形成"核心发展、重点突出、多点布局"的镇村空间布局结构。（1）"核心发展"即以安墩镇区和热汤村为镇域社会经济发展核心，壮大服务业，推进城镇化进程，辐射带动全镇社会经济发展和社会主义新农村建设。（2）"重点突出"即着重发展镇区和热汤村，依据各自不同的职能，发展主导产业，配建公共服务设施，形成镇域整体发展中的重要支点。（3）"多点布局"即在基层村大力进行社会主义新农村规划建设，呈树枝状向农村腹地延伸，带动全镇经济社会和谐快速发展。

区域总布局形成"一心、两轴"的布局结构，形成开放型、片轴结合的发展模式。（1）一心：安墩镇镇区，是安墩镇的生产、生活、服务中心。（2）两轴：蓝多公路，是安墩南北联系的重要通道，同时也是安墩镇域南北的发展轴。这一道路不仅担负着重要的交通职能，而且是展示城镇新面貌、新景观的重要窗口。现Y699乡道轴，贯通热汤村与镇区联系的经济发展轴，也是安墩镇对外联系的重要通道。

安墩镇域村镇体系空间结构发展采用"点—轴"布局模式，形成由点及线、以线带面、全方位共同发展的村镇格局。以镇区为中心，作为增长极核；以蓝多公路作为城镇发展的主要轴线，699乡道作为城镇发展的次级轴线；形成一个镇区、四个中心村，一主一次两条发展轴的空间结构。

二　产业空间布局

在基层村发展第一产业，推进镇域农业规模化、产业化发展，重点抓好林下经济、生物多样性经济、牧养基地建设，以及科学规划、因地制宜推广不同种养模式。

在镇区和中心村发展第二产业，将发展循环经济、绿色环保、节能节约作为产业项目的发展目标。通过设立节能评估机制与环境准入门槛，完善产业的选择机制，在保护安墩镇良好的生态系统的前提下引进瓷土绿色开发加工企业、生态矿泉加工企业、农林产品加工企业。

在镇区大力发展商贸、服务等第三产业，拓展流通渠道，完善市场服务体系，促进商贸业的进一步发展，同时大力推进城镇规划建设，重点抓好住宅小区的建设，不断提高城镇综合利用功能。

加强区域协调，开发旅游景区，改善旅游设施，挖掘旅游文化，增加旅游项目。将人文旅游资源和生态资源结合起来，丰富旅游产品，让游客有多种旅游体验（见表7—1）。

表7—1　　　　　　　　**安墩镇产业布局**

基层村	布局
梓横村、杉元村、仙洞村、上洞村、下洞村、白沙村、和岭村	以石塘村为中心，发展牧养基地、林下经济、野生动植物驯养基地等特色农林业产业，培育牧禽良种繁育中心和野生动植物保护与驯化中心两个科研中心
新村村、水美村、大布村、石珠村	利用当地原始的自然森林条件，发展林下铁皮石斛种植基地、建立铁皮石斛药理研究中心，形成铁皮石斛产业产学研基地；发展生态矿泉加工

续表

基层村	布局
澄华村、左华村	以珠湖村为中心，发展生物多样性经济种养基地，包括油茶、咖啡、茶叶等经济灌木套种经济乔木与经济地被植物或真菌基地，将速生林直接改造为生物多样性经济种植基地等模式。在增加植物多样性与生态稳定性的基础上，可考虑庄园建设或旅游配套服务业
南华村、葵双村	以宝安村为中心，除了发展农林产业基地外，可考虑建设农林产品和冷链物流区，选择适宜的位置建设庄园或旅游配套服务业
热汤村	依托温泉资源，重点发展健康养生养老产业，通过商业服务中心、休闲度假中心与中医调理中心三大中心的建设逐步打造旅游度假健康养生基地，同时带动本村和周边的生态观光业
新田村	依托当地丰富的文物古迹，打造惠东客家文化观园
黄沙村	结合红色旅游资源，建立爱国教育基地
瓷土资源区	考虑建设省级或国家级资源绿色开采试点，要求遵循生态可持续发展原则，引进具备绿色开采技术的陶瓷企业，进行瓷土产品的应用研发，提高产品附加值，建设瓷土绿色开采示范基地与陶瓷艺术产业园

三　重点工程空间布局

规划以安墩镇丰富的历史文化优势资源、优美的自然资源和独特的温泉资源为基础，以市场需求为导向，以经济效益为中心，以社会效益为目的，以环境效益为依托，科学引导、宏观调控、突出重点、讲究特色、深度开发、严格管理、合理布局，将安墩镇打造成惠东县、广东省乃至珠三角知名的，集客家文化、红色文化、农业文化和养生文化于一体的旅游目的地。

规划安墩镇镇域旅游空间结构为"一心三组团"。（1）一心：即旅游综合服务中心，作为安墩镇旅游的枢纽，既是游客进入安墩镇旅游的第一站，也是安墩镇的门户旅游区域。因此，在完善配套旅游服务设施的基础上，要重点打造极具当地特色的旅游项目，给游客留下深刻的第一印象。规划增加客家民俗博物馆、滨水度假酒店和客家文化广场等。（2）三组团：分别为农业观光体验旅游组团、生态休闲旅游组团和红色文化旅游组团。农业观光体验旅游组团是在该区域发展农产品生产和农产品加工的基础上，让游客欣赏客家田园村落风光、体验客家民俗生活和品尝当地特色食物。该组团规划增加生态农业观光园、野外拓展基地、客家摄影基地、客家生活体验小镇和客家美食小镇等项目。生态休闲旅游组团是在依托该区域优美的生态环境的基础上，主要发展相对高端的旅游休闲度假项目，规划增加山地精品度假村、养生体验中心、南药养生基地、热汤温泉度假村和会议商务酒店等项目。红色文化旅游组团是通过整合和提升该区域的旅游资源，突出其红色主题和客家文化主题，规划增加爱国教育基地和客家民俗观园等项目。

四　监管及服务设施配套布局

（一）镇域空间管制目标

优化配置各项空间资源，提高土地利用的节约集约水平，保护好基本农田和生态环境，加大农林业结构调整和招商引资的力度，加大基础设施的建设力度和做大做强做活民营企业。

将全镇域土地纳入统一的规划进行控制和引导，实现城镇布局结构与生态空间结构的相互支持与融合。对非城市建设用地实行保护性利用，实现人与自然的和谐发展。规划将全镇土地划分为允许建设区、有条件建设区、限制建设区和禁止建设区。

（二）镇域空间管制分区

1. 三区划分及管制

依据《惠州市城市规划标准与准则（2007年）》，为了有效使用国土资源加强城市规划管理，在编制城市总体规划和相关专项规划时，须划定"禁建区、限建区、适建区"和"黄线、蓝线、紫线、绿线"控制范围，实施"三区""四线"专项管制。

（1）禁止建设区包括农业用地、水源保护区、国家自然保护区、自然生态用地等。禁止建设区面积约1532公顷，占镇域面积约3.2%。包括安墩河（含洋潭河和大布河）及两侧30米缓冲区，蓝田水库、新村水库、黄沙水库、水美水库等镇域内23个水库及十二崆自然保护区及最高水位周边50米缓冲区，土规中划定的基本保护农田。缓冲区应作为防护林及水源涵养林。禁止建设区严格按照《饮用水水源保护区划分技术规范》《基本农田保护条例》等国家相关管理规定进行维护和管理，禁止进行建设开发。

（2）限制建设区指基本具有城镇开发建设的自然条件，但开发时机不成熟、针对未来发展需要和可持续开发利用需要进行控制的地区。限制建设区面积约45030.09公顷，为除禁止建设区和适宜建设区外的用地。应保持目前的土地使用用途，非经本规划审批部门统一，原则上不得进行非农建设开发活动。

（3）适宜建设区指自然条件较好，生态敏感度低，能适应各项城市设施的建设需要，一般不需或只需稍加改造即可使用的区域。适宜建设区面积约996.47公顷，占镇域面积的2.08%。包括城镇建设区、村庄建设区和外围基础设施建设区。城镇建设区指城镇建设用地范围及独立工矿用地范围，应按规划加强公共设施和基础设施建设，引导市场要素合理配置，扶持产业发展，扩大就业，改善生活和生产环境。村庄建设区指乡村居民点范围，应促进迁村并点和退宅还田，支持发展村庄旅游业和生态农业，以新农村建设标准配置服务设施。基础设施建设区指除城镇建设区和村庄建设区范围外，综合交通、市政工程等基础设施的建设范围。应切实保障周边防护绿地的建设，促进生态平衡；通过土地置换和经济补偿等鼓励政策，合理保障被征地农民的利益。

2. 四线划分及管制

（1）黄线控制

将公共交通设施、供水设施、排水设施、环境卫生设施、供燃气设施、供电设施、通信设施、消防设施、防洪设施、抗震防灾设施以及其他设施11大类设施用地划定为黄线控制范围。黄线范围内必须按城镇规划和国家有关技术标准和规范进行建设和维护。黄线一经划定并批准，任何人不得擅自调整。黄线划定前，范围内已签订土地使用权出让合同但尚未开工的建设项目，由政府依法收回用地并给予补偿或用地调整；已建合法建筑物、构筑物，不得擅自改建和扩建，应按照基础设施建设时序，由政府适时依法收回用地并给予补偿或用地置换。

（2）蓝线控制

将河流、水库、湿地、内港4类划定为蓝线控制范围。蓝线内禁止进行下列活动和行为：擅自填埋、占用蓝线范围，破坏河流水系与水体、水源工程，从事与防洪排涝、水源工程保护要求不相符合的活动；擅自建设各类排污设施，擅自建设与河道防洪滞洪、湿地保护、水源工程安全无关的各类建筑物、构筑物；堆放、倾倒淤泥渣土及其他固体废弃物或阻碍行洪的物体；堆放、倾倒、掩埋或排放污染水体的物质。

（3）紫线控制

将历史文化街区以及县以上人民政府公布保护的各级文物保护单位的保护范围界线划定为紫线控制范围。紫线范围内各项建设必须坚持保护真实的历史文化遗存，维护街区传统格局和风貌，改善基础设施、提高环境质量的原则。历史建筑的维修和整治必须保持原有外形和风貌，保护范围内的各项建设不得影响历史建筑风貌的展示。确因特殊需要必须兴建其他工程、拆除、改建或迁建原有古建筑及其附属建筑时，须经县政府和上级文物行政主管部门批准。

（4）绿线控制

将公共绿地、防护绿地等用地范围的划定为绿线控制范围。绿线范围内的所有绿地必须按照《城市用地分类与规划建设用地标准》《公园设计规范》等标准进行绿地建设。有关部门不得擅自批准在绿线范围内进行建设；因建设或其他特殊情况需要临时占用城市绿线内用地的，必须依法办理相关审批手续；绿线范围内不符合规划要求的建筑物、构筑物及其他设施应当限期迁出。

第三节　安墩镇生态综合一体化开发的保障

安墩生态综合一体化开发是一个高起点、高规划、大手笔、上档次的新型城镇化建设项目。项目具有显著的创新性，没有国内外先例可循；需要大笔资金投入，且开发建设期限长；需要建设的工程数量巨多，需要处理的问题错综复杂；涉及全部三大产业，众多细分行业，等等。这些特点决定了仅靠政府的力量很难推动项目的落地和继续实施。政府与企业合作模式是一个可行的路径。广东金东海集团有限公司是具有农林水牧畜、养生养老、医疗保健等全面经营配套，以及资源绿色开采与深加工，各类工程开发等资质和能力的综合性企业，如果惠东县、安墩镇二级人民政府和金东海集团合作对安墩进行生态综合一体化开发，那么该开发项目将得到极大的保障。

一 加强组织领导，成立生态综合一体化开发领导小组

安墩镇各有关部门要充分认识规划实施的重要性、紧迫性和艰巨性，切实加强对规划实施工作的组织领导，积极采取强有力的措施，以实施环保一体化规划为契机，从解决当前突出的环境问题入手，大力推进规划实施。建立各部门之间的沟通协调机制，定期召开协调会，高效、协同、有序推进规划实施。镇政府牵头组织协调规划实施，监督落实规划目标、任务和措施，评估和考核规划实施情况。镇政府和广东金东海集团共同成立生态综合一体化开发领导小组，负责安墩生态综合一体化开发项目的总体一级开发。

第一，部门协调：以城镇总体规划为基本依据，强化城市总体规划与土地利用总体规划的衔接；强化与城镇公共社会管理、市政公用设施管理部门的协调，保障城镇基础功能的顺利发挥；以提升城镇整体投资环境为目标，建立政府部门之间政策制定的

协调。

第二，分层控制：依据城镇总体规划，继续编制覆盖整个镇区有关控制的详细规划和重要地段有关修建的详细规划；明确各级规划管理部门的管理范围和责任，建立责权明确的规划管理体系；以总体规划为指导，编制专项规划指导市政基础设施的规划与建设。

二 强化开发顶层设计：规划先行，以规领建

第一，规划法制：健全规划法律责任，树立城镇总体规划的权威性；根据行政许可法要求，及时深化城市总体规划成果，转化为城镇建设规划管理的法规文件；强化城镇总体规划及各法定层次规划的法律地位，提升城市总体规划执行主体的法律地位；加强城镇规划立法，对于城市绿化隔离带及城市绿楔进行立法控制。

第二，时序统筹：根据总体规划确定的近期、远期不同阶段的城镇规划布局，强化不同阶段城市总体结构、基础设施等方面的衔接，保证城镇空间的有序生长；根据城镇动态发展的特点，确定城镇规划的阶段性目标；强化整体意识，按照城镇总体规划确定的发展时序，逐步推进旧城改造和城镇拓展区建设，避免城镇建设"四面开花"；建立城镇规划与建设反馈机制，实现城市规划的动态管理。

三 规范政策，加大政策透明度

第一，通过各种手段加强宣传规划，增强城镇总体规划公开透明的力度和公信力。第二，增强全镇居民的规划意识，提高遵

守、执行总体规划及有关法规的自觉性。第三，设立监督机制，将公众参与引入规划编制、管理的各个阶段。

四　贯彻共享理念，保障居民利益

第一，初步消除城乡在土地、户籍、就业等方面二元管理的体制障碍，统筹城乡发展。第二，逐步撤销安墩镇区范围内的村镇建制，将规划范围内村镇纳入城镇统一管理。第三，以城镇总体规划为依据，有计划地推进村庄的迁并和相关规划的编制。第四，鼓励人口、工业、用地向城镇集中，保持农村地区良好的生态环境。

第四篇

谋篇布局：产业发展

第八章　农业：对生态环境最好的保护是利用

第一节　安墩镇生态及农业现状

一　安墩镇生态环境现状

安墩镇地处惠东北部山区，气候温和，雨量充足，属南亚热带季风气候，农作物主要以种植稻谷、蔬菜、甘薯为主，同时有部分禽畜养殖等。地势由东南向西倾斜，地貌以山林地为主，林地面积62万亩，地被植物主要是桉树、云杉、毛竹等，耕地面积4.37万亩，人均0.73亩，其中水田39049亩、水浇地4673亩，林地与耕地的比例为13:1。境内有西枝江一级支流安墩河和小沥河，水系河网均布整个城镇。自然生态要素保持较好，但生态结构的空间连续性相对较弱。安墩因受山区的特定因素影响，在资源开发上得不到合理有效利用，加上旱情日益严重或是暴雨成灾，大部分水利工程对抵御自然灾害能力较为薄弱。

安墩河发源于海拔1188米的乌禽嶂南麓，全长51千米，集雨面积404平方千米，绝大部分河道在镇内，其中有黄竹水、白沙河、松坑河汇入。小沥河发源于宝口，全长33千米，绝大部分河道在镇内。水系河网丰富，构成独具特色的田园水乡风光。水域对于安墩镇生态环境和美学质量均产生十分重大的影响，是区域绿化建设与保护的重要对象。

安墩镇在地形地貌上可分为两部分：一是占大部分面积的山体，高度一般在150米以下，境内海拔500米的山峰有51座，其中剥皮崇海拔1085.3米、白石崇1022.1米。二是田园平原，土壤肥沃，地势平坦，草地绿化良好，利于农业生产和城镇建设。

安墩镇主要山林地的代表为"仙女峰""九龙峰"，作为安墩镇的绿核，"仙女峰""九龙峰"将安墩镇镇域有机地联系起来，可以一览镇域风貌，是镇域生态环境的重要组成部分。

二 安墩镇农业发展现状

安墩镇是农业大镇，主导产业为农业，2012年第一产业占GDP比重为60%左右，第二产业为农产品加工业。安墩镇主要吸纳的是水果、农林等行业，其特点是生产投入大，占地广，员工数量多。甘薯、春甜桔、蜜柚为安墩的三个特色产品。全镇种植甘薯2万亩，产值（包括加工销售）达14000多万元，形成全县最大的甘薯种植专业镇；发展春甜桔种植面积约3500亩，在正常年景情况下，仅种植春甜桔一项年产值可达2000万元以上。此外，安墩镇有丰富的林地资源，适宜发展林下经济种养和山地改造多样性种养；依托优越的森林资源，野生动物驯养与牧养拥有广阔的发展前景。

安墩镇农林用地面积大，但农业结构不合理。安墩镇农业集约化、规模化、商品化、现代化程度较低，传统单一的农业经济和粗放经营方式仍占较大的比重，这对于现代市场对接带来一定影响。此外、农民的发展意识保守，市场意识不强。大部分农民面对纷繁复杂的市场经济，不能正确分析当地的资源优势，不能抓住市场竞争强的支柱产业和名牌产品，基本为分散的小规模传统农业，生产效率较低。

第二节　实现绿色生态可持续发展

一　保护生态资源，优先发展农业

安墩镇地形以丘陵山地为主，山区林地面积较大，划定了大片的基本农田保护区，且是西枝江重要的水源保护区，生态门槛较高，不适宜高强度开发，在引进产业项目中，应慎重考虑对生态环境的影响，尽量选择能够保护和扩大生态环境的农林企业、积极做好生态保护景观建设的养生度假服务行业和具备生态修复、循环利用技术的项目。

安墩镇生态综合一体化开发的发展目标是：在保护生态资源的前提下，做好生态修复，优先发展农林业及生态林产品加工业。安墩镇内自然资源丰富，城镇建设应以生态自然保护为主导，适度建设、点状开发。以潮莞高速的建设为契机，积极发展生态农林业与生态林产品加工业，逐步培育"龙头企业+合作社"或"龙头企业+农户"等推广模式，形成新的增长点，同时推动当地瓷土产业、以热汤温泉为主的健康养生养老产业发展，把安墩镇打造成惠东北部新兴的生态产业链生产服务基地。安墩镇生态综合一体化开发总体定位为：以健康养生养老为主导，以生态农林产业为配套，以陶瓷产业为支撑，以文化教育与特色旅游相辅助，建设生态农林、健康养生养老、温泉度假、陶瓷产业、文化教育特色旅游小镇和惠州市新型示范绿色小镇,促进镇区创建国家新型城镇化示范区,实现绿色生态可持续发展。

鉴于安墩镇的实际情况和安墩镇生态综合一体化开发的发展目标和定位,保护生态环境是基本前提,绿色可持续发展是最终目标,对生态环境最好的保护就是科学合理的规划、开发和利用,大力发展生态有机农业,实现绿色生态可持续发展。安墩镇在农林业开发中应秉承生态优先、科学利用,因地制宜、突出特色,政策扶植、集约经营,机制创新、持续发展的原则。

二 生态优先保护战略

第一,通过科学发展促进自然生态可持续发展。优先保护原有生态本底,在保护自然生态系统与生物多样性的基础上,深度结合利用森林保护区和自然保护区,科学规划,大力发展具有优势的现代生态农林产业、农林产品加工与冷链物流,促进和实现生态环境的可持续发展。同时利用优越的生态环境,加快温泉度假、健康养生养老的配套设施建设,做到瓷土资源的绿色开采与加工循环利用。

第二,完善城镇生态系统。保留自然特征的河流廊道、河岸的带状公园和城市道路两侧的立体绿化带。对有污染和破坏的地区推进生态恢复。通过科学规划与适度建设城镇垃圾、废水等污染物的处理场所,减少人为因素对生态环境的破坏。加强水污染综合整治,修复水生态系统。按照国家标准综合处理和利用固体废弃物以及生活垃圾。通过合理地修整或修建河道、整治河流,减少人为破坏,保护水资源。

第三节 安墩镇生态有机农业发展分析

一 发展生态有机农业的效益

第一，产业发展带来了更先进的发展理念，更优化的配置资源，有利于促进安墩现代有机农业产业的发展，培育新的增长点。第二，有机农业基地模式的综合开发，将放大项目的土地价值，第一、第二、第三产业良性互动将产生持续动力，保障土地租用及后期绿地维护的巨大投入，解决可持续发展问题。第三，生态成效有利于改善项目的大地景观，促进品质提升和土地价值的升值。第四，促进产业结构的升级，细化职业构成，在生产、营销、服务等环节产生较多就业岗位，解决农民失地不失业，在项目配套的同时解决城镇其他人员的就业问题。

二 安墩镇发展生态有机农业的有利条件

第一，生态环境良好。安墩镇多为缓坡丘陵，土地肥沃，属亚热带湿润季风气候，适宜畜牧业生产。由于四面环山，环境优美，空气清新，气候宜人，水库可调节当地的微气候，基于生态保护的需求对产业发展和企业的进入门槛要求高，建设开发程度低，无化工厂污染，形成了天然的防护屏障。此外，水库堤坝两侧各有一片原始雨林遥远相望，可建设农林水牧生态型产业，因此该区域是理想的生态综合开发基地。

第二，交通便利。原省道S243南北贯穿镇域，基地选址将靠近规划路网，交通便捷，有利于原料、肥料与农产品的运输。

三 安墩镇发展生态有机农业的制约条件

第一,生态农业技术发展滞后。安墩镇目前对农业科技投入不足,导致生态有机农业技术创新不足;在农业新品种、病虫害防治技术创新方面,不能适应生态有机农业的发展需要;在农业产业化技术、防腐技术和包装技术等关键技术的开发上,未进行系统的研究,开发能力远远不能适应生态有机农业的发展需要;在技术结构上,偏重现代工业技术,轻视生物技术,造成技术结构不合理,难以有效解决土壤肥力减退、土壤污染等农业资源破坏问题。在技术推广方面,因技术推广服务体系不健全,技术引入农业经济速度慢,易导致成果转化或技术转让与效益脱节,造成生态有机农业效益低下。

第二,发展保障机制滞后。生态有机农业的发展需要一定规模的经营,而目前安墩镇经营权的分散,使农业科技成果很难全面推广与应用,给生态农业的区域化布局、专业化生产、规模化发展和特色化增收带来了较大困难。同时,在消费市场领域,尚未形成当地生态有机农产品的品牌效应,农产品生产、加工以及后续销售渠道尚未形成完善的产业体系,未能充分发挥其优势农产品的市场潜力。

四 安墩镇生态有机农业发展可行性分析

安墩镇拥有悠久的农耕文化和农产品的生产历史,耕地林地资源丰富且基本未受污染,位于全县一级水源保护地,具有发展生态有机农业的深厚底蕴与环境优势。由于目前农业仍以家庭分散耕种、经营的模式为主,不利于形成规模经济。因此,安墩镇需通过现状调研摸清耕地与林地的资源本底，整合土地资源，引入大型的龙头企业与相关农业生产技术，实现规模化经营与全面技术推广，促进农产品深加工，提高农产品的附加值，形成规模批量生产，创出品牌，搞活流通。

五 安墩镇发展生态有机农业的选址建议与发展定位

1. 选址建议

根据安墩农作物和耕地资源分布情况，建议安墩生态有机农业基地选址于石塘村、梓横村、新村村、水美村、和岭村以及下洞村等村落。

2. 项目功能定位

项目基地以经济效益为中心，以技术创新为突破口，组织生产，提高农产品的附加值，按现代农业生态产业模式进行规划布局：（1）第一产业：生物多样性种植与养殖（生态型无公害果、蔬、茶、油、粮）、放养型畜牧禽业、雨林矿泉；巩固特色农产品、培育推广优势品种；大力发展林下经济、巩固生态系统、提高综合收益。（2）第二产业：农产品保鲜、精深加工、天然饮用水等生态有机产品的开发、加工；农业综合开发利用，在农业带动下，发展相应的加工业，以农产品加工为主，如水果的食品加工。未来可继续引进扩大农林种养、农林产品加工、冷链物流和矿泉资源加工。（3）第三产业：建立生态农林水牧保护体系，最大化地保护原生态雨林与生物多样性生态；农业与其他产业协同发展。

六　安墩镇生态有机农业发展模式

第一，物质分级多层利用模式。建设微生物菌肥生产系统，设置集中沼气池，集中收集人畜排泄物、农作物肥料、垃圾土堆发酵或者沼池发酵，生产微生物肥料，用于无公害和有机农业生产，解决养殖业粪便污染问题，形成"动物—沼—植物"为主的结构优化模式，用于立体多样性经济种植，形成良性生物链，保持生态平衡，降低成本，减少环境污染。

第二，以生物防治为主的病虫害防治模式。依托科研院校的技术力量建设生物防治体系，通过天敌生物的引入克制病虫害的发生，为作物创造良好的生存环境。

第三，生物多样性生态种养结合技术。遵循生物链循环，按照生态工程原理，对种养的品种进行合理配置，按高标准建设立体式生物多样性种养模式。

第四，生态旅游模式。项目根据实际情况，利用建设生物多样性的生态资源优势，发展庄园建设、生态旅游，带动其他产业的发展。项目各基地采用生物多样性生态模式，进行综合运用，在依托生态科学技术和科学管理的同时，建立一套完整、系统的生态旅游体系。

七　安墩镇生态有机农业发展策略

1. 利用资源优势，扩大绿色产业规模

在原有森林资源和林地改造资源种植基础上发展多种林下种养模式和多种生物种养模式，大力推广高附加值的林下经济产业，引入生物多样性立体种养模式，推广并改进现有的速生林林

地和油茶、茶叶、果树林地种养，并延伸其产业链，进行生态农林产品加工和冷链物流建设。

2. 引进龙头企业，打破分散型小生产

目前安墩镇主要以水稻、甘薯、花生、甜桔、蜜柚、油茶、少量蔬菜和速生林种植为主，没有规模和产品优势，规划引进相关重点龙头企业，成立多个种养模式的专业农业和林业合作社，以打破农户常年以来自产自销、各自为战的被动局面，提供产前、产中、产后服务，解决之前信息不灵、质量不优、规模不大的问题，从而发挥资源集聚的龙头企业带动效应，增加当地农户收入。

3. 搭建信息平台，提高抗风险能力

依托政府信息平台，整合农技、民生与其他互联网资源，提供一体化信息服务，为"以点带面"发展提供有效市场信息反馈；积极联系农业专业院校及专业技术人才，结合新型农民科技培训项目，围绕主导产业开展农民技能培训，提升当地农民的综合素质，培养新型农民；同时注重人才和品牌效应，申请注册商标，使当地特色的优质产品能够向外推广，实现品牌化经营。

4. 兴办农村合作经济组织，配合当地经济发展

在安墩镇委、镇政府的推动下，应围绕"以点带面"积极兴办农村经济合作组织，发展适销对路的高产、优质、生态、安全主导产品，在稳定粮食生产和保护生态环境的前提下重点发展特色农产品、瓷土产品与健康养生产品。大力推进品牌化建设，推行标准化生产，发展无公害、绿色产品，加强特色优质产品的地理标志保护，做好注册商标和集体商标工作。积极

引进推广生产和加工先进适用技术,加快发展产业化经营,加强特色产品品牌宣传,提高品牌产品的信誉度和知名度。通过政府推动、精英带动、农民参与和加速发展,切实有效地促使农村合作经济组织提高农民的组织化程度,辅助支持当地"以点带面"经济的发展。

第四节　安墩镇林下经济产业基地发展指引

一　中国林下经济发展现状

林下经济是一种新型生态产业,以林地资源为依托,以现代化技术为支撑,充分利用林下土地资源和林荫空间,选择适合林下生长的微生物和动植物种类,进行合理的种植、养殖,以取得较好的经济收益,通过增加生物多样性构筑更为稳定的生态系统。

由于传统的农林作物效益空间是十分有限的,为了增加收入,需对闲置的林地资源进行充分的利用,开拓新的发展渠道。通过林下经济的发展,单位面积的收益大幅度提高,使得林业从林产单一收益转变为林产收益与林下收益相结合的复合收益,形成产业化效益,林业资源的综合效益得到明显的提高。近年来,发展林下经济已经成为进一步拓宽林业经济领域、促进农民增收的新型生态产业,其保护生态环境、促进增收的作用日益显著。

目前,中国的林下经济发展模式正处于起步阶段,自这一概念正式提出以来,中央政府予以高度重视,在中国部分林业发展强县如东北三省、山东省、江西省、浙江省和福建省等地区初步形成了具有地方特色的发展模式。其中铁皮石斛和辣木是林下经济重点种植的品种。

二　林下经济的生产模式

目前，中国已初步形成了林下种植、林下养殖（林畜、林禽、林蜂）与森林休闲旅游（森林人家、森林观光旅游、生态旅游）三大类10种林下经济模式，以下介绍5种主要模式。

1. 林菌模式

林菌模式是在地上栽植乔木，树下种植菌菇的双层立体栽培模式。通过充分利用林下空气湿度大、氧气充足、光照强度低、昼夜温差大的条件，在林下搭棚种植木耳、香菇、平菇、双孢菇、鲍鱼菇、鸡腿菇、毛木耳、金针菇和杏鲍菇等食用菌。这些食用菌市场潜力大，投入比较少，收益高，是荫蔽林地种植的主要模式。树下种菌菇可使土壤湿度增加，菌菇覆盖形成保湿反光膜，通过反光增强树冠下的光照，促进树木增长；同时菌菇废料是树木适宜的上等有机肥，二者互惠互利，实现植物链的良性循环。

2. 林药模式

在荫蔽的林内行间种植较耐阴的中草药，如白芍、百合、板蓝根和田七等。林下种植中药材，折合每公顷年收入7500—10500元，不仅能有效改善生态环境，同时也给农民带来可观的经济效益。中国天然植物药材在近15年间需求量增长了8—9倍，年需求量至少6亿千克，而过度开发利用使相当一部分野生中药资源供不应求甚至濒临灭绝，因此人工种植药用植物逐渐成为大势所趋。林药复合经营，能够带动多种产业共同发展，实现生产经营时间上长、中、短结合和土地空间上、中、下立体配置，使生态效益、经济效益和社会效益有机结合。因而，林药模式在林区生产转型和生态环境改善方面具有独特的优势，拥有广阔的发展前景。

3. 林菜模式

根据林间光照强弱及各种蔬菜对光照的不同需求特性，科学选择种植种类、品种，发展蔬菜种植。林菜立体种植，使垦后的林地土壤疏松，保水保肥能力增强，给林地创造了良好的通气条件，起到了以气促根的作用。同时，铲除了杂草，使林地得到了全面抚育，能够杜绝森林火灾、降低病虫基数，加快林木生长速度。

4. 林畜（禽）模式

在生长4年以上、造林密度小、林下活动空间大的林地，放养或圈养牛、羊、兔、鸡和鸭等。林畜（禽）模式可结合林地种草，在林下种植牧草发展养殖业，养殖牲畜所排出的粪便能为树木提供大量的有机肥料，促进树木生长。

5. 森林休闲观光模式

依托丰富的森林资源和独特的自然景观，将森林景观、文化传统、民俗风情融为一体，开发森林旅游与休闲服务，为人们提供林区生活体验的新型产业。通过当地森林景点的挖掘开展以森林旅游为特色的林家乐，为游客提供餐饮、住宿、山花欣赏和蔬果采摘等相关服务，在增加村民收入的同时，为当地村民提供更多的就业岗位。

三　林下经济发展存在的问题

1. 管理层面

目前，中国对林下经济缺乏整体的布局与规划，缺少技术支持与指导、统一协调与组织，在林业生产方面一般只是简单的采集、出售活动，林下经济发展尚未形成完整的产业链，缺乏品牌经营，容易造成无序化生产，同时掠夺式的采集容易造成生态破坏。

2. 技术层面

目前，中国林下经济发展模式正处于起步阶段，关于林下经济发展的经验相当匮乏。林下经济发展研究主要集中于森林生态系统方面，对于林下养殖与放牧的研究相对较少，尚处于对实践进行总结的层面，缺乏全面、系统的技术标准与规范。

四　安墩镇发展林下经济的有利条件

1. 森林资源优势

安墩镇目前拥有农林用地46283.72公顷，约占镇域总用地的96.61%，林地资源丰富，且由于地形地貌的制约，镇域范围内的建设用地较少，天然植被保存良好，为发展林下经济提供了优越的森林资源条件。

2. 水热条件

安墩镇气候属亚热带季风气候，四季明显，雨量均匀，年平均气温22.5℃，年降雨量1926毫米，属夏热冬寒多雨区域，水热条件较好，适宜种植食用菌、中草药与野山菜等多种作物，不同村落可结合自身的实际条件发展林下经济的多种模式。

3. 水源生态条件

充分利用安墩镇"一道两水"（即快速道、安墩河水系、小沥河水系）发展林下经济。良好的水源生态条件能够为当地生态农林经济发展提供优良的水土条件，便利的快速道有利于林下经济产品的快捷集散与运输。

五　安墩镇林下经济发展的原则

安墩镇林下经济发展，应做好与相关上层规划的衔接，秉承"生态优先、科学利用，因地制宜、突出特色，政策扶持、集约经营，机制创新、持续发展"的发展原则。

六　安墩镇林下经济的发展对策

1. 科学引导，宣传先行

充分利用广播、电视、网络和报纸等新闻媒体，通过技术讲座、科普宣传等方式，对发展林下经济的重要意义、技术模式和成功案例进行全面、深入与广泛的宣传，营造良好的社会舆论氛围。通过经济效益的对比，展示林下经济的综合效益与优势，引导群众转变观念，提升当地农民的积极性，激发当地村民发展林下经济的热情。

采取"走出去，引进来"的方式扩大发展林下经济的宣传力和影响力。通过"走出去"使当地群众转变观念，开阔眼界，增强发展林下经济的信心与决心；通过"引进来"，引进相关投资企业扎根林下经济，起到导向作用。把发展林下经济与林业结构调整相结合，与林业产业化、无公害农产品生产、林业科技推广相结合。坚持"一镇一策，一村一品"的策略，重点发展林菌模式、林畜（禽）模式、林菜模式与林药模式。

2. 创新模式，着力夯实发展根基

坚持"政府投资建设施，业主租用搞发展，农民入股增收益"的产业发展机制，着力培育壮大产业龙头，作为推进林下经济发展的突破口，大力推广"公司＋基地＋农户"的产业化发展模式，采取政策启动、科技推动、示范带动、利益驱动的激励机制，催生一批专业化林下经济发展龙头，带动更多的群众参与林下经济发展。

3. 转变职能，优化服务

一是整合技术服务资源，优化发展软环境。由镇林业和科技部门牵头，坚持科技特派员制度，成立林下经济技术服务队，深入实地开展技术服务。

二是保障资金服务，优化发展硬环境。安墩镇财政每年应安排林下经济发展专项资金，用于补贴农户和林地基础设施建设；镇林业及相关部门应加大扶持力度，促进林业经济快速发展；镇银行部门应创新信贷担保形式，推行林权抵押担保贷款，加大对林下经济发展的信贷支持。

三是配套市场服务，优化发展市场环境。按照群众自愿、民主管理、风险共担、利益共享原则，成立林下经济专业合作组织或协会，发展经纪人队伍，加强市场研究，提供可供选择的市场销售途径，建立预警机制，规避市场风险，提高林下经济产业化组织程度。

4. 加强领导，不断完善责任机制

成立林下经济工作领导小组，对全镇有林地资源的村落进行规划、管理指导、协调与服务。有林地资源的村落应成立相应机构，制定发展规划、工作措施和奖惩办法。

建立目标考核责任制和激励机制，将林下经济发展目标分解到相应的村落，层层签订责任书，明确目标，严格考核，实行目标管理，纳入各级党政的年终考核。

实行职能部门督导责任制，镇林业、农业、畜牧、科技等涉农部门对镇内有林地资源的村落实行督导，建立示范基地，培育和扶持种养大户，组建协会、合作社等中介组织，提高林下经济组织化程度。

七 安墩镇林下经济示范基地选址建议

安墩镇林下经济目前尚处于起步阶段，应按照"以点带面"的发展策略，根据各个村落的实际种植条件进行项目启动区的策划。

根据安墩镇的地形地貌和植被分布现状，建议林下经济示范基地选址于石塘村、新村村、水美村和笔架山等地。

八 安墩镇林下经济发展政策建议

1. 加大投入力度，建立多元化投入机制

要逐步建立政府引导，农民、企业和社会为主体的多元化投入机制。充分发挥现代农林业生产发展基金、林业科技推广示范资金等专项基金的作用，重点支持林下经济示范基地与综合生产能力建设，促进林下经济技术推广和农民林业专业合作组织发展。通过以奖代补等方式支持林下经济优势产品集中开发。安墩镇发展改革、财政、水利、商务、林业和扶贫等部门要结合安墩镇林下经济发展的需求和资金渠道，对符合条件的项目予以相关政策倾斜与支持。

镇委、镇政府应积极引进天然林保护、森林抚育、公益林管护、退耕还林、速生丰产用材林基地建设、木本粮油基地建设、农业综合开发、新品种新技术推广等项目，以及拨划林业基本建设、技术转让、技术改造等专项资金，紧密结合各个项目建设的政策、规划等，扶持林下经济发展。

2. 强化政策扶持，制定相关税收优惠政策

符合小型、微型企业条件的农民林业专业合作社、合作林场等，可享受国家相关扶持政策。符合税收相关规定的农民生产林下经济产品，应依法享受有关税收优惠政策。支持符合条件的龙头企业申请国家相关扶持资金。

3. 加大金融支持力度，开展有效信贷业务

各银行金融机构要积极开展林权抵押贷款、农民小额信用贷款和农民联保贷款等业务，加大对林下经济发展的有效信贷投入，充分发挥财政贴息政策的带动和引导作用，中央财政对符合条件的林下经济发展项目应加大贴息扶持力度。

4. 加快基础设施建设，完善发展的基础条件

要加大林下经济相关基础设施的投入力度，将其纳入安墩镇基础设施建设规划并优先安排，结合新农村建设有关要求，加快道路、水利、通信、电力等基础设施建设，切实解决农民发展林下经济基础设施薄弱的难题。

5. 加强组织领导和协调配合，形成发展合力

镇委、镇政府要把林下经济发展列入重要议事日程，明确各发展阶段的目标与任务，完善政策措施；实行领导负责制，完善激励机制，层层落实责任，并将其纳入干部考核内容；要充分发

挥基层组织作用，注重增强各个村落的集体经济实力。各有关部门要依据各自的职责，加强监督检查、检测统计和信息沟通，充分发挥管理、指导、协调和服务职能，形成共同支持林下经济发展的合力。

第五节　农林业发展具体规划

一　秋实春华生态农林水牧基地

秋实春华生态农林水牧基地是广东金东海集团有限公司与广东省惠东县人民政府签订的"生态安墩、康乐年华"项目之一。该项目利用安墩镇丰富的农林资源建成一个生态农林产业基地，扩大林下经济种养与林地生物多样性种养的绿色产业规模，建立优良种质资源圃、良种繁育中心。积极引进适应当地生态、气候条件的优良经济作物、良种牧禽品种、南方中药材品种、特色花卉。鼓励不同的村落根据自身实际的种养条件选择主导的种养模式，实现"以点带面"策略，大力拓展林下经济产业与生物多样性种养的经济发展空间。具体如下：（1）项目内容：开发建设林下经济示范基地、生物多样性种植基地、农林产品加工区以及矿泉加工区等农林水牧畜基地。（2）项目位置：以安墩镇新村村、梓横村、水美村、和岭村等村为主。（3）用地规模：不低于150亩，林业。（4）开发计划：公司在竞得项目所需用地并办理相关手续后，结合立项与规划，在十个月内完成设计与概算，建设时限3年，估算投资金额3.5亿元（见表8—1）。

第八章 农业：对生态环境最好的保护是利用

表8—1　　秋实春华生态农林基地区位规划及规模

	项目名称	具体位置	建设用地（亩）	农林用地（亩）	规划指引
秋实春华生态农林基地	畜牧禽良种繁育中心	石塘村	—	130	
	牧养场	梓横村、石塘村	—	300	向周边推广
	野生动植物保护与驯养中心	仙洞村	—	150	
	野生动物驯养放养区	上洞村、下洞村	—	300	
	优良种质资源圃	新村村	—	130	
	林下经济示范基地（一）	新村村	—	300	向周边推广
	林下经济示范基地（二）	白沙村	—	300	向周边推广
	饮用矿泉加工区	水美村	0.8	100	
	林下铁皮石斛种植与药用研究产学研究基地	水美村	—	150	
	林地生物多样性经济种养示范基地（一）	石珠村	—	300	向周边推广
	林地生物多样性经济种养示范基地（二）	和岭村	—	300	向周边推广
	安墩镇农贸批发市场	安墩镇镇区	0.6	—	
	农林产品加工与物流区	葵双村	12	100	
	庄园建设	镇域分布			
	梯田花卉基地	黄沙村	—	300	
	茶叶种植基地	左华村	—	300	

二　仙女峰大庄园

"仙女峰"位于惠东县安墩镇的西北部，是广东省"第七名峰"，它讲述着七仙女的许多美丽神话传说。山脚下是"三洞一塘"四个客家村庄，它的山水田园隐藏着更多的美景与故事。金东海集团旗下惠东金东海农林产业有限公司将在这里建造第一个具有中国神话特色的景区——"仙女峰大庄园"，并在这里引入优良农作物品种金秋砂糖桔进行种植。

（一）项目概况

仙女峰大庄园项目地处珠三角边缘，距离深圳、广州1.5小时车程，距离南北两个在（即）建高速路口不到15千米，毗邻港澳、面向东南亚，拥有密集立体交通网络和现代化港口群，区位优势明显。该计划总用地面积5万亩，其中景区面积约1.3万亩，景区项目计划建设时间为2016—2020年。景区拥有丰富的自然资源：包括3000亩丘陵园地，2000亩水田耕地，其土壤是亚热带富硒土壤，可用于生产富硒农产品，远景宽广。景区拥有丰富的旅游资源，包括8000亩生态优美森林，"碧波点绿藻，深野藏冷泉"。这里有最高达60米的7处瀑布，南北双向流。有最长达3千米的4条山涧溪流，积水潭数十口，雨林中富硒冷泉汩汩流淌，人间稀有，日流水量不低于10万立方米。景区有仙女峰八景、石牙排、七姊妹山、马背山、石船、水帘洞等自然天成资源，常年白云缭绕，宛若仙境，动植物生物链完好，种类繁多，具有很强的森林旅游休闲多功能开发潜质。景区还拥有丰富的人文景观：300多栋客家民居，十多座寺庙与宗祠，还有七仙女的美丽神话传说。千百年来，客家人俯首土地，悠然自耕，构成了与大自然调和共生的文明。

(二) 景区发展思路与战略

景区项目提出"农—旅"一体化的发展思路和旅行联系、乡村统筹、生态保护的发展战略。在充沛有效保护资源的前提下，经过旅游带动、精品农业、村庄联动的战略，构成山水旅游与田园乡村旅游交融互补的景区，景区建设后期，将与客家小集镇建造、定制性庄园地产、车马体育赛事、国际狩猎场、森林药材种养调和并进，形成一体化大型旅游农场开发模式。景区项目旨在打造"人间与仙境，咫尺相聚的景象"，打造"景区中的田园村庄，田园村庄中的景区"，从而完成强村富民方针。

(三) 经济作物新优品种的引种与农产品综合利用

1. 优良新品种的引入

发展特色农业促进经济增效、农民增收，扩大经济作物种植面积，不断提高农业综合效益。广东金东海集团旗下惠东金东海农林产业有限公司将在"仙女峰大庄园"引入优良农作物品种金秋砂糖桔进行种植。金秋砂糖桔是中国农业科学院柑桔研究所曹立副研究员于2006年以砂糖桔为父本，以爱媛30号为母本，配置杂交选育的最优秀株系，以同步研发的"缩短杂交柑桔童期专利技术"（专利号：200710002557）加速育种进程，该组合于2009年首次开花结实，系国际上第5代杂交品种，2012年无性系F1全面开花结实，园艺形状稳定。2012年以原始代号"CRIC32—01"在四川成都进行品种中试及苗木开发，并于2013年4月以"中柑5号"申请植物新品种权保护（新品种权申请号：20130475.7），以"金秋砂糖桔"正式名称申请品种审定。该品种是中国第一个拥有自主知识产权的优质杂交柑桔新品种。

金秋砂糖桔产品的主要优势与特征为：（1）优质早熟（与普通砂糖桔比）：成熟期是 9—11 月，秋中冬初采收。比普通砂糖桔提前 40—60 天成熟。因此，得以避开柑桔成熟上市高峰期获得较高的市场销售价格；秋末冬初，采收期晴好天气多，方便采果、运输、保鲜；并可避开普通砂糖桔面临的最大风险，即低温冷雨伤果。（2）丰产性稳定（与其他蜜桔比）：叶大厚绿，树势旺，树形紧凑是丰产的基础，成串挂果是丰产的特性。采收早，复壮时间充足；采收时间长可保留到来年的 2—3 月，品质不变——不退糖，不枯水，不浮皮。（3）在不同生态类型地区保密试种期间均表现出极强的适应性和抗病性，特别抗柑桔溃疡病强。广东是全国最适宜的栽培地区，比其他省份更早熟。（4）果实饱满，果面紧致艳红，蜡质层鲜亮。（5）果肉脆爽，细腻多汁味甜，可溶性固形物可达 14°以上，无核无渣、剥皮不粘手。

2. 农产品综合利用：项目计划

按计划，金秋砂糖桔引种与产业标准化示范面积将达到 500 亩，引种繁育与推广种植改造面积达到 20 万亩。推广种植改造区域惠东山区五镇，以安墩镇为主，向宝口镇、高潭镇、多祝镇、白盆珠镇辐射。惠东金东海农林产业有限公司将在推广种植改造过程中同步建设果品综合利用技术的加工配套，计划建设年鲜果加工能力 50 万—100 万吨的生产线。

金秋砂糖桔引种与产业标准化生产示范推广及其果品综合利用技术加工配套建设项目与广东省十二届人大三次会议第 1368 号建议《关于柑橘区域复种和产业转型升级的建议》相统一。符合广东省高度重视农业规模化生产和产业化经营，打造"公司＋农户"的农业产业化生产模式，今后将在惠东山区大大提高土地生产率并增加农民收入。计划推广种植改造20万亩和果品综合利用技术的加工配套建设的时间为2016—2020年。

三 金东海生态旅游农场项目"山水田园客家情"

"山水田园客家情"项目是农业与旅游业的完美结合，该项目位于惠东县安墩镇石塘村、仙洞村、下洞村、上洞村范围内，将利用5000亩生态良好的森林，3000亩荒废丘陵山地，1000亩耕地，200多栋客家民居、寺庙、宗祠，以及仙女峰、瀑布、溪流、石船、水帘洞、马背山等自然天成的优良资源，按照精品农业、森林多功能旅游、古民居旅游、民俗文化旅游、名山景观旅游的要求进行规划，还原客家文化民俗信仰，修缮客家民居寺庙宗祠，建成集精品农业园、田园风光与客家古民居民俗文化、森林生态栖居、名山与园林景观与体验拓展为一体的大型高端生态观光农场。该项目总投资1.2亿元，首先保证下洞片区旅游开放，完善下洞片区旅游设施、景观和精品农业配套的建设；其次完成仙洞片区果树推广生产示范区、观赏园艺场建设和仙女峰片区景观园林植物的种植。

该项目建成后，将成为珠三角及其周边地区最大的高端生态观光度假农场。该项目区位优势明显，交通便利，离高速出口15千米，处于珠三角城市群2小时内交通圈，日接待游客能力高于500人，自身农林基地可每年供应精品蔬果1500吨以上，供应精品盆栽10万盆以上，供应土特产品300吨以上，供应纯净生态涵养软水50万升以上。

该项目将运用微信公众平台推广和旅行社合作等方式开发珠三角及周边地区精准客户，预计一年内可引流5万—8万游客。

项目配套的农产品通过旅游购买，电商平台订购和大客户订单采购等方式销售，项目建设后（即第二年）的精品农业只能满足电商平台销售和旅游购买，大客户订单以对外下单采购方式满足供应。项目建成后，将吸引更多衍生项目的投资合作，如果树推广生产，小产权家庭定制农场、山地赛车场、国际狩猎场、高档星级酒店、旅游庄园地产、国际马术场、高尔夫场、天然生态涵养软性水开发、农副产品加工，以及其他合适的种养合作，产生聚集效应，形成共赢模式。

第九章 矿业与陶瓷业：绿色开采 艺术陶瓷

第一节 安墩镇瓷土发展情况

一 安墩镇陶瓷业发展历史

安墩陶瓷生产自明代初期开始，已有近700年的历史，是惠东重要的陶瓷生产基地。新中国成立前，已有村民合股经营陶瓷制作坊，生产碗、钵、盘、杯、盅之类的日用陶瓷，但工艺较为粗糙，产品主要在周边地区销售。

1958年，安墩公社接管陶瓷厂，派出干部负责管理，聘请技工，扩大生产。至20世纪70年代，企业发展到300多人，产品销往广东省各地。改革开放后，引进外商投资，从原来只生产日用陶瓷发展到生产工艺陶瓷。该厂生产的"花篮""九龙吐珠""狮子滚球"等工艺品远销往国外。

1993年，引进美国投资建立安墩金山陶瓷厂，生产成品、半成品工艺陶瓷，产品全部外销。后来，该厂迁址县城郊区谭公，生产技术迅速提升，产品更加多样化。但传统的安墩陶瓷已经消失，安墩只是一个瓷土供应地，丰富的瓷土资源也失去了其原有的价值。

因此，安墩镇政府计划引进现代化、技术先进的瓷土加工与陶瓷制品公司，对当地瓷土矿进行集中开采，建设陶瓷原料加工基地与陶瓷艺术产业园，通过瓷土深加工等工艺流程的引进生产多种高品质的瓷土产品，并进行陶瓷工艺品的品牌化建设，从而优化当地的瓷土产业结构，提升瓷土制品的经济附加值。

二　安墩陶瓷业发展前景

（一）高岭土用途广泛

高岭土是一种以高岭石族矿物为主要成分的黏土类矿物原料，具有良好的可塑性、黏结性和易悬浮性，加工后表现出优良的电绝缘性与遮光性，消费领域广泛，涉及陶瓷、油漆涂料、造纸涂料、化工原料、油墨原料、橡胶填充、石油催化剂、化肥填充料、玻璃纤维、胶水、搪瓷和耐火材料等行业，具有较高的经济附加价值。

（二）高岭土分布及资源现状

在自然界中，完全由高岭石族矿物组成的单矿岩高岭土非常少，绝大多数都含有其他矿物杂质。目前高岭土在世界上资源分布储量最大、矿床面积最宽、矿源质量最成熟的国家以美国、印度、中国和巴西为主。在中国，拥有瓷土精选与精加工改性的企业少，因此每年都需从国外进口大量高品质的高岭土产品来填补市场的需求。相关资料表明，中国高岭土资源质量不低于美国和巴西，但在生产技术与市场层面存在瓶颈。在生产技术方面，人才与设备配套不足，国内许多高岭土企业大多选择粗选工艺流程，缺少生产高品质瓷土产品的精选深加工的企业、人才与相关设备。在市场需求方面，随着技术的改进与资源资本的积累，高品质的瓷土产品在市场上的需求越来越大。美国与巴西作为主要精制高岭土产品的国家，高岭土保有量也较为有限，导致国外许多高岭土企业从中国收购廉价的粗选高岭土产品后再在本国进行精选深加工。

第二节 安墩镇发展陶瓷业的必要性和可行性

一 安墩镇陶瓷业发展条件

（一）有利条件

瓷土储备丰富，品质优良。经勘探，安墩瓷土储量约为2亿吨，主要分布在黄沙、洋潭、石珠、和岭、热汤、宝安等8个主要分布点。此外安墩瓷土品质较高，为片管状结构，色白度高，光泽度好，遮光性密，悬浮性良好，缺陷在于可塑性差，黏结性偏低，是工艺陶瓷的上乘材料。

水电资源丰富，有利于产业发展。瓷土开发与工艺陶瓷制作，是传统的高能耗行业，对电力与水资源需求较高。安墩镇是惠东的山区大镇，地势落差较大，水电资源开发便利，动力资源充足，能满足瓷土开发与深加工的要求。

（二）制约条件

第一，交通瓶颈的制约。由于自然条件和历史原因，安墩镇的社会经济发展相对滞后于惠东县的其他城镇，间接导致了安墩镇的公路网的建设速度，成为社会经济发展的一个瓶颈。安墩镇现状公路网对瓷土产业的原材料和工艺陶瓷成品存在一定的制约。

第二，生态保护要求。安墩镇是惠东的山区大镇，地形以山地为主，生态承载力较平原丘陵地区脆弱；同时又处于西枝江上游水源保护区范围内，因此安墩产业发展的大前提是保护安墩的青山绿水的本底和生态系统，对产业发展和企业准入门槛要求较高。

二　安墩发展陶瓷业的必要性

（一）第二产业薄弱

安墩镇因为自然生态条件的制约，不利于第二产业的大规模拓展，现缺乏具有龙头作用的企业。因此，安墩镇需引进农林经济、陶瓷科技等方面的龙头企业，打破目前一家一户的分散型小生产，实现与区域市场的对接，继续实施项目带动策略，积极争取并加快实施资金有保障、开发有潜力、拉动作用强的建设项目，改善当地产业的投资发展环境。在农林业的带动下，发展相应的加工业，以农林产品加工、小水电为主，如水果的食品加工。2012年第二产业GDP为2674万元。

（二）瓷土盗采破坏环境

瓷土盗采猖獗，对当地生态环境破坏严重。因此，亟待政府统一规划，统一发展瓷土产业。近年来瓷土盗采行为屡禁不止，矿区无人修复，积极保护利用缺乏，水土流失严重，水源水质受到污染。安墩镇瓷土资源在惠东县山区数镇中最为丰富，近年来成为矿产盗采的重灾区，大小高岭土和稀土盗采点达到40处左右，其中以水美村和热汤村周边最为严重。沿流经镇域的安墩河分布的盗采点，将污水直接排入河中，未经白盆珠水库直接汇入西枝江。

矿区私采盗挖严重，导致部分地区的道路不断被土渣阻塞，周边山体露出白骨般的土层，无人对开采后的山体进行修复，上面寸草不生，动植物生活环境受到极大的破坏，同时开凿的沟槽直接流向周边的农田和村庄，导致村民的农田不断被土渣和化学药品冲刷和污染，至今仍未恢复。

（三）发展瓷土产业的必要性

针对矿区私采盗挖现象，相关部门应对开采行为严加管控，并修复矿区，划定不同的空间管制区域，进行积极保护利用。

此外，地理区位因素与对外交通格局的限制，使得当地可拓展的经济空间狭小，村民收入来源单一，瓷土矿开采与陶瓷产业发展沿袭以往传统，具备一定的发展基础与经验，可为当地村民就业与增收提供一种选择的渠道。

三 安墩发展陶瓷业的可行性

安墩镇拥有悠久的瓷土开发和瓷土产品的制作历史，具有发展本行业的深厚底蕴。但是在追求可持续发展的今天，安墩发展瓷土产业不仅是一个简单的经济发展行为，更是发展国民经济、保护生态环境的行为。现今许多发达国家矿产资源的开采利用与合理开发均由具有水土治理与营造良好生态环境的综合型企业进行，以达到主动治理与保护环境的目的。

因此，在安墩瓷土开发中，政府要充分发挥市场经济的裁判员角色，根据安墩的实际情况，结合国土部门、环保部门、水利部门等各有关部门制定的相关准入门槛、政策法规，合理引导，使其健康、有序发展。同时，积极引进有综合治理能力与能够营造良好生态环境的大型企业作为龙头企业，保障其生产工艺在符合生态门槛与实时监测的前提下进行，在提升瓷土产品的经济附加值与品牌化建设的同时，达到主动治理与保护环境的目的。

第三节　安墩镇陶瓷业发展建议

一　国内同类型产业园区启示

醴陵陶瓷产业园始建于2003年，目前已发展成为醴陵经济开发区，规划控制总面积7.94平方千米，共有41家企业入驻，其中主营业务年收入超过5000万元的企业23家，高新企业5家。其成功的启示包括：（1）土地政策：为扶持园区企业的顺利发展，相关部门专门设置了绿色通道，用地报批手续简化，新增建设用地计划指标可得到倾斜。（2）产业政策：醴陵经济开发区通过引进相关企业，改变了单一的陶瓷产业格局。旗滨玻璃落地后，建材产业获得跨越式发展，而汽配等产业未来发展趋势也很好。（3）基础建设：醴陵产业园通过前期投入，已初步构建方便快捷的交通网络，水、电、气、通信等基础设施基本到位，为企业进驻创造了良好的条件。

二　安墩矿业及陶瓷业产品定位

安墩镇瓷土资源储备丰富，且瓷土质量上乘，为片管状结构，色白度高，光泽度好，遮光性密，悬浮性良好，缺陷在于可塑性差，黏结性偏低。就安墩镇瓷土资源分布现状及瓷土质量而言，结合具体的工艺流程与先进加工技术，可生产高级日用瓷、石油催化剂、油漆涂料、造纸填料与颜料等精选深加工产品与建筑陶瓷、洁具陶瓷等粗选加工产品。

（一）陶瓷业产品

1. 高级日用瓷

日用瓷是中国传统工艺品，生产历史悠久。在高级日用瓷中技术含量从高到低排序依次为：骨质瓷、艺术陶和彩陶。对瓷土质量要求高，在基本工艺要求中讲究可塑性、黏结性、耐高温、注浆率、吸水率与收缩率。国内主要产自广东潮州、江西景德镇、湖南醴陵、河南洛阳等地，国外主要产自意大利、日本和德国等。2002年中国高级日用瓷销售量约为50万吨，出口量约为20万吨，自2002年起其市场销量基本保持8%的年增长率。

2. 建筑陶瓷、洁具陶瓷

建筑陶瓷、洁具陶瓷是瓷土的第一大消费领域，瓷土是陶瓷工业的主要原料，中国瓷土资源70%用于陶瓷工业。2002年，中国用于生产建筑陶瓷的瓷土消费量为150万吨，用于生产洁具陶瓷的消费量为80万吨，目前每年保持30%的增长率。中国用于陶瓷工业的瓷土出口量每年约为100万吨。瓷土在制瓷工业中主要作为制瓷的配料与瓷胚成型的黏结剂。同时，瓷土不仅可作为陶瓷坯料的主要原料，也可以作为釉料的主要原料。

（二）瓷土新型产品

1. 石油催化剂

石油催化剂是瓷土产业中的新型产品，用于石油分子筛。2006年在国内的销量约为30万吨。由于国内的技术及工艺流程未能达到规定的指标要求，在国内利用瓷土生产石油催化剂的厂家很少，许多瓷土企业均处于摸索与研究阶段，加上产品需根据原矿的元素和工艺流程配套生产，受瓷土资源及其品质的制约较大，造成目前国内市场供不应求，基本依靠国外进口补充。国内主要产自山东、吉林、四川和重庆等地，国外主要产自南非、中东、非洲与欧洲等。

2. 油漆涂料

瓷土在油漆涂料工业的消费量增长较快，目前，用瓷土作为涂料工业中的添加剂，部分代替钛白粉用于内外墙涂料、高档油漆、油墨和标线漆等，可直接降低成本，改善涂料贮存稳定性、涂刷性、涂层的抗吸潮性与抗冲击性等机械性能以及颜料的抗浮色与发花性。随着对涂料的各方面性能要求的提高，采用瓷土作为添加剂，有利于涂料整体改善各方面性能，尤其是耐久性。瓷土添加剂的规格品种，随着开发品种增加而不断增加，能够适应不同类型的涂料结构（从底漆到面漆）、固体粉、光泽与涂膜厚度，因此，瓷土添加剂是现今涂料的多功能添加剂。安墩镇的瓷土质量上乘，很适合生产油漆涂料，具有较大的发展潜力。

3. 造纸填料与颜料

造纸行业是瓷土的第二大消费领域。2000年，瓷土消费量中水洗瓷土为50万吨。瓷土在造纸工业中应用十分广泛，主要用于造纸过程中使用的填料与表面涂布过程中使用的颜料。瓷土用于造纸，能够使纸张具有良好的覆盖性和涂布光泽，进一步增加纸张的白度、不透明度、光滑度与印刷适性，极大改善纸张的质量。

目前，国内用于造纸的瓷土资源十分短缺，国内造纸企业所用的瓷土60%依赖进口，随着进口量的增加，造纸瓷土指标要求逐步向国际标准靠拢。

三 安墩瓷土产业园发展规划建议

(一) 项目功能定位

着重构建"绿色开采—精细加工—高端产品"产业链体系，规划建成以陶瓷产业为特色的技术产业集聚区。项目将集学术交流、技术创新、产品开发、人才培育与资本运营为一体，以政府产业政策扶持为导向，以开放的技术平台为依托，致力于培育一流绿色开采与精细加工的开发企业，同时发展陶瓷艺术的一块高地。

规划建设色调与"蓝天、绿树、碧水"的山水自然环境相协调，体现当地返璞归真、回归自然的理念，充分彰显安墩镇的地域特色和陶瓷文化的陶瓷创意产业园。

(二) 发展方式

基于安墩镇瓷土资源的储量与矿体质量分析，建议引入具备资源绿色开采资质、具备生态可持续发展解决方案的企业对当地瓷土进行绿色开采与深加工。开采与加工的选址遵循就近原则，水土保持与生态环境保护遵循可持续发展原则，对瓷土深加工的工艺流程和环境影响进行实时追溯与调整。可考虑今后申请省级、国家级绿色矿山开采试点。

(三) 选址建议

根据安墩镇瓷土资源分布现状和瓷土产业开采生产的特性，结合镇域产业发展规划、镇域综合交通发展规划和镇域综合发展策略，建议安墩瓷土科技产业园采取近原材料生产地的方式布局，尽量选址于安墩瓷土矿的主要集中地，以减少开采、运输和加工过程中对外界的影响。

第一，绿色开采示范基地：规划在枫树坪矿区与蒸酒坪矿区建设绿色开采示范基地，占地约7.8平方千米，不需要另行征地，其中矿产资源分布面积不到6000亩。矿产资源主要包括高岭土、稀土与钾钠长石，矿区以黄帝田为中心进行开采，其中松子岭是黄帝田的制高点。矿区到洋潭村约4千米，开通矿产资源运输专用通道后，洋潭村与热汤村将形成环路，交通条件将进一步得到改善。

第二，加工区：规划初步选址于大唐坑，占地500亩，建议1000亩，需另行征地。左华至洋潭村的规划道路为4千米，需在加工厂建成前竣工。

第三，产业园区：规划初步选址于珠湖村西侧，沿规划主干道布局，占地5000亩。该地拟建成陶瓷产业园，辐射温泉入口、左华村入口与省道出口。陶瓷产业园包括生产、加工、展示与体验等功能，以形成中高端的陶瓷艺术文化产业链。

（四）发展规模

近期规划陶瓷企业精选深加工产品的年产量为40万吨，以高级日用瓷、石油催化剂、油漆涂料、造纸填料及颜料为主；粗选加工产品年产量为20万吨，以建筑陶瓷与洁具陶瓷为主。

（五）产业发展引导

1. 基本方针

根据国家矿业产业政策和广东省矿产资源总体规划的统一部署，从惠州市经济发展对矿产资源的需求出发，遵循惠州市矿业经济发展战略和基本方针：从可持续发展的角度出发，按照生态优先，保护环境的原则，限制和禁止严重破坏生态环境的矿产开发。在"上规模、高效益、无污染、保生态"的前提下，引进现代化、技术先进的瓷土加工与陶瓷制品企业进行规模化、现代化生产。

2. 基础设施建设

完善道路交通，水、电、气、通信等基础设施建设，为企业进驻创造良好的条件。

3. 人才计划

为适应安墩瓷土开发与再加工对高级技工的需求，拟在瓷土产业园区内设置一所高级技工培训学校，集合培训、科研功能，以达到"教、学、研、产"合一，为安墩瓷土开发服务。

4. 相关引导政策措施制定

第一，公益性、基础性资源调查和矿产勘查，包括地质灾害调查、水文地质调查、工程地质调查、环境地质调查、农业生态环境地质调查、软地基沉降问题环境地质调查、1:5万专项地质调查、矿产资源调查勘查。

第二，矿产资源开采准入条件设置。在准采区内开采矿产资源，必须符合下列开采准入条件：（1）办矿资质的准入条件。要有与生产规模相适应的资金，要有先进的工艺技术和设备。（2）开采规模准入条件。生产规模要大于规定的最低开采规模。（3）区域准入条件。矿山范围不能超越规划确定的准采区范围。（4）资源准入条件。要有与开采规模相适应，保证开采年限20年的储量规模，资源评价要有正规的地质报告。（5）其他准入条件。先进的绿色开采方案，通过环保主管部门审批的环境影响评价文件，通过水行政主管部门审查批准的水土保持方案，通过林业部门审核同意的使用林地审核同意书，切实可行的安全生产措施和生态环境治理措施，按规定缴纳自然生态环境治理保证金，签订"矿山自然生态环境治理合同书"。

（3）矿山生态环境保护与治理的政策措施，包括加强矿产资源开发项目的环保审批和生态环境综合治理、加强露天采矿场生态环境保护治理、加强停采矿山复垦绿化工作、建立矿山地质环境预警预报和防治系统、加强矿业活动与相关部门的协调。

（4）规划实施的政策措施，包括加强矿产资源规划实施管理，建立完善的规划管理体系；认真贯彻矿产资源法律法规，加强执法检查，确保规划的实施；加强矿山生态环境保护及恢复治理；加强矿产资源开采管理；严格执行矿产资源开采规划分区制度；加强宣传教育、营造良好的社会氛围；加强领导，落实政策，保证规划目标任务的实现。

四 安墩发展瓷土产业的生态保护措施

（一）生态环境的影响分析

瓷土矿的开采与陶瓷产业发展对生态环境可能产生的影响是多方面的，若不注重开采后的矿区修复与排污治理，易引起水源水质的污染、水土流失、土壤盐渍化以及地质灾害等现象。

1. 干扰当地水循环系统，水源水质易受到污染

安墩镇是惠东县的主要水源地，属于生态敏感区域。然而，私采盗挖的开采点为取水便利，一般靠近水源布局，堵水淘沙。若未来引入的企业不进行排污治理与调整开采点与产业布局，开采点将淘洗后产生的污水与土渣直接排入安墩河等水系中，未经

白盆珠水库直接汇入西枝江,将导致下游水质污染。

瓷土矿的开采易使该区域地下水位下降,地表大面积下陷和坍塌,造成大面积地表水入渗、河水断流和泉水干枯等现象,影响当地水循环系统的正常运作。

2. 破坏植被与自然景观,加剧水土流失,易引起地质灾害的发生

一般情况下,高岭土矿床表面都覆盖着一层1—10米不等的黄土层,开采之前需先将黄土剥去,随后才是真正意义上的开矿。因此瓷土矿的开采,将使大量的泥土被开挖,损伤地表土层,且废弃堆积物结构松散,堆放无序,形成坡度较大的土堆,对地表下的活土层形成巨大的压力,可能导致所处地区应力状态的变化,诱发山体崩塌、滑坡等地质灾害。由于土层开挖,当地植被与自然景观受到严重破坏,土层表面失去植物根系的固着力,将加剧当地的水土流失。

瓷土矿的开采需占用一定的土地面积,开采后周边山体未经修复将裸露出深层的土层,采矿塌陷面积不断增加。采矿塌陷地区因常年积水或季节性积水,造成大量优质农田淹没、盐渍化,变成荒滩绝地,土地肥力降低。在积水塌陷盆地外边缘区,原来平整的土地变成坡地,产生大量的裂缝,农业灌溉困难,水分与养分流失严重,土壤肥力和农作物产量下降。

3. 大气污染

瓷土矿石中含有多种杂质,开采运输中产生的扬尘、烧制过程中矿石与煤炭等燃料高温灼烧将排放大量的废气与烟尘,窑厂烟囱排出的气体与烟尘中多含有铅、硫等多种有害物质,易对当地空气造成污染。

4. 噪声污染与光污染

瓷土矿开采过程中采剥、铲装以及运输等生产环节的机械设备产生噪声，对周边村庄有一定的干扰。

5. 生物多样性锐减

瓷土矿开采后，无人对开挖后的山体进行修复，使动植物生活环境受到极大的破坏，栖息地的丧失、水质污染等现象破坏了当地生物链，对动植物的生存与发展空间构成威胁，容易导致当地生态系统的类型发生根本性转变，部分生物的数量减少与消亡。

(二) 生态环境的保护措施

1. 划定保护区，矿产开发与土地整治和保护生态环境相结合

根据当地地形地貌条件与城市建设用地布局，建议制定矿产资源开发和环境保护规划，划定各级保护区进行空间管制。除经相关部门审批同意开采的矿区外，严禁私采盗挖。在瓷土矿开采与陶瓷产业发展过程中，始终把保护和改善生态环境放在首位，严格按规划实施。已造成的环境破坏要限期整治，逐步恢复生态环境。此外，采取严格的采矿审批和开发监督管理制度，从而降低开发的负面影响。

2. 废（污）水污染防治措施

露天菜场淘洗废水和排土场淋溶水可通过沉淀池进行收集，工程可在露天采矿场界线外围、排土场外围修建排水沟，根据环境影响评估报告修建适当规模的沉淀池，收集采矿场及排土场的淘洗废水，经沉淀池自然净化沉淀处理后，部分回收用于项目采矿工业场地及用于道路降尘等，其余的经处理达标后再行排放，以免对当地水环境造成污染。

3. 生态复垦与植被恢复措施

开展废石及排土的综合利用，减少堆存量，采用营运期的土地复垦和生态恢复措施对废石及排土场进行综合整治，对所占用的土地恢复其原有功能，如平整后进行复垦或绿化建设。

对工业场地、工作场所内各种建筑设施根据意向单位与当地政府、村民协商妥善处理。对不能利用的场地宜进行林业复垦，条件较好、投资差异不大时可进行农业复垦，以此恢复植被，减轻对自然景观的影响，增强区域生态系统的多样性与稳定性。

4. 大气污染防治措施

开采点在开采过程中将产生粉尘和其他气态污染物，由于矿藏储存丰富的地点距村民聚落较远且有较高的山坡阻隔，四周植被茂密、扩散条件较好，开采过程中产生的粉尘将得到较快的扩散，因此需对采矿场周边的山林进行保育，以防止局部大气环境的恶化。

在运输、装卸、输送等过程中将产生扬尘和粉尘，需要及时采取洒水等措施防止高浓度扩散。通过采取喷雾洒水、路面硬化、车辆减速以及场地绿化等措施，粉尘浓度可大幅度降低。另外，未来规划矿石运输线路须避免途经当地村民生活区，以免对村民生产、生活带来较大的负面影响。

烧制过程中矿石与煤炭等燃料高温灼烧将排放大量的废气与烟尘，需要通过洒水、化学反应等综合措施处理，达标后再行排放，以免对大气环境造成污染，形成腐蚀性较强的酸雨。

5. 噪声污染防治措施

应对采矿场地与陶瓷产业发展进行合理布局，尽量选用低噪声设备，采用消声与个体防护等措施。采矿场项目的工作人员需配备耳塞等个体防护设备，缩短其工作时间，保障个体安全；经常保养及养护施工设备，有效减少生产噪声对矿区周边声环境的影响。

6. 固体废物污染防治措施

项目选址应确保排土场的安全，在排土场下放砌拦土坝，且为确保排土场在洪水期的安全，要对排土场设计排水防洪措施。

对矿区产生的废石土渣、尾矿等进行综合利用，如用于铺路和场地回填，在工程结束后可用于采矿区平整过程中的植被覆土。同时，须对矿石进行多元素分析，检测是否含有有毒重金属离子，若有须对废石土渣进行处理，达标后再进行综合利用，以免造成对地表水和地下水的污染。

五 惠东陶瓷科技产业园项目

惠东陶瓷科技产业园项目是惠州市2015年省重点建设项目，该项目由广东金东海集团实施。项目估算总投资40亿元。该项目的建设范围包括高岭土矿产资源开发，引进先进的技术，建立配套的加工厂和建设陶瓷研发中心。2015年项目完成总体规划，详细控制规划和专项环境评估。

六 天宝物华陶瓷艺术产业基地

广东金东海集团有限公司已经与广东省惠东县人民政府签订了《惠东县"生态安墩·康乐年华"项目协议》。

第九章　矿业与陶瓷业：绿色开采　艺术陶瓷

表 9—1　　　　　　　　　　项目介绍

项目内容	开发建设高岭土、钾钠长石等矿产资源的深加工基地和陶瓷艺术产业园，形成产学研一体化示范区。项目包含了位于矿区的陶瓷原材料深加工基地和位于左华村的陶瓷产业园两部分
用地位置	陶瓷原材料深加工基地以安墩镇洋潭村为中心，陶瓷艺术产业园以安墩镇左华村为中心
用地规模	不低于3200亩，其中陶瓷原材料深加工基地不低于300亩，陶瓷产业园不低于2900亩
用地性质	工业
开发计划	惠东县人民政府力争在协议签订之日起1年内给予项目配套工业用地指标200亩，在广东金东海集团协助惠东县政府申报取得国家级绿色矿山示范基地后，惠东县政府争取以专项用地指标方式解决剩余的用地需求。广东金东海集团在竞得项目所需用地并办理相关手续后，结合立项与规划，在10个月内完成项目设计与概算，建设时限3年完成。估算投资金额10亿元人民币

第十章　旅游产业：热汤温泉客家文化

第一节　旅游产业发展概况

一　广东省旅游发展概况

广东省旅游文化资源有着适合"休闲旅游产业"发展的独特的地理、人文和人力资源条件，有条件发展成为休闲旅游的前沿重地。同时，"粤港澳旅游区"将成为亚太地区的主要旅游中心之一，构筑这一旅游区重要支点的广东旅游业，将与其他重要优秀旅游城市一道，逐步发展成为亚太地区具有一定影响力和竞争力的旅游目的地。庞大的旅游客源，将为广东休闲旅游基地的开发与建设带来前所未有的机遇。

广东省旅游资源总体上呈现"山城海"的生态格局，以滨海度假旅游、城市风貌旅游、人文景观资源和山地度假资源为特征；从旅游区域划分，可分为中部都市旅游圈、粤西旅游圈、粤北旅游圈和粤东旅游圈；从旅游文化来看，珠三角都市旅游圈彰显岭南水乡和侨乡文化、粤西西江流域山水文化、粤北山水与少数民族风情文化、粤东潮汕文化和客家文化。

从各旅游圈景点、景区和度假地的空间分布特征来看，环绕以"广佛深港和珠澳"为核心的都市圈，形成"一环一带"的环城游憩带，"一环"即以"广佛深港和珠澳"为核心的环形区域，"一带"是沿海岸线的带状区域。海滨度假地分布在沿海地带，山地、温泉及其他类型度假地均分布于都市圈的环形区域。

二 惠州市旅游发展概况

惠州市是广东省的省级历史文化名城，其旅游资源丰富，景点类型多，密集程度高，容量大，山、林、海、岛、湖、温泉、瀑布等自然景观品位高，文物古迹众多，现代旅游设施比较完善。至2011年年底，全市建成景区60余处，国家和省级风景名胜区及自然保护区19处，其中国家4A级景区9处（惠州西湖、南昆山生态旅游区、南昆山温泉大观园、龙门铁泉、尚天然国际温泉小镇、罗浮山风景名胜区、惠州海滨温泉旅游度假区、永记生态园、巽寮滨海旅游区）；3A景区2处（香溪堡旅游区、冠和博物馆）；国家级重点风景名胜区2处（惠东港口海龟国家级自然保护区、象头山国家级自然保护区）；国家森林公园2处（南昆山、广东御景峰）；国家生态风景区1处（白盆湖国家生态风景区）；国家生态农业示范点1处（永记生态园）；省级自然保护区四处（罗浮山、南昆山、惠东古田自然保护区、惠东莲花山自然保护区）；省历史文化名城2处（惠州市、惠东县安墩古城）。

2011年惠州全市接待游客总人数达2501.03万人次，旅游总收入达140.82亿元，旅游已成为惠州市的龙头产业。

目前，惠州旅游"五大组团"开始展现层次感，展露魅力。西湖旅游组团，以西湖为核心的主城区初步建成了粤港澳地区顶级的旅游观光、商务会展、休闲度假胜地；东部环大亚湾滨海旅游组团，以巽寮湾、大亚湾为核心的滨海旅游新城已具雏形，把安墩古城、双月湾、海龟湾、南门海等优势旅游资源整合在一起，实现了巽寮湾滨海休闲度假旅游资源的整体开发；西部的罗浮山旅游组团，集祈福观光、生态旅游、会议休闲为一体的大罗浮山旅游区正在成型；北部的南昆山旅游组团，正朝着森林度假、温泉养生品牌的生态休闲基地方向发展；南部的秋长镇旅游组团不断挖掘惠州红色文化和客家文化内涵，将成为惠州旅游的又一名片。

第二节 旅游产业发展趋势

一 度假旅游市场日渐成熟

度假旅游重复消费比较多，为了充分满足休闲生活的需要，人们会根据支付能力、闲暇时间、个人喜好等，选择比较固定的度假地和度假方式。旅游者的需求多样化，他们在度假过程中会选择康体、观光、娱乐、运动、商务等不同的项目。

二 自驾游市场快速发展

中国汽车工业协会的数据显示，2010年全国民用汽车保有量为7802万辆，其中私人轿车保有量达3443万辆。越来越多的家庭拥有私家车，加速了自驾游时代的到来。虽然目前轨道交通方式发展也较快，但出行灵活度高的自驾游仍是主流出游方式之一。与此同时，对旅游区的交通指引、停车、加油等配套功能有更高要求。

三 养生旅游市场日益壮大

当今快节奏的工作和生活环境使人们承受着巨大的身心压力，"亚健康"问题日益严重。调查显示中国"亚健康"人群发生率为45%—70%，沿海城市亚健康率更高达70%以上。其中高级知识分子、企业管理者、社会精英人士等脑力劳动者是亚健康高发人群。因此保持健康成为都市人生活中最关心的问题之一，人们纷纷寻求生态良好的自然环境，回归自然，暂时逃离紧张的都市生活，开展养生旅游活动。

四 短线近郊游方式备受青睐

2008年中国开始推行小长假制度，越来越多游客将长线游转变为短线近郊游。常住地周边景观优美、文化氛围浓郁的区域成为市民周末和小长假期间选择前往的旅游热点地区。

五 传统观光旅游向休闲度假旅游转变

近年国内旅游市场选择休闲度假的游客比例逐年上升。世界旅游组织研究表明，当人均GDP达到2000美元，是休闲需求急剧增长的门槛，将形成对休闲的多样化需求和选择；人均GDP达3000美元时，度假旅游需求将会全面扩张。度假旅游需求对旅游目的地环境和产品质量的要求较传统观光游览类型更高。

第三节　安墩镇旅游业的发展条件分析

一　旅游区位剖析

第一，地理区位条件。安墩镇位于珠三角核心都市旅游圈的边缘，地处珠三角中心城市广州、深圳等3小时的双休日出游圈内，是自驾短线近郊游理想的目的地。第二，交通区位条件。规划建设中的潮莞高速在安墩镇南部外围穿过，大大缩短了安墩镇与珠三角核心城市的距离，这将极大促进安墩镇的旅游发展。第三，旅游资源区位。安墩镇位于广东省粤东旅游圈之中，其客家旅游文化将是安墩镇未来的发展重点。同时，安墩镇位于惠州旅游"五大组团"之一的东部环大亚湾滨海旅游组团之中，随着以巽寮湾、大亚湾为核心的滨海旅游新城的迅速发展，将为安墩镇的旅游发展带来前所未有的巨大机遇。(1) 珠三角城市旅游圈中心圈层。珠三角旅游资源众多，拥有7个5A级景区及90多个4A级景区，强大的旅游客流量是本规划未来发展的保障；同时该区也有温泉旅游度假区20余处，把握发展机遇的同时也面临巨大挑战。(2) 惠州旅游金三角。惠州从西北到东南拥有南昆山、罗浮山、惠州西湖、巽寮湾与海龟自然保护区等景点，项目所在的安墩镇未来将形成新的旅游金三角分布格局。(3) 东深圳旅游新焦点。深圳主要以主题乐园、文化创意、滨海主题等旅游景区为主，养生等主题相关的旅游度假区比较稀缺。惠州与深圳东部接壤，借助良好的区位与交通优势，将迎来发展成为东深圳旅游目的地的新机遇。

二 旅游资源现状

第一，江河资源。惠东的母亲河——西枝江贯穿安墩镇全境，其全长176千米，流域面积达4120平方千米。第二，气候资源。安墩镇处于亚热带季风气候，年平均气温22.5℃，年降雨量1926毫米。气温适中，雨量充沛。第三，山地资源。安墩镇山地面积广阔，有62万亩，且气候温和，雨量充足，适宜发展各种山地旅游项目。第四，温泉资源。安墩镇的热汤温泉得天独厚，泉眼多、流量大，水温高达90℃以上，是广东省唯一水温最高的天然温泉，水质含硫及多种对人体有益的矿物质，对各种皮肤病有良好的治疗效果和养生保健作用。第五，历史文物资源。安墩镇的历史文物景点包括革命五烈士墓碑、安墩少华书室、司令部旧址和重要会议会址等；另外，一些村的宗祠、庙宇也具有一定的历史价值。第六，人文景观资源。为进一步弘扬特色文化，缅怀革命先烈，告慰边纵先烈英魂，完成边纵老首长、老战士的夙愿，安墩镇于2003年8月份在边纵诞生地的青山坳开始动工兴建粤赣湘边纵队纪念公园，2004年10月20日前基本完成了首期建设工程。第七，饮食资源。安墩镇的特色名品包括：安墩甜桔、三黄鸡、花生油和乌龙茶。安墩春甜桔（又称蜜桔），皮薄、核少、蜜香、清甜，果实均匀、色泽橙润，具有"健脾开胃、生津润肺"之功效，是绿色环保型的健康食品和春节前后送礼之佳品。目前，全镇种植面积约700亩，年产值500多万元。安墩三黄鸡是由农户按古老的母鸡孵蛋法，喂以"五谷杂粮"和放养而成。肉健不油腻、香滑口感好、清甜味无穷，是食用、送礼、请客、烹饪的美味佳肴。逢年过节，供不应求。安墩盛产花生，经土法炒香压榨加工成油。油质纯正香滑，未添加任何色素和香料，是烹饪好帮手，美味佳肴好伴侣。安墩乌龙茶从选地种植到采集制作都非常讲究，完全采用传统的手工制作方法，慢火细焙，过程严谨。泡出的茶色泽清淡、茶香扑鼻，饮之生津止渴、甘纯润喉。特别是饭后泡一壶安墩乌龙茶，可解油腻，清香怡人。

三 旅游资源分布特征

目前，安墩镇旅游资源种类较多，但是数量较少。其中，有一处山地资源——仙女峰，位于安墩镇北部的石塘村；还有一处温泉资源，位于安墩镇中部的热汤村；另外，历史文物资源较多，多集中在安墩镇东南部。

第四节 安墩镇旅游市场分析

一 市场需求分析

根据旅游者流向将旅游市场分为一级市场、二级市场以及目前客源尚少的机会市场。一级市场是指游客数占目的地接待总人数比例最大，一般达40%—60%的客源市场；二级市场是指游客人数在目的地接待总人数中占相当比例的客源市场；机会市场也称边缘市场。

旅游目的地与客源地之间距离的远近是决定旅游流量的重要因素之一。空间跨度大，意味着地理和文化差异大。一方面对旅游者构成了强烈的吸引力，另一方面也意味着交通费用高，交通占用时间多。所以，项目应该首先将周边地区作为主要客源地，由此构成客源市场的圈层结构。

从项目旅游开发的基本定位来看,发展的目标市场大致可分为以下几个基本市场。

(一) 一级客源市场

惠深都市圈客源市场。因处于与深圳、惠州等核心城市合理的往返半径内,项目将成为以白领和家庭等为代表的目标人群休闲度假的优先选择地。惠深都市圈的客源是项目最核心的旅游客源。

(二) 二级客源市场

珠三角城市群客源市场。珠三角城市群包括广东省9个城市及香港、澳门,由于项目属度假类产品,开发初期吸引游客的半径较小。因此在珠三角地区内,又以广州市、佛山市和东莞市三个城市为主要核心市场。

港澳也是惠州市的重要客源市场,港澳经济实力强大,居民消费比较理性、成熟,消费水平较高,对设施和服务水平要求较高。随着港珠澳大桥的兴建,港澳和珠三角地区的交通联系更为密切,更有利于项目开拓港澳两地的游客市场。

(三) 三级客源市场

广东省内其他城市及广东省周边省份的大中型城市。惠东县处于粤东的必经之路,可以吸引相当部分的粤东客流,尤其是安墩的客家文化可吸引梅州籍客流;项目与巽寮湾的互动互补关系也能利用巽寮湾的知名度与关联性吸引省外客源。

项目的旅游市场发展要立足珠江三角洲,以本地惠深都市圈为核心,以广州、佛山、东莞、香港、澳门为重点,积极开拓省外、海外市场。

二 重点客源市场分析

珠三角地区作为安墩镇三大客源市场之一,又紧邻本规划区,故应深入分析珠三角地区客源市场消费特征,做到有针对性地满足市场需求。本节市场分析主要根据《2011年珠三角旅游消费者研究报告》对区域重点客源市场进行研究,以指导旅游规划工作。

珠三角地区游客出游频率保持在较高水平。随着经济的不断发展,消费者在旅游花费方面表现出了较高的承受力,高消费群体所占比例逐步增长。自由性较大的自助游、自驾游方式呈现较大发展潜力。珠三角游客对自然山水类旅游景区偏好十分明显。

(一) 出游次数

2010年珠三角出游的消费者占47%,与2008年持平。出游次数方面,近三年出游次数变化不大,2010年游客平均出游次数为5.6次,出游频率较高。

(二) 旅游花费

旅游花费方面,2010年珠三角市民出游平均总花费约为1.2万元,有显著增长。其中1万元以上花费的游客所占的比例由2008年的26%上升至37%,表明旅游消费承受力越来越高。开展省内游的珠三角游客以自助游为主,且其所花费的费用较团队游高。

表10—1　　　　2010年广东省省内游游客情况

	跟团	自助
平均次数	2	3
平均每次花费(元)	1586.7	1901.6

(三) 旅游热点认知

在旅游热点认知方面，交通方式上游客对高铁和绿道建设都表现出较高的关注度，同时也有更多的人表示愿意选择高铁作为出行方式。根据相关调查研究结果，北京、上海、广州三大城市群出现轨道交通大幅度上升的现象。随着城市轻轨、高铁等轨道建设的完善，需重视完善旅游交通的接驳。

(四) 游客偏好

对珠三角地区居民出游需求进行调查发现，自然山水类旅游景区偏好程度超过50%，说明以山水风光见长的旅游资源具有巨大的市场吸引力。

第五节　安墩镇旅游产业发展规划

一　安墩旅游产业现存问题

第一，旅游发展滞后。安墩镇景区的基础建设落后，不适应旅游快速发展的形势。第二，旅游精品不足。尽管安墩镇近几年在开发建设上，着重热汤温泉开发和红色旅游的发展，但其中旅游精品仍显不足，景区包装深度不够，难以形成旅游品牌。第三，旅游经费不足。由于目前安墩镇旅游业仍处在探索发展阶段，经济实力不够雄厚，在需要较大投入的宣传促销方面经费来源不足，难以形成较大规模。第四，六要素配套不足。在"行、游、住、食、购、娱"六要素的配套方面，安墩镇还没有形成团队接待能力。

二　安墩旅游目标与定位

安墩镇的旅游发展旨在深度挖掘安墩镇旅游资源的底蕴和市

场价值，充分体现安墩镇"山""河""泉""庙""村""俗""红""农"的特色，明确安墩旅游产品在惠东及周边地区的战略地位、市场潜力和市场拓展方向，打造安墩镇旅游品牌形象。

规划以安墩镇厚重的历史文化优势资源、优美的自然资源和独特的温泉资源为基础，以市场需求为导向，以经济效益为中心，以社会效益为目的，以环境效益为依托，科学引导、宏观调控、突出重点、讲究特色、深度开发、严格管理、合理布局，将安墩镇打造成惠东县、广东省乃至珠三角知名的，集客家文化、红色文化、农业文化和养生文化于一体的旅游目的地和旅游精品。

三 安墩旅游规划布局

根据安墩镇镇域范围内旅游资源的分布和整合，在生态保护、农业发展的基础上构建点、线、面的旅游规划系统，形成"一心三组团"的旅游空间布局。(1)"一心"，即旅游综合服务中心，作为安墩镇旅游的枢纽，既是游客进入安墩镇旅游的第一站，也是安墩镇的门户旅游区域，因此，在完善配套旅游服务设施的基础上，重点打造极具当地特色的旅游项目，给游客留下深刻的第一印象。规划增加客家民俗博物馆、滨水度假酒店和客家文化广场等。(2)"三组团"，即分别为农业观光体验旅游组团、生态休闲旅游组团和红色文化旅游组团。农业观光体验旅游组团是在该区域发展农产品生产和农产品加工的基础上，让游客欣赏客家田园村落风光、体验客家民俗生活和品尝当地特色食物。该组团规划增加生态农业观光园、野外拓展基地、客家摄影基地、客家生活体验小镇和客家美食小镇等项目。生态休闲旅游组团是在依托该区域优美的生态环境的基础上,主要发展相对高端的旅游休闲度假项目,规划增加山地精品度假村、养生体验中心、南药养生基地、热汤温泉度假村和会议商务酒店等项目。红色文化旅游组团是通过整合和提升该区域现状的旅游资源,突出其红色主题和客家文化主题,规划增加爱国教育基地和客家民俗观园等项目。

四 旅游主题及线路组织

第一,客家民俗主题游。通过在不同月份举办不同的客家民俗活动,如闹元宵和跑火龙等,让游客进一步了解客家文化和体验客家生活。旅游景点包括客家民俗观园、客家美食小镇、客家民俗博物馆、客家文化广场、客家生活体验小镇、客家摄影基地。

第二,红色文化主题游。通过把安墩镇红色文化相关景点串联起来,形成红色文化旅游线路,让游客于此学习和弘扬革命烈士精神。旅游景点包括林海山故居和丘新民故居、革命五烈士墓碑、粤赣湘边纵队纪念公园、粤赣湘边纵队第一支队司令部旧址、粤赣湘边纵队司令部旧址(江南会议旧址)。

第三,休闲农业主题游。利用安墩镇本身农业景观资源和农业生产条件,规划增加野外拓展基地和生态农业观光园等休闲农业项目,让游客在观光、采果和体验农作的同时,了解农民生活和享受乡土情趣。旅游景点包括客家生活体验小镇、野外拓展基地、生态农业观光园。

第四,温泉养生主题游。安墩镇拥有着广东省唯一水温最高的天然温泉,其水质含硫及多种对人体有益的矿物质,游客到此浸泡温泉，既能起到消除疲劳和释放压力的作用，还能起到养生保健的作用。旅游景点包括会议商务酒店、热汤温泉度假村、南药养生基地、养生体检中心、山地精品度假村。

第五，山地休闲主题游。安墩镇山地面积辽阔，林地面积有62万亩，其中较著名的是仙女峰，游客攀登仙女峰，可以一边欣赏大自然的美丽景色，一边做有氧运动。到达峰顶，更可以一览安墩镇的城镇风光。旅游景点包括安墩镇仙女峰、山地精品度假村。

第六，历史建筑主题游。安墩镇保留着众多客家风格的历史建筑，既能让游客了解客家文化，同时也能给历史学家和建筑学者提供一定的研究资料。旅游景点包括安墩少华书室、粤赣湘边纵队第一支队司令部旧址、粤赣湘边纵队司令部旧址（江南会议旧址）和安墩镇各村落历史建筑。

第七，休闲美食主题游。安墩镇除了拥有甜桔、蜜柚和三黄鸡等特色美食，还有各种客家特色菜肴和小吃，一定能让游客流连忘返。旅游景点包括客家美食小镇和安墩镇各村落。

第八，客家摄影主题游。客家田园风光和古老的客家建筑相得益彰，将为摄影爱好者提供很好的摄影素材。旅游景点包括客家摄影基地和安墩镇各村落。

第九，道家文化节。于每月初一、十五在仙女峰举办道家文化节，举行道家文化表演，并打造富有道家文化色彩的仙路，让游客走一趟人间仙路。旅游景点包括热汤温泉度假村、客家生活体验小镇、安墩仙女峰。

五 旅游活动策划

旅游活动包括当地的一些传统节庆、特色活动等，它不仅可以展示景区形象，更可以提高景区知名度和营造旅游品牌。安墩镇的旅游活动策划将以客家文化、红色文化主题和美食文化等不同主题来进行。(1) 闹元宵舞火龙：安墩舞龙闹元宵已有上百年历史，是群众自发组织传承文化的盛大朝会，主要是欢度元宵和祈福好运。(2) 国际客家山歌节：国际客家山歌节期间举办客家山歌擂台赛、客家山歌新秀幼苗表演赛等比赛和客家山歌表演，借此来吸引游客。同时游客在节庆期间，可以了解客家山歌的类型和历史，更可以参加现场教学活动，放声歌唱。(3) 客家美食文化节：一年举行一次为期数日的客家美食文化节，让游客吃遍地道客家美食。(4) 安墩客家甜桔节：以安墩镇的特色名品——甜桔为基础，举行甜桔采摘等大型主题活动，扩大其知名度。(5) 客家生态文化旅游节：将客家文化与自然风光结合，让游客在欣赏客家自然风光的同时，了解客家文化。(6) 客家服饰评比大赛：向惠州地区征集各类特色的客家服饰，并于安墩镇区进行展示，由安墩居民和外来游客一同评选出冠亚季军，并加以推广宣传。(7) 水上赛龙舟比赛：于端午节期间举办赛龙舟比赛，吸引游客前来观看，更可以让游客换上客家服饰，亲自坐上龙舟试划。(8) 户外摄影比赛：定期举办"最美安墩"等大型户外摄影比赛，让安墩本地居民和外来游客一同评选出最佳照片，并加以推广宣传。(9) 大型客家民俗表演：在镇区，进行类似《印象·刘三姐》的大型客家民俗表演，既能吸引游客前来安墩，又能打造安墩旅游品牌。(10) 客家舞狮表演：定期在镇区等较为热闹的地方，进行客家传统舞狮表演，让游客领略客家舞狮文化。(11) 道家文化节：于每月初一、十五在仙女峰举办道家文化节，进行道家文化表演，并打造富有道家文化色彩的仙路，让游客走一趟人间仙路。

第六节　安墩镇温泉旅游

一　广东省温泉旅游概况

广东省地热资源丰富，项目地处广东省东北部温泉旅游集聚区，区域市场争夺激烈，特别是同在惠州市的龙门温泉已经形成温泉休闲产业集群。

与安墩热汤温泉形成竞争的温泉产品主要是周边的中高端温泉度假产品，包括从化温泉、巽寮海滨温泉、城区中信温泉、博罗罗浮山嘉宝田温泉、龙门温泉，以及正在规划的白盆珠锦绣东江温泉。

表10—2　　　　　　　　项目周边温泉一览

温泉项目	特色	弊端	发展模式	温泉成分	区位
从化温泉	(1) 资源具有独特性，从化温泉是世界上仅有的两处（另一处为瑞士）含氡苏打温泉之一，被誉为"岭南第一泉"； (2) 温泉流量大，温泉地下热水日自涌量达10000立方米，每年可供700万人次享用	(1) 温泉开发模式同质化。产品大部分采用综合开发的模式，将温泉旅游地建成度假村的形式； (2) 产品缺乏文化内涵。温泉旅游产品开发中普遍存在忽视温泉文化内涵建设的情况，简单模仿、缺乏文化特色，"一馆一池""众人一池"千篇一律，没有特色	度假村	含氡苏打	广州市东北面，归属广州市管辖。在广州市"半小时经济圈"之内

第十章 旅游产业：热汤温泉 客家文化

续表

温泉项目	特色	弊端	发展模式	温泉成分	区位
巽寮海滨温泉	海洋文化	产业单一	温泉+会议休闲	偏硅酸、硫	位于国家AAAA级景区巽寮滨海旅游度假区内，吸引了大量的巽寮滨海旅游客源，具有市场区位优势
中信温泉	(1) 景区自然资源条件优越，景区内景观质量优良； (2) 中式文化，模仿唐文化的基调	以地产销售为主，游憩价值不高	温泉+地产	重碳酸钠、钾	距惠州市中心区约10千米，交通十分便利
罗浮山嘉宝田温泉	依托罗浮山中草药及中国养生文化品牌，打造养生温泉品牌	并未深入挖掘其中的医疗养生文化，游憩项目单一	温泉+会议休闲	含氡、氟等	位于罗浮山风景区（国家AAAAA级景区），吸引了大量的罗浮山旅游客源，具有市场区位优势
龙门温泉	(1) 温泉资源丰富，已形成产品规模和品牌产品已形成中低高档温泉产业群，温泉养生成为龙门旅游两大主要品牌之一； (2) 全国首批、广东首个"中国温泉之乡"	温泉旅游开发模式和产品的雷同化现象十分严重，基本上都是传统的洗浴中心和现代的戏水乐园相结合。现有温泉旅游产品单调而且缺乏深层次的意义，无法真正满足旅游者的需求	温泉+景区；度假村	碳酸、苏打温泉	位于广东省中部，地处珠江三角洲的边缘

续表

温泉项目	特色	弊端	发展模式	温泉成分	区位
白盆珠锦绣东江温泉			综合性景区	偏硅酸钠泉，不含硫	位于惠东县城以东36千米处，从深圳至白盆珠温泉约1小时40分钟车程

二 温泉旅游发展模式

（一）国外温泉旅游度假区的发展历程

1. 传统的温泉旅游度假区

18世纪，在英国、德国、东欧、美洲都开始了温泉的开发，度假、疗养功效得到重视。此时的温泉旅游不仅具备疗养的功能，且已经演化成带有休闲度假性质的温泉旅游度假区，温泉旅游在上流社会群体中得到快速发展，19世纪以后，受到中产阶级人群的青睐。

2. 现代温泉旅游度假区

温泉旅游在世界范围内得到发展，其中美国和日本的温泉旅游度假区最为闻名。大多数温泉旅游度假区都选址于自然环境良好的地区，不仅建设了高档的康体中心，配备了现代化的疗养设备、诊所、疗养院和治疗设施，提供专业的疗养医师、舒适的住宿条件、一流的餐饮服务等，而且还增加了现代化的休闲娱乐旅游项目。这种综合型的温泉旅游度假区称之为现代温泉旅游度假区，代表了温泉旅游发展的新趋向。

（二）中国温泉旅游区发展现状与态势

中国对温泉的开发和利用历史悠久，泡汤文化自秦始皇时代便有，后来其医用价值逐步被发掘出来，温泉成为疗养胜地。纵观温泉的发展历史，在古代，温泉享乐是皇家和贵族的专利，民间开发与利用极少；新中国成立以后，温泉开发和利用由政府主导，政府出资在各地修建的温泉公共疗养机构，其功能仅限于疗养和洗浴，受众也有一定限制；直至改革开放以后，国内旅游需求得到释放，作为重要的旅游资源，温泉的开发和利用开始进入市场化阶段，这时的温泉不再是单纯的疗养场所，经营开发者积极引进先进设备，融入了些许休闲娱乐的元素，但这时的消费者数量仍然较少，一般是部分公费消费者和较富有的人群。20世纪90年代，温泉旅游开发进入了一个快速发展的时期，人们的收入水平大幅度提高，对温泉旅游的需求日渐增多，对温泉旅游形式的要求日渐多样化，为了顺应这种需求，经济发达地区如广东，借鉴国外温泉旅游度假的开发模式，相继建成了一大批温泉旅游度假区，并逐渐脱离了先前温泉疗养地的保养功能，向多样化发展，增加了许多休闲娱乐项目，如住宿、餐厅、购物等多种旅游要素，但规模较小，产业化发展不太明显。

中国是个温泉富国，全国有温泉4000多处，可开发利用的潜力很大；而且分布较广，几乎每个省都有，其中重庆市、天津市、福建省福州市被评为"中国温泉之都"；"中国温泉之城"有辽宁省辽阳市弓长岭区、辽宁省葫芦岛市兴城、云南省洱源县城、山东省临沂市、陕西省咸阳市、湖北省咸宁市、湖南省郴州市、广东省清远市、江苏省扬州市；"中国温泉之乡"多达25

个，包括内蒙古自治区克什克腾旗、江苏省南京市浦口区汤泉镇、江西省宜春市明月山温汤镇、广东省龙门县、四川省广元市、北京市小汤山、天津市东丽湖、重庆市巴南、黑龙江省林甸、陕西省临潼市、山东省威海市、河北省雄县市、贵州省石阡县、江苏省东海县、海南省琼海市、江苏省南京市汤山、湖北省应城市、广东省阳江市、广东省恩平市、福建省永泰市、河北省霸州市、河北省固安县、福建省连江县、安徽省合肥市、贵州省思南县。截至目前，全国4A级温泉旅游区已经超过40个。

发展较早的温泉度假区主要集中在广东省、江西省，华东片区的发展较早的温泉度假区主要集中于浙江省、江苏省和安徽省，而华东地区，特别是长江三角洲地区的经济消费能力较强，而且客源市场较大，温泉旅游开始兴起，随着国民休闲时代的到来，温泉度假将成为国民休闲的重要组成部分。

（三）国内温泉旅游的主要开发模式

1. 特色温泉景区模式——"特色温泉+景区"

以创造独具特色的温泉泡浴景区来赢得市场，这是温泉度假村开发最根本的模式。这类温泉度假村规模不一定很大，但在一定程度上是在创造现代温泉文化、引领中国温泉行业的整体发展。其关键是运用文化来包装主题或凸显自然山水特色并形成体验型温泉泡浴景区，主要包括两种类型：（1）面向大众的精品温泉景区，如御温泉、天沐温泉。御温泉创造了耳熟能详的"御泉道""太医五体""N福汤六次方"；天沐的"真山水温泉""太极八汤""美人四润汤""九步六法沐汤仪式"实际上都是在开创和丰富现代温泉文化。正因为致力于创造温泉文化，挖掘温泉养生的内涵，构建温泉生活方式，御温泉和天沐温泉成为了行业的标杆，获得成功的同时形成了企业品牌。（2）面向小众的高端 SPA 景区，如昆明的柏联 SPA。柏联 SPA 利用昆明阳宗海旅游度假区作为高端休闲度假产品集聚区的区域优势，以个性化的高端产品为重点，强调人均高消费而不是大规模游客量，最终使其被评为"亚洲第一温泉 SPA"，获得了开发经营的极大成功。随着中国高端休闲消费人群的增加，柏联 SPA 的模式将成为未来温泉度假村开发最重要的方向之一。

2. 温泉会议中心模式（"温泉+会议休闲"）

"温泉+会议"的模式，是温泉度假村最普遍也是最容易获得成功的开发模式，分为"温泉+大型会议"及"温泉+中小型会议"两种模式。（1）"温泉+大型会议"模式，如北京九华山庄。抓住北京地区庞大的会议市场，充分利用温泉的康体疗养价值与休闲整合效应，把温泉与会议融合的文章做大，把商务会议作为最重要的一项服务来对待。建设完善的商务及会议设施（其会议室数量和规模令人震惊），配套专职会议接待部，以及满足会议客人全方位需求的客房、餐饮、娱乐、运动、保健、体检和购物服务，再加之强有力的关系营销，使其最终成为京城的"温泉会都"。这种温泉会都模式，通过大型会议会展与温泉的结合，并围绕会都来进行各项配套建设与经营服务，会议会展成为主角，温泉成为了配角，但最终实现的是温泉资源综合开发价值的巨大突破，是一种典型的创新模式，需要注意的是会议市场的庞大规模是支撑其成功的关键。（2）"温泉+中小型会议"模式，此种模式依托于中等城市或省会城市，主要利用温泉的休闲养生价值吸引中小规模的团体会议市场，是我国目前绝大多数温泉度假村最基本的开发模式。由于对市场规模、资源价值、资金投入、场地条件等因素的要求相对不高，也是最容易成功的开发模式。但是，此类开发模式的最大问题是竞争相对激烈，因此对温泉度假村的主题定位、产品特色、经营水准的营销实力提出了较高的要求。

3. 温泉休闲乐园模式——"温泉+运动游乐"

温泉与运动游乐的结合，也是温泉度假村最常见的开发模式之一。其核心是在温泉泡浴的基础上，通过发展满足旅游者体验性、参与性需求的运动游乐项目，有力提升温泉度假村的整体吸引力，延长游客停留时间甚至改善温泉度假村的淡季经营问题，提高人均消费水平，从而实现整体开发经营的突破。以下主要介绍四个典型：（1）温泉+水游乐，如北京温都水城的水空间、被称为"中国动感第一泉"的广东恩平锦江温泉、华东最大的温泉——浙江武义清水湾·沁温泉等。把夏季最受家庭市场欢迎的水游乐项目引进温泉度假村，弥补夏季这一淡季产品开发的不足，对于提升温泉度假村的整体经营，具有非常突出的效果。这些温泉产品都是通过温泉造浪池、温泉漂流、温泉游泳池、水上滑梯等一系列时尚、动感、刺激的水游乐项目的引入，实现了温泉度假村夏季经营的火爆。此模式已经被证明是最成功的开发模式之一，但未来竞争的关键在于水游乐项目的持续创新上，这就对水游乐的投资规模和设备更新提出了更高的要求。（2）温泉+高尔夫，如上海太阳岛高尔夫温泉度假村、北京龙熙温泉高尔夫、广西嘉和城温泉谷、天津宝坻珠江帝景温泉度假村。通过高端温泉水疗SPA与高尔夫运动充分结合，形成了面向高端市场的高端休闲经典组合产品——温泉高尔夫，是顶级度假村开发的经典模式。在这一模式中，文化的创新融入是整体品质提升的关键。(3) 温泉+滑雪场，如青岛即墨天泰温泉滑雪场、辽阳弓长岭温泉滑雪场。温泉结合冬季最时尚、最具挑战性的滑雪项目，是养生与运动的美妙结合，将形成强大的吸引力与竞争力，"活力冬季"的概念也应运而生，从而有力推动冬季旅游的突破。此种模式应成为北方地区温泉度假村开发的重要模式。(4) 温泉+综合游乐，如珠海海泉湾。把相对静态的温泉泡浴与多种动感游乐项目结合起来，动静结合，养生休闲与游乐体验搭配，能够极大地增强温泉度假村的整体吸引力并提高综合收益。海泉湾度假区以罕有的海洋温泉为核心，由五星级酒店、神秘岛主题乐园、渔人码头、梦幻剧场、体检中心、加勒比海岸、运动俱乐部、拓展训练营、高尔夫项目、休闲垂钓区以及自驾车营地等项目组成，是中国目前功能最齐全、综合配套最完善的超大型旅游休闲度假区，被国家旅游局授予全国首家"国家旅游休闲度假示范区"称号。此种模式把温泉与多元化的游乐项目的结合发挥了到极致，从而产生了极大的市场吸引力。

4. 温泉度假社区模式——"温泉+旅游地产"

由于温泉在健康养生与旅游休闲上的巨大价值，为房地产特别是旅游地产的开发创造了非常突出的优势，往往能够以"养生休闲"特色在地产市场上形成巨大的竞争力，从而取得非常可观的投资回报。因此，"温泉+旅游地产"模式成为全国绝大多数温泉度假村最优先考虑的开发模式之一，如珠江帝景温泉度假村、重庆海兰云天温泉度假村。

温泉与旅游地产的广泛结合，甚至形成了一大批大型温泉度假区、温泉小镇、温泉新城（区）等项目，带动了大型区域的整体开发。

三 安墩热汤温泉特点

第一，生态环境优美。四周群山环抱、河道环绕，村民依山逐水而居，民居四旁种以果树、竹林进行绿化，有着较好的居住环境，民宅、古树掩映，菜地与沟渠交错且无工业污染，是天然、典型的生态聚落。第二，农业资源丰富。热汤村是一个纯农业村，拥有大片的农田、鱼塘等，农业生态特色明显，是无公害蔬菜、水果基地，种植最多的水果包括各类香蕉、阳桃、番石榴、荔枝等。第三，高温温泉独具特色。泉眼遍布，水温达到90℃以上，而且是广东地区较少见的硫黄温泉，对治疗皮肤病以及美容保健具有良好疗效。

四 安墩温泉旅游开发策略

（一）温泉度假定位

第一，项目既存在区位、资源与政策的优势，也存在特征不鲜明等缺点；第二，以温泉为核心的传统温泉度假已缺乏市场动力；第三，广东省内温泉资源丰富，热汤温泉资源缺乏唯一性。温泉度假行业竞争激烈，从市场分析中得出，项目的主要客户群体是珠三角东岸的市民，而这些城市周边已有从化、龙门、河源、惠州等一系列温泉景点，尤其是龙门与从化温泉已形成规模巨大的产业集群，并拥有一定的品牌效应。基于如此之大的竞争挑战，项目的开发应打破同质化的开发模式。

从资源品位出发，热汤温泉水质含硫量高，可以达到明显的美容、美白效果；中国温泉以中低温温泉为主，热汤温泉泉水温度高达90℃，因此从温泉资源来看，热汤温泉有一定特色，但不具有独一性。项目在文化上要超越简单化的洗浴文化，以安墩整体养生环境为背景，提炼出个性鲜明的主题文化。

从发展理念出发，区域多数温泉产品依赖国内外温泉开发理念的引进，缺乏自身开发模式和主题文化的原创性。项目的开发要突破区域局限性，就必须超越前几代开发模式，加强与相关产业、特色文化的融合发展，建设以温泉为撬动基础的综合产业旅游度假区。

(二) 发展思路

第一，以山水田园生态与高品质温泉为基础，打造复合型泛旅游产品体系。依托生态环境，以温泉为启动基础，将"文化、休闲、度假、旅居、生态、养生、健康、管理"等组合形成高附加值和高溢出效应。将农业产业、旅游产业、服务产业、房地产业等有效嫁接整合，从而提升项目价值以吸引经营商、投资者，并推动整个区域农业产业、旅游产业及其他相关产业的全面发展。

第二，结合城乡统筹发展与新型城镇化建设，统筹考虑项目区的整体开发。围绕国家新型城镇化建设和城乡统筹发展战略，尽可能获取政府及相关部门政策、资金等方面的支持；同时通过项目的开发，促进当地村民转型，在改善当地村民生活环境的同时，增加村民收入，以旅游为切入点和杠杆，通过旅游产业为项目区"造血"，拓展延伸农业产业链条，构建复合型、综合性、深层次、多样化产业体系，为当地村民创造新的就业岗位和新的经济收入点，并通过旅游为村民打造良好、美丽的生活环境，培养塑造具有"新素质、新文明、新乡风、新风貌"的现代"四新"农民。

第三，全面考虑各相关利益主体的诉求，充分调动各利益主体积极性。项目开发涉及开发商、投资商、经营商、农民与政府五方利益主体相关利益，因此，在开发过程中，必须统筹考虑相关利益主体的诉求，充分满足各方利益，有效调动各利益主体的积极性，从而有效地共同进行项目的开发建设。

第四，以文化活动为启动进行整合营销，实现"盛世桃源"品牌的塑造。依托特色的主题定位与形象策划，通过文化活动策划引爆项目，对各区块进行系统化、全方位的整合营销，使"盛世桃源"的概念深入人心，全面推动项目知名度的提升，实现"健康型休闲养生"的塑造。

第七节　安墩镇文化旅游

一　安墩镇客家文化简介

（一）安墩"围合"

安墩镇的主要居民为客家人。客家民居种姓聚族群居的特点和它的建造特色都与客家人的历史密切相关。历史上客家人每到一处，本姓本家人总要聚居在一起。加之客家人大多居住在偏僻的山区或深山密林之中，为防豺狼虎豹、盗贼侵扰，客家人便营造了"抵御性"的城堡式建筑住宅。

各地的客家民居风格都不尽相同，例如，广东大部分的客家围屋和福建的客家土楼就风格各异，但在功能上却大致相同。安墩地区的客家古民居以"古堡式围屋"为主要建筑形式。

"围合"是客家建筑最具特色的建筑特点。它一般以一个中心出发，依不同的半径，一层层向外展开，环环相套，非常壮观。围屋通常分为两到三层，平面呈现"回"字样式，最外层围墙往往厚实而高大，加之四个边角上的楼堡，让围屋的防御性能十分优越。除了结构上的独特外，围屋的内部窗台、门廊、檐角等也相当华丽精巧，在中国民居建筑中独树一帜。

(二) 安墩特色历史建筑

安墩镇特色历史建筑主要分为三类：宗祠庙宇、红色革命旧址和名人故居。宗祠、庙宇是维系村落氏族关系的纽带。几乎每个村中都有氏族宗祠和庙宇，而规模较大、较有影响的有杉元村的冯氏老祠堂、黄沙村的奉政第、下洞村的谭公庙等。

(三) 安墩革命根据地

安墩镇曾是粤赣湘边纵队的主要革命根据地。红色革命旧址主要分布在安墩镇中南部，主要有粤赣湘边纵队司令部旧址（黄沙村）、粤赣湘边纵队第一纵队司令部（大布村）、兵工厂（热汤村）、同盟会重要人物林海山故居（珠湖村）、邱新民故居（珠湖村）等。

(四) 名人故居

另外某些村落也保留有一些在当地比较有影响力的人物的故居。这些故居大多都规模较为宏大，保留也较为完整，对研究当地民居有较大的参考价值。

(五) 安墩非物质历史文化

安墩镇当地非物质历史文化特色丰富，既有舞火龙、闹元宵等传统节日活动，又有郭姑婆等神话传说，这为安墩镇的旅游开发发展奠定了深厚的文化基础。(1) 舞火龙闹元宵。安墩镇舞火龙闹元宵已有上百年历史，是群众自发组织传承文化的盛大朝会，主要是欢度元宵和祈福好运。(2) 郭姑婆传说。在很久很久以前，有一年百船云集，浩浩荡荡，其中有一条船满载乘客，当航行至大麻榕树码头附近时突然触礁,船漏水涌,众人大惊。有一妇人见状急急走到岸边榕树下"姑婆"庙前跪拜求助,不一会水止船浮,众人安然无恙,将船靠岸下船后,发现有一条鲤鱼用身体堵住窟窿,滴水不漏。见众人安全下船后,鲤鱼便悄无声息地游向深处。从此,"法妙仙母"——郭姑婆,名声大振,附近村民及沿河船户不管红事白事、生死荣辱都来焚香祈福,远在东南亚一带的华侨返乡后都为能到此庙供一炷香、许一份愿为乐事。

二 安墩文物保护现状问题

第一,文物保护意识缺乏。在文物保护的过程中,安墩镇部分基层干部以及大部分村民对文物的保护认识不到位,存在着"重经济建设、轻文物保护"的思想,只重眼前利益、局部利益,不顾长远利益、社会效益,视文物保护为包袱,缺乏文物保护意识。

第二,文物保护力度不够。虽然安墩镇的文物大部分保存相对完整,但是由于经费的不足,有的文物因为年久失修导致破烂不堪,如杉元村的冯氏宗祠,有的则已被用以堆放杂物,如热汤村的兵工厂。

第三,文物专业人才匮乏。安墩镇缺乏文物保护的专业人才,不能对当地文物古迹提出有效的保护方法。

第四,古迹宣传受限。一些文物由于年代较久远,缺乏详细的资料记载,难以形成清楚地认知,无法加以宣传,这在一定程度上阻碍了外界对古迹的认同。

第五,难以形成古迹景点群。古迹产品多且雷同,精品不足,并且相对分散,交通不便,这些因素对文物古迹形成当地旅游景点群有比较大的影响。

三 安墩历史文化产业整体规划思路

第一,历史文化遗产保护与周边环境相结合。作为历史文化遗产生存和发展的载体,自然环境和自然要素与其本身应该是不可分割的整体,任何脱离了环境的保护,都是不可持续的,规划应该将两者紧密结合,首先控制环境,其次才是保护遗产本身。

第二,整合分散的历史文化遗产。历史文化遗产布局分散,规划应将其进行划片合并,既有利于历史文化遗产周边环境的保护,也可以将资源整合起来,为未来的开发利用创造有利的条件。

第三,遗产保护与乡村发展相协调。既要考虑历史文化遗产保护的严格性,也要为乡村进一步的发展建设留出空间。在充分改善特色古村内部居住条件的同时,也要积极开展新村建设,并通过规划控制要求的提出,协调新城、新村与古村的风貌和形式。

四 历史建筑和遗址的保护

(一) 保护原则与目标

第一,贯彻保护为主、抢救第一、合理利用、加强管理的方针,城市的基本建设、旅游发展不得对文物造成损害。第二,文物要原址、原物、原状进行保护,重视保护其中的历史信息。在文物保护单位的保护范围内,禁止拆除、改建原有的古建筑,禁止破坏文物,不得进行其他建设工程,影响文物保护和环境景观的非文物建筑应当迁移或拆除。第三,保护历史建筑物还要特别注意保护其周围的环境。在保护范围之外，要划定建设控制地带。在建设控制地带内，不得建设危及文物安全的设施，不得修建其形式、高度、体量、色彩等与文物保护单位的环境风貌不相协调的建筑物和构筑物。第四，历史建/构筑物和遗址遗迹的利用要保障其安全，在保护范围内，禁止存放易燃易爆及其他危及文物安全的物品，禁止破坏环境景观和其他影响文物安全的活动。第五，要划定必要的保护范围，做出标志说明，建立记录档案，并区别情况分别设置专门机构或者专人负责管理。

（二）文物的保护

文物建筑均要按文物保护法的要求进行保护，不允许随意改变原有风貌及环境。如需进行必要的修缮，应在专家指导下按原样修复，做到"修旧如故"，并严格按审核手续进行。

（三）历史建筑物的保护

历史建筑（或称准文物保护建筑）虽然未列入文物保护单位，但具有较高历史价值或体现了一定历史时期的生活场景，其主体与环境均要参照文物保护法的要求进行保护，不允许随意改变和破坏原有建筑的布局、结构和装修，禁止任意改建、扩建，除经常性维修和抢险加固工程外，保护建筑的重点为修缮和局部复原。

（四）历史构筑物的保护

将安墩镇的古牌坊、古树列为重点保护构筑物，这些构筑物是古村落的空间标志和特色，也是历史的见证。对其他构筑物，如雕刻、石碑等要结合周边建筑进行整体保护，整治周边环境，突显历史构筑物。

五 历史文物保护示范村建设与旅游

（一）黄沙村（爱国教育基地）

1. 村庄概况

黄沙村位于安墩镇东南部，现有人口有3100人，耕地面积2500亩，林地面积60348亩，主要种植水稻、甘薯和花生等作物。黄沙村现有红色历史文化保护单位一处，即粤赣湘边纵队司令部旧址（江南会议旧址），为县级文保单位；特色历史建筑两处，分别为奉政第（郭氏祠堂）、江南地区行政督导处旧址（郭屋祠堂）。另外，位于黄沙村东北部，有一处十二腔自然保护区，其总面积2006.3公顷，其中林地面积1884.3公顷，非林地122公顷，保护区类型属森林生态及野生动植物资源保护区，主要保护对象是针叶林、针阔混交林、南亚热带常绿阔叶林及珍稀野生动植物。

2. 规划目标

以红色文化家园为特色，结合村落保护区和自然生态保护区两大区域，打造以保护历史风貌、生态风貌以及改善村落环境为重点的爱国教育基地。以保护为前提，利用当地特色资源，开展丰富的体验活动，提高来访者的体验性、参与性。

3. 村落特色文化景观与发展策略

第一，红色物质文化景观——修复革命建筑，发展红色体验线路。重点修复能够体现革命精神的历史建筑，如粤赣湘边纵队司令部旧址和江南地区行政督导处旧址等，并以此建筑风格为基准，统一整治全村的建筑。同时，对空置的建筑进行功能置换，成为展示革命岁月的场所，如革命装束展示馆和革命名人馆等，进而形成红色主题体验线路。第二，红色精神文化景观——红色人文景观和绿色自然景观相结合。通过结合居民特色生活空间与公共服务设施与用地，打造多个不同的红色人文景观和绿色自然景观，把革命传统教育和休闲景观体验结合起来，吸引各地来者在了解革命历史、学习革命精神、参加会议的同时，可以观光赏景，进行休闲活动。第三，整治策略——当地生活与红色体验设施合一，红色体验促进生活设施的活力。在打造红色体验路线与空间的时候，一是要强调来者的参与性，如让来参加会议及体验者"穿红军服、唱红军歌、吃红军饭、走红军路"，体验原汁原味的红色革命生活；二是要强调当地居民的参与性，如学习中国台湾及日本的民宿成功案例，鼓励居民改善居住环境，提高民宿质量，加强来访者与当地居民的交流。

4. 村落空间整治与建设指导

第一，基础性建设指引。（1）现状概述：建筑多为2—3层居住建筑，部分为一层破旧建筑，村内道路为水泥路面，但大部分破损严重，基础设施不完善。（2）项目名称：道路绿化提升及基础设施提升，水电通信线路规整，新增基础性路灯、垃圾箱、标识等服务功能设施。（3）建设内容：道路绿化提升及基础设施提升，水电通信线路规整，新增基础设施等。

第二，特色性建设指引。（1）现状概述：黄沙村具有较好的红色爱国资源，历史建筑特色及特色生态资源与人文资源，但目前相关周边环境较差，红色体验氛围未凝聚，知名度不高。（2）项目名称：粤赣湘边纵队司令部旧址及周边景观建设工程；红色体验风貌街提升工程。（3）建设内容：①打造空间节点，加强村落肌理拼合。通过以粤赣湘边纵队司令部旧址（江南会议旧址）、奉政第

(郭氏祠堂)、江南地区行政督导处旧址(郭屋祠堂)等特色历史建筑与多个节点空间,使空间节奏抑扬顿挫,形成起承转合的空间序列,丰富原有街道空间。主要沿村落主路以及河流布置,每个节点距离为500—1000米。节点联系当地公共空间以及设施布置,由广场、民宿、当地特色餐厅、特色小卖部、公共服务设施等组成。②打造红色文化体验步行路线,疏通村落肌理。由红色文化特色建筑、重要节点空间、主要公共服务设施场所等串联,围绕村落主路及河流形成环形路线,梳理村落肌理。

(二) 新田村(客家文化观园)

1. 村庄概况

新田村位于惠东县安墩镇东南部山区,属革命老区村。现有总户数442户,人口2383人,辖7个村民小组。有耕地面积1976亩,山地面积28760亩。2011年,新田村集体经济收入达5万元,其中农贸市场档位收入3.4万元,柑橘、茶叶投资分红4500元,其他收入1.15万元,村民年均收入4800元。新田村配有中心小学2个,老师9人,在校学生130人,教学质量几年来明显提高;现有村卫生站1个,配有医护人员1名,群众一般的疾病都能解决。交通状况良好,村与自然村道大部分已经硬底化。村委于2004年建成两层办公大楼,文化广场正在规划建设当中,占地面积800平方米。村中有一座150多年历史的粤华小学(现名新田小学)。新田村现有特色历史建筑两处,分别为何氏宗祠、冯仙姑宝宫。另外新田村民居形式多为客家传统围龙屋形式,大都保存完好。

2. 规划目标

以客家文化观园为特色,结合村落保护区和自然生态保护区两大区域，打造以保护历史风貌、生态风貌以及改善村落环境为重点的客家文化体验园。以保护历史建筑、历史街区为主，挖掘和利用当地民俗文化资源，策划多种类型、内容丰富的体验活动，营造集传统与时尚于一体，文化享受与休闲结合的节日盛宴等。

3. 村落特色文化景观与发展策略

第一，客家特色物质文化景观。重点修复能够体现客家文化的历史建筑，如客家传统围龙屋等，并以此建筑风格为基准，统一整治全村的建筑。同时，对空置的建筑进行功能置换，成为客家文化交流的场所，如客家美食饭馆、文化观园、客家文化广场等，进而形成客家主题体验线路。

第二，客家特色精神文化景观——保留客家文化特色，加入旅游文化元素。在保留新田村文化特色的基础上，融入大客家的文化风俗，如客家铜锣文化、客家花环龙文化、客家婚姻礼俗文化、客家歌谣文化和客家服饰文化等，加入休闲旅游相关项目，如客家主题酒店、客家主题餐厅和夜间表演活动等，并对空置的建筑进行功能置换，作为文化展示和旅游休闲的场所，如锣鼓艺品店、花环龙博物馆和客家婚姻礼俗展示馆等，以此打造多条特定的旅游线路，吸引游客前来。

第三，整治策略——当地生活与客家文化体验设施合一，客家文化体验促进生活设施的活力。在打造客家文化体验路线与空间的时候，一是要强调来者的参与性，如让体验者体验原汁原味的客家生活；二是要强调当地居民的参与性，学习中国台湾及日本的民宿成功案例，鼓励居民改善居住环境，提高民宿质量，加强来访者与当地居民的交流。

4. 村落空间整治与建设指导

第一，基础性建设指引。（1）现状概述：现状建筑多为有客家围龙屋特色的建筑，有少量新建村屋，建筑风格不统一。村内道路为水泥路面，但大部分破损严重，村内基础设施尚算完善，但由于周边卫生环境略差，造成使用率比较低。（2）项目名称：新田村建筑立面整治工程；道路绿化提升及基础设施提升，公共服务设施提升工程。（3）建设内容：沿线建筑立面提升、道路绿化提升及基础设施提升，水电通信线路规整，新增基础设施等。

第二，特色性建设指引。（1）现状概述：新田村的客家居民建筑整体风貌较完整，客家文化保存比较好，村庄现在以农贸为支柱产业，通过对特色农业及村容风貌的打造，挖掘客家文化资源，进行有效利用。（2）项目名称：何氏宗祠及周边景观建设工程；客家文化体验风貌街提升工程。（3）建设内容：①打造空间节点，加强村落肌理拼合。通过以何氏宗祠、冯仙姑宝宫与现有围龙屋等特色历史建筑与多个节点空间，使空间节奏抑扬顿挫，形成起承转合的空间序列，丰富原有街道空间。主要沿村落河流布置，每个节点距离为500—1000米。节点联系当地公共空间以及设施布置，由广场、民宿、当地特色餐厅、特色小卖部、公共服务设施等组成。②打造客家文化体验步行路线，疏通村落肌理。由客家文化特色建筑、重要节点空间、主要公共服务设施场所等串联，围绕村落主路及河流形成环形路线，梳理村落肌理。③划出重点保护区域，控制建筑整治方式。在新田村范围内，选取历史要素相对集中、传统风貌相对统一的区域作为重点历史文化保护区，对其中的建筑进行严格的还原整治措施，对不同的建/构筑物采取不同的整治措施，以最大限度的还原客家建筑的风貌,剩下的区域则放松建筑整治要求,以突出重点区域。④梳理传统客村肌理,打造宜人开敞空间。对新田村村落肌理进行梳理,对内街内巷进行适当的抽疏改造,形成连续丰富的景观秩序,在重要节点处,运用景观设计手法,打造新的开敞景观空间。同时,对村落的内街内巷进行整修,采用青石的铺地形式,以保持客家村落风格的统一。

第十一章 健康养生养老产业：
盛世桃源 康乐年华

第一节 养生养老产业概况

21世纪以来，人们开始认识到生态养生是一种新型时尚的生活方式，逐渐得借助良好的生态环境来调整心态、修身养性。生态养生的兴起，是当代人生活质量提高的风向标，是人们向往自然、尊重自然、回归自然的新生活方式。

目前中国有1.44亿老年人，老龄化水平为11.1%，并以年均30%左右的速度递增。随着老龄化社会的到来，老年人身心健康问题正日益凸显。据世界卫生组织及美国健康管理机构的统计数据表明：良好的健康管理能减少50%的死亡率；1/3的疾病通过预防保健是可以避免的；1/3的疾病在早期发现后是可以得到有效控制的；1/3的疾病通过信息的有效沟通能够提高治疗效果。生态养生就是一条有效预防疾病、提高生命质量的适合中国人的健康管理模式。

与传统的温泉旅游和养生旅游相比，生态养生具有以下特点：（1）普适性：传统观念认为养生旅游主要针对的是"亚健康人群"或老年人群，但实际上，养生休闲涵盖所有追求健康快乐生活的人群，他们不是"病人"，又不同于普通的游客，具有较强的养生目的性。因此对其进行的康复保养不宜在医院或养老院进行，而因根据不同的心理需要进行目的地的选择。（2）**游乐体验性**：养生休闲形式丰富多样，包括了人们生活中的方方面面，更易于使游客产生亲切感和归属感，其游憩方式更易于为大众接受，形成一种游客与其习惯的生活方式本身相容的游乐体验性互动。(3）**综合性**：养生休闲是在将我国传统的养生方法、理论以及国外先进的理念、技术手段同现代生活中有益于人体健康的多种休闲方式结合起来的情形下形成的，既注重养生的功能，也注重养生过程的休闲性和体验性，将养生这一康复过程娱乐化、休闲化。（4）**科学专业性**：国内养生休闲活动以中医为理论核心基础，强调自然生态的要素，逐步融入了西方现代康疗方法，具有较强的科学性特点。如某些养生休闲活动的开展需要在专业人员的主持指导下，按专业规范和规定程序进行。（5）**教育性**：通过养生休闲活动的参与能够获得"健康教育"，提高"认知水平"，达到增强体质，愉悦身心，提高科学素质和良好的社会适应能力的目的，同时促进人们转变自己的生活方式以提升生活质量。

第二节　养生养老产业趋势分析

一　养生养老需求日益壮大

联合国将"60岁以上人口占总人口比例的10%以上，或65岁以上人口占总人口比重7%以上"作为判断一个国家是否进入老龄社会的标准。中国第六次人口普查数据显示，2010年中国60岁以上的老年人口已经达到1.766亿人，占总人口的13.26%。据预测，2030年中国老年人口将达2.48亿人，2050年将达到4.37亿人，中国社会将以典型的"未富先老"方式进入老龄化及高龄化社会。据有关资料统计，目前中国养生养老产业的市场约有1万亿元，至2020年预计将达到5亿万元，而现有规模远远未能满足需求。

二 养生养老模式向多元化发展

（一）家庭养老仍然是主要的养老模式

老人年和家庭成员共同生活，在家庭和子女的供养照料下度过晚年的养老模式，与中国传统文化中重视伦理孝道、推崇含饴弄孙和天伦之乐有着密切的关系。因此，无论是在农村或城市，只要经济供养条件成熟，家庭养老仍然是老年人选择的最佳模式，目前中国有75%以上的老人选择居家养老模式，这是由中国城市实际的经济发展水平所决定的。

（二）社会养老是我国养老模式的必要补充

社会养老，即老年人主要使用社会养老机构所提供的养老设施及服务度过晚年生活。社会养老是社会生产力和社会发展的必然趋势。中国社会养老分为民政福利社会养老和贸易性社会养老两种，前者主要包括由民政福利机构开设的面向"三无"老人等特殊群体的各种民政敬老福利院；后者则指由社会各种经济组织开设的面向全社会的各类营利性养老服务机构，包括各种不同等级标准的社会营利性养老院、护老院、敬老院与老年公寓等。

(三) 旅游养老是中国养老的新型模式

异地养生养老,即老年人离开现有住宅,到外地居住的一种养生养老模式,包括旅游度假养生养老、回原籍养生养老等多种方式。随着人们生活水平的提高,养老方式已从过去的居家养老、社区照料、机构养老等逐步向旅游养生养老、候鸟式养生养老等多元化方式发展,南"飞"过冬,北"漂"避暑,养生养老的同时享受旅游度假,因而,这种异地养生养老的新模式逐渐为更多的老年人所接受。

三 老年人消费力可观

据不完全统计,目前老年人各类收入总和已达到4000亿元,到2020年可能会突破10000亿元。老年人往往有较充裕的储蓄,具有较强的购买力。巨大的现实需求与极度匮乏的市场供给矛盾日益突出,供不应求,因而,养老旅游度假区将成为目前中国最具投资潜力的项目类型之一。

第三节 安墩镇发展养生养老产业的优势

一 生态环境优势

1. 安墩生态环境优美

安墩位于惠东县东北山区,长期以来主要以第一产业为主,没有工业污染且天然植被保持良好。安墩河、小沥河、白沙河与石珠水等水系位于镇域范围内,呈树枝状向各个村落延伸,依托自身良好的水源生态条件,可发展水下、水面与水岸经济,即开展水下鱼类、水生植物养殖、水上漂流、垂钓与滨水观光体验等活动，为发展养老产业提供良好的生态环境条件与丰富的滨水活动。

经检测，安墩镇森林空气负离子等级类别多为1—3级，其中万亩场、思茅田、梅坪村和石坡均达到1级（见表11—1）。空气负离子是对人体健康非常有益的一种物质。当人体通过呼吸将空气负离子送进肺泡时，能刺激神经系统产生良好效应，经血液循环把所带电荷送至全身组织细胞，改善心肌功能，增强心肌营养与细胞代谢，提高免疫力，促进健康。人吸入一定浓度的空气负离子能够调节神经系统功能，促进血液循环，使人精力充沛，健康长寿。

表11—1　　　　　　**安墩镇森林空气负离子检测**

检测地点		负离子浓度（个/cm³）	等级类别
安墩镇政府		1830	3级
石塘	半坑村	2860	2级
	万亩场	4210	1级
热汤	小田、华坑	2640	2级
	竹径	2820	2级
	思茅田	3470	1级
洋潭	洋潭村委	2250	2级
	大平围厂址	2530	2级
水美	白练坑	1970	3级
	水美村委	2130	2级
	梅坪村	4880	1级
	石坡	3500	1级

续表

检测地点	负离子浓度（个/cm³）	等级类别
安墩镇政府	1830	3级

注：森林游憩区空气离子分为6个等级：大于3000个/cm³为1级；2000—3000个/cm³为2级；1500—2000个/cm³为3级；1000—1500个/cm³为4级；400—1000个/cm³为5级；400个/cm³以下为6级。

根据安墩镇基本情况的相关数据，安墩镇目前有80—90岁老人1528人，占总人口的3.06%，90岁以上的老人276人，占总人口的0.55%，100岁以上的老人12人，占总人口的0.02%（见表11—2）。因此，得天独厚的自然生态环境，为安墩镇发展旅游度假健康养生基地提供了良好的基础。

表11—2　　　　　　　　安墩镇基本情况

序号	名称	人口	村民小组	山地面积（亩）	耕地面积（亩）	80—89岁	90岁以上	100岁以上
1	安墩	3500	3			82	13	
2	梓横	1700	5	15400	1200	26	3	
3	杉元	2000	20	13800	1300	40	3	
4	石塘	3100	28	18000	1800	58	10	
5	仙洞	1000	12	7800	580	25	2	
6	上洞	680	9	10300	600	13	2	
7	下洞	1100	12	9990	750	36	2	
8	白沙	2300	11	45231	2000	65	15	1
9	和岭	4000	12	47415	2600	115	15	1
10	新村	1600	3	48370	1200	36	7	
11	洋潭	4900	25	35724	3400	114	27	
12	水美	2200	10	80800	2200	47	10	

续表

序号	名称	人口	村民小组	山地面积（亩）	耕地面积（亩）	80—89 岁	90 岁以上	100 岁以上
13	热汤	3000	7	38000	2170	74	11	1
14	大布	1500	4	13456	1500	40	9	
15	石珠	1500	4	25110	1700	49	10	
16	宝安	4900	16	26537	3800	140	16	3
17	南华	1100	3	28400	2200	37	13	
18	葵双	3200	11	19500	2500	88	16	1
19	新田	2700	7	28760	2000	89	13	
20	黄沙	3100	8	60348	2600	104	23	4
21	澄华	2400	4	9645	1700	55	14	
22	珠湖	3900	12	23060	3100	82	19	
23	左华	3700	10	25560	3200	112	22	1
合计	23	59080	225	632306	44000	1528	276	12

注：人口数据统计时间为 2012 年 12 月。

2. 生态景观系统布局合理

（1）景观特色

安墩镇地形以山地丘陵为主，南北均为山脉。镇域中心开阔地带近处的丘陵苍翠秀丽，远处的山脉层峦叠嶂，构成安墩亮丽的景观背景，为休闲旅憩提供了良好的森林空间；山区小平原呈带状分布在山谷中央，遍布广阔的农田，水库、果林、菜田，以及江河贯穿其间，呈现怡人的田园农耕气息，为安墩的乡村旅游和农业观光提供了良好的素材。

因此，安墩镇提出了"群山环抱，碧水绕城"的生态景观结构。依托现有的城镇发展基础，保护良好的山体、水网和田园，运用"区、廊、轴、点"的设计手法，通过山体的契入、水网的渗透，使自然生态环境与城镇人工环境交融，形成"城"与"绿"的融合，为"绿色休闲、蓝色游憩、红色体验"三色辉映的游憩网络提供空间载体。

（2）景观结构

根据安墩镇目前的景观元素的分布情况及规划结构，充分发掘各种软硬环境，提出"群山环抱、碧水绕城、两轴带动、多点布局"的生态景观格局。"两轴"是指两条景观带，即城镇生活景观带和自然风光景观带。沿新蓝多公路为自然风光景观轴线，由客家自然古村落—镇政府—粤赣湘边纵队纪念公园—仙女峰园组成；沿原南多公路南段和Y669县道为城镇生活景观轴线，由葵双—镇区—热汤温泉度假区—新田龟龙庙组成。"多点"主要包括粤赣湘边纵队纪念公园、仙女峰、黄沙十二腔自然保护区等人文和自然景观组成的旅游景点。

（3）景观节点

规划的景观节点要素主要有公园、广场、滨水绿地等开敞空间和出入口及重要的标志性建筑。(1) 广场。包括休闲游憩广场和交通性广场。广场对降低建筑密度、美化景观、缓解视觉及交通压力都起到了积极的作用。(2) 公园。规划中结合城镇改造，利用现有的自然资源，扩建和新建多处公园，从根本上改变安墩镇人民的生活质量。(3) 标志性建（构）筑物。规划建议在建筑创造、城市设计和环境中，强化文化内涵，结合安墩的客家文化和红色革命历史，创造并形成一组具有地方特色又有现代气息的标志性建（构）筑，如高级酒店等。

二 其他优势

第一，地理优势。安墩镇位于深圳、广州、惠州、香港的两小时生活圈范围内。随着珠三角城际轨道交通与潮莞高速的建设与内部镇域范围内交通体系的完善，安墩镇的交通瓶颈将逐渐消除，与珠三角发达地区联系将更加紧密。

第二，生态农业优势。生态农业是安墩未来的主要支柱产业之一。发展生态农业不仅能保护安墩青山绿水的生态本底，而且能通过为老年人提供农耕体验、有机蔬菜种植等活动丰富老年人的日常生活，反哺养老产业，为养老产业提供物质层面的支持。

第三，文化优势。安墩拥有丰厚的红色旅游资源和传统的客家文化资源，这两大特色资源充分综合开发利用，能很好地为养老产业提供精神层面的支持。

第四，规模优势。安墩镇镇域面积达480平方千米，项目可设置在生态旅游度假区内，与周边区域共享医疗、生活、教育、休闲、文化等配套与规划的各种功能性设施，有利于打造较大的养生基地、塑造养生养老产业品牌效应。项目配套休闲度假中心、体育公园、三甲医院、体检中心、中医调理中心、商业服务中心和七大老年社区等配套设施，为老年人提供"老有所养、老有所学、老有所乐、老有所为、老有所医"的全方位服务。

第四节 养生养老产业定位及特点

一 养生养老产业现状

第一，人口老龄化使老年人日常生活照顾需求凸显。目前中国 60 岁以上老年人口已达 1.49 亿人，并以每年 3% 以上的速度增长，到 2050 年，中国老年人口将达 4.37 亿人，届时老年人口的比重将达到总人口的 31.2%。第二，独生子女政策导致"四二一"家庭结构出现。由于计划生育是中国长期的基本国策，从而形成了"四个老人 + 一对夫妻 + 一个子女"的家庭结构。第三，年轻人负担增大，家庭照顾功能弱化。现代社会工作的流动性和竞争的激烈性使年轻人陷入了"事业人士"的社会角色和"孝顺子女"的家庭角色的冲突。

二 国内外养生养老产业发展模式

（一）国外养生养老产业发展现状

养生养老产业，作为复合产业开发的一个重要分支，在美国已有 50 年历史，在德国、日本等国家也已经发展得较为成熟。

表 11—3　　　　养生养老产业发展的不同阶段分析

	第一阶段 传统养老院	第二阶段 老年公寓	第三阶段 老年社区"普遍化"及"社区化"
形成条件	老龄化初期	老龄化中期	老龄化加剧
运营主体	政府	政府 + 开发商	开发商为主
社会保障	保障水平低	政府给予一定支持	社会保障体系完善

国外主流养生养老模式包括 CCRC 模式和自助养老社区两种模式。(1) CCRC 模式，即持续照顾养老社区模式。社区提供文化生活、运动休闲、生活起居、护理等全方位的服务。其核心理念是抛弃传统医院式管理，为老年人创造自由、独立、适当照顾

和重建社会邻里关系的正常化社区。CCRC 提供包括独立生活、协助生活、深度护理与老年痴呆等适合各类年龄段和健康状况的一站式服务，避免老人因频繁搬迁而脱离熟悉的环境和社区，真正体现以人为本、"原居养老"的理念。（2）自助养老社区（DIY）。在丹麦，目前最流行的是自助养老社区（DIY），老年人可以做自己想做的事，可以与多年相识或志趣相投的朋友住在同一个社区，一起垂钓、养花等，共同建设属于他们自己的家园。社区会提供满足老年人需求的独享的公寓、共享的餐饮、花园，个性化的小手工艺车间、小农场等场所，以及可供共同租用的特别照料服务。

表 11—4　　　　　　　　国外养老地产开发模式

国家	产品特点	借鉴之处
美国	CCRC 模式，建筑规模大，有各种各样的俱乐部，开设的课程和组织的活动超过 80 种	完善的配套设施与功能区划分
日本	日本的老年人生活质量是在良好的社会保险保障体系的基础上实现的，提供无障碍设施的老年人住宅产品，具有看护性质的老龄人住宅产品，能和家人共同生活的（两代人）的住宅产品	老年人住宅产品与其他租售性质的住宅产品混合设计在一个生活社区内，突出自助自理
欧洲	国家政策倾向于让老年人居住在独立公寓中，建筑将三种元素结合在一起：城市服务、社区功能和生态目标	建筑进行集合处理，使老年人有更多的交往场所

（二）国内养生养老产业发展模式

在国内，休闲养生养老产业是对土地及生态环境有较高的需求的一种新兴复合型产业开发模式，除提供人居产品以外，更多的是整合了以养生、休闲、旅游、生活于一体的人居环境服务。目前国内主要的养生养老模式有以下3种类型：第一，老年住宅，包括老年公寓、老年人集体住宅、"两代居"住宅的开发、三世同堂住宅等；第二，包括养老机构，度假式养老院、城区养老院的建设经营；第三，医疗养老，介于医疗机构和养老机构之间，具有较好医疗条件和较强医疗水平的养老机构。

三 养生养老产业定位

养生养老产业是为有养生需求人群及老年人提供特殊商品、设施以及服务，满足有养生需求人群和老年人特殊需要的、具有同类属性的行业、企业经济活动的产业集合。它是依托第一、第二和传统的第三产业派生出来的特殊综合性产业，具有明显的公共性、福利性与高营利性。

镇内有粤赣湘边纵队遗址，建有纪念馆和温泉项目，适合建立旅游度假健康养生基地，发展红色旅游项目。2012年第三产业GDP达到6409万元。要充分挖掘第三产业的发展潜力，镇委、镇政府可考虑引入有养生养老、医疗保健全面配套的联盟企业进驻，整合和完善温泉度假产业，在发展红色旅游的同时，拓展文化教育和养生养老项目。

第五节 安墩镇养生养老产业规划分析

一 选址建议

结合安墩镇热汤温泉资源与良好的水源生态条件，建议健康养生养老基地选址于热汤村，热汤村山清水秀，绿树成荫，靠近温泉，具有得天独厚的自然资源、深厚的历史文化底蕴与丰富多彩的人文风情。其中医疗体检中心、休闲度假中心与中医护理中心三大中心规划初步选址于热汤村的竹径村、小田村和华坑村，同时以三大中心为核心，在其周边配套建设居住与生活设施。

二 功能定位

项目建设以高端科学养生、居住、医疗保健、看护养老、旅游休闲、信息交流为主导功能，具体包括居家养生养老、医疗保健、度假休闲养生、养生指导培训、养生文化交流展示、养生养老护理、休闲、娱乐、购物、社区配套服务功能。

以构筑中老年人崭新的生活方式为基础，使建筑与居者的精神生活之间产生前所未有的亲密度，项目建设将专业为中老年个人、家庭、朋友群体量身定制集养生、医疗、学习、娱乐、教育、休闲，包括健康养生养老、文化娱乐、居家养老、生活舒适、设施配套、功能齐全于一体的现代化新型养老园区。通过感受中医养生、饮食养生、精神养生和运动养生的"四维养生"理念，验证科学的延年益寿方案，提高生命的质量，享受持续的健康和身心的快乐。把健康养生养老基地构建为一个住在集生活、医疗、教育、活动为一体的大型社区，享受应有尽有的生活服务和严格的安全保障的休闲养生养老的超级文化生活园。

（一）高端养生养老

第一，养生养老社区（公寓），主要服务对象为有中高端养生养老需求的群体,养生别墅与养生公寓将分别满足高端人群、中端人群的购买居家需求,同时社区内为其提供相关的养生服务。第二,保健康乐园,设置体育活动中心、健身活动中心、养生交流中心与旅游疗养中心等。

(二) 医疗保健

第一,中医养生养老度假区。充分依托区域的自然生态环境资源,"以养生、休闲、度假、运动"为主题,针对不同年龄层次,规划建设集中医药膳、中医理疗、药浴熏蒸、推拿按摩、足疗、休闲娱乐与中药美容等功能为一体的"三养"基地(养生、养心、养老)。第二,中医药养生区。以中老年游客为主,包括中医药健康保健与疗养、药膳、药浴、药饮、中药理疗与美容理疗养生等方面的养生项目,构建以度假养生胜地、中华长寿养生文化为特色的休闲娱乐度假养生基地,同时开发与度假、休闲、养生相关的旅游产品,与当地旅游产业联动发展。

(三) 旅游休闲与信息交流

设置休闲娱乐区、商业文化娱乐中心、星级酒店、游客服务中心区及其他配套服务设施。

三 市场定位

安墩镇养生养老产业以热汤村为健康养生基地的核心,充分开发当地的天然温泉资源,辐射水美村与黄沙村等自然生态环境优势显著、历史文化资源丰富的村落,构建完整的健康养生养老产业体系。

市场定位为高端养生养老项目。客源市场按照距离和年龄划分如表 11—5 所示。

表 11—5　　　　安墩镇养生养老产业客源市场

	根据地域划分	根据年龄段划分
总体定位	"立足惠州深圳，拓展周边，辐射珠三角"	
一级市场	以深圳市老年人为主	60—70 岁（自理型老年人）
二级市场	以惠州市、东莞市、广州市、河源市和汕尾市为主	70 岁以上（非自理型老年人）
机会市场	广东其他地区如中山市、珠海市及香港、澳门地区和国内其他省市老年人	

四　产业模式选择

养老物业在未来一定是快速增长的物业产品，但目前由于安墩镇老龄化问题尚不突出，相关扶持政策尚未出台，并且机构养老等养老方式与中国传统养老方式有较大不同，社会接受度较低，而投资养老物业的资金规模大、回报周期长，回报收益较低，市场风险大，建议安墩镇政府引入社会力量和资金发展养老产业的"政府扶持+企业投资"养生养老产业发展模式，结合安墩的有机生态农业基地分布可开展农耕体验、科普教育、植物观赏等休闲娱乐活动，促进养生养老产业与现代生态农业、旅游度假等产业的联动发展。根据以上对安墩地域特征与发展养老产业的条件分析，建议安墩养老产业采取以下 3 种模式，如表 11—6 所示。

表 11—6　　　　　　　　安墩养老产业开发模式

养老模式	热汤内涵	特点	条件	优势
异地候鸟型	一年当中选择半年或几个月的时间，迁到环境较好的乡村或城市居住	养老基地具备完善的基础设施和居住条件	需配套能够满足老年人长期生活的基础设施与生活服务配套	对地域的旅游资源要求门槛较低，适宜生态环境较好、配套较为成熟的区域发展
旅游度假型	观光游览式的养老模式	需有环境质量较好、适合老人休闲游憩的知名旅游景点支撑	需有丰富的旅游资源与知名的旅游景点	将养老与旅游相结合，增加养老的生活趣味，可为旅游项目的延伸和拓展增加消费热点
高端社区型	高端老年公寓与专业化老年居住小区相结合的发展模式	需从选址、规划、设计、配套和服务等方面均考虑老年人的各种需求	对城市整体环境要求较高，各种基础设施必须完备，有能够满足老年人休闲娱乐的各种公共文化设施	是一种与国际接轨的新型养老模式，发展潜力巨大

五　目标客户

第一，以中高端收入老人为主。主要客户人群包括以深圳、广州及珠三角其他地区具有中高端养老消费能力的老年人为主（包括有经济实力的离退休人员、干部老人群体；为父母购买养生养老居住产品的高级金领、白领人士；有养生需求的部分金领、白领阶层），并辐射惠州周边其他地区老年人，惠及全国各地来惠东养生养老的群体。

第二，养老社区主要以地域特点划分。珠三角会聚全国各省的外来人口，各养老社区主要以全国不同区域的文化特点进行差异化建设，以适应不同区域群体的生活习惯和文化习惯。

六 服务体系

规划坚持生态与城市经济同步升级战略，大力发展生态养生养老、生态农业与陶瓷艺术三大板块的产业集群，成为全县城市经济转型的新引擎与增长极，打造安墩镇健康养生养老基地。产业体系上着力在热汤村构建医疗体检中心、休闲度假中心与中医护理中心三大中心，发展养生养老会馆或社区、研究院与专家村、商业娱乐和体育活动中心等配套功能。

重点依托当地的水源生态条件，悠久的历史文化与红色旅游资源，以养生文化、农耕文化、休闲文化等为根基，汲取中西方成熟的健康理念和服务标准，专业为中老年人、家庭设计集健康养生、文化娱乐、居家养老于一体的健康生活模式。同时，延伸发展休闲旅游度假旅游业，以热汤温泉为核心，大力发展慢调养生、生态观光、体育运动、民俗体验和文化旅游等多种旅游形式，积极培育康体养老旅游、科普教育旅游与红色旅游等，延伸旅游休闲产业链。

七 特色项目

围绕养生养老这一主导产业，建议策划包括养生度假、生态农业体验和陶瓷艺术文化创意等多种类型的特色项目。在旅游度假健康养生基地内可结合医疗体检中心、休闲度假中心与中医护理中心三大中心策划健康培训基地、养生美食湾、湿地公园、国际SPA中心等养生主题项目；在现代生态农林基地内可着力建设特色花卉基地、中药种植基地、农业科技园、有机农庄、生态农业园等项目；体育运动项目包括垂钓中心、体育运动公园等现代体育运动项目；陶瓷艺术文化创意项目重点强调陶瓷艺术产业园、爱国教育基地、客家民俗观园等。

八 产业发展建议

第一，制定养生养老产业发展专项规划，明确产业发展目标与发展定位。统筹考虑产业用地和建设比例，划定产业准入门槛，用规划引导养生养老产业的培育和良性发展。

第二，探索养生养老模式，构建完善的养老服务产业链。借鉴国内外养老产业发展经验，积极探索适合安墩镇地域特征的养老产业发展模式，培育养、疗、研、学、乐于一体的产业结构，大力发展相关产业，满足老年人的各种养老需求，形成完善的养老产业链，促进经济社会的全面发展。

第三，加大政策扶持力度，健全相关法律法规。加大政策扶持力度，多渠道增加养生养老服务资金保障，对发展健康养生养老产业的民营企业提供划拨土地、地价优惠、免征土地管理费和放宽贷款条件等优惠政策。健全相关法律法规，研究出台切实可行的、符合地域特征的准入标准和行业标准，加强规范管理与监督，促进养生养老产业的信息化建设。

第四，加强养生养老服务人才的建设，培育专业的养生养老服务队伍。健全养生养老服务人员的培训教育机制，增设培训机构或在相关机构设立养老服务专业，培养专业人才，培育专业的养生养老服务队伍，提高养生养老产业的服务质量，促进养生养老产业的快速发展。

九　相关产业扶持措施

第一，17项税费减免，节约了投资及运营成本；第二，政府财政投入，为参与企业增加了新的盈利点；第三，金融部门优先信贷支持，为参与企业发展注入强劲动力；第四，优先审批建设用地，为项目占地创造先机；第五，医疗卫生等部门的支持，为企业综合发展打下基础。

第六节　康乐年华健康养生基地

广东金东海集团有限公司已经与广东省惠东县人民政府签订了《惠东县"生态安墩·康乐年华"项目协议》。

2014年3月16日国务院颁发了《国家新型城镇化规划（2014—2020年）》，广东省惠东县人民政府为落实国务院新型城镇化规划的精神，寻找新的经济增长点，充分发挥本地资源优势，推动城镇化建设进程，实现可持续发展，决定大力推动"生态安墩·康乐年华"项目落户安墩镇，进行整体开发，惠东县毗邻深圳，临近港澳，具有良好的区位优势。近年来经济发展迅速，但发展不均衡，尤其是山区经济相对落后。占全县面积43%的山区占全县GDP总额却不足10%；安墩23个行政村，仍有13个为省级贫困村；而作为生态保护区，由于经济落后的制约，生态环境得不到有效保护，并呈现恶化的趋势，大力发展山区经济已成为本届政府的共识。

安墩镇具有区位、生态、山林、温泉、矿产等方面的资源优势，项目开发总体要求高起点、大手笔、上档次，以《惠东县安墩镇总体规划（2013—2030年）》和《惠东县安墩镇总体规划（2013—2030年）环境影响评估报告书》为依据，融入以人为本、尊重自然、传承历史、绿色低碳和科学发展的基本理念，坚持一本规划、一张蓝图，逐步依法实施，只有保证发展的连续性，才能全面调动各方面的积极性，有效整合各种资源，保证项目健康快速发展。要按照"规划先行、分步实施，重点突破，滚动开发，探索实践，以点带面"的总体方略推动项目发展。

表11—7   "生态安墩·康乐年华"项目介绍

项目内容	建设休闲度假及商业文化中心、医疗体检中心、中医调理中心，并配套建设养生养老会所及社区
用地位置	以安墩镇热汤村为中心
用地规模	不低于4500亩，其中项目配套建设用地300亩
用地性质	项目配套用地性质为商业
开发计划	惠东县人民政府自协议生效之日起两年内力争将项目配套用地300亩挂牌出让。在广东金东海集团协助惠东县人民政府申报整体项目成为省重点项目后，由惠东县政府争取上级用地指标支持解决项目剩余的建设用地需求，广东金东海集团在竞得项目所需用地并办理相关手续后，结合立项与规划，在十个月内完成设计与概算，建设时限五年完成，估算投资金额25亿人民币

第七节 盛世桃源项目

一 项目基本情况

第一，总体定位。以"山水"为介质，以"温泉"为抓手，以"文化"为灵魂,以"产业"为驱动;聚合地域资源,传承传统文化,以康体、修心、养生产业为载体,以温泉为触媒,以桃源生活为目标的生态度假区。

第二,发展目标:广东休闲度假产业中新的发展极、珠三角首席温泉度假体验地、南中国最高水平的养生胜地、国家5A景区、全球领先的健康管理基地。

第三,主题形象。群山竞秀,翠竹绵延,溪山相映,野云入怀,风过林响,天籁可闻——倡导一种可居可游的健康生活、生产方式。既突出《桃花源记》似的生产、生活意境,有别于典型的现代都市生活;也有别于传统臆想的桃花源——不是世外桃源的理想化、退缩化和消极避世,而是具有积极的参与性、丰富的社会性与可行的建设性,使居住者在其中喜住、乐游、可憩。

第四,总体思路。(1)深度开发:超越单一的温泉度假发展模式,构建具有市场潜力的泛旅游功能与产品。以温泉为支点与抓手,从复合产业的高度围绕差异性、主题化旅游提炼出可市场化运作的资源。(2)产业为本:以康体、修心、养生产业为支柱,文化产业绿色农业协同、发展。(3)生态优先:采用积极保护的开发建设方式,源于山水、融于山水。(4)文化引领:以传统文化为基础,桃源文化为介质,融入客家文化、湖湘文化等地域文化。(5)有序发展:以核心项目带动后期产品,在时序上提升区域形象与培育用地价值,同时采用弹性空间骨架应对多样化发展模式。(6)多元互动:政府统筹、企业经营、农民参与、客户体验。(7)复合设计:采用集前期研究、旅游规划、详细规划、建筑景观概念设计于一体的设计手段。

第五,整体风貌。自然原生、内敛低调。(1)山水。以山为壳，以水为脉，采用"青山、碧水、田园相辉映"的风貌结构，连通廊道并注重节点的打造与串联，形成"一路一景""一区一调""一园多景""一山多姿"。循山，理水，织绿，倡导生态性、识别性、可达性。(2) 文化。以文触景，以景生文，将传统文化、地域文化植入风貌体系中，在景观中传递文化，用文化表现景观。取山之峦秀，水之灵动成为一处融合生态自然山水和田园人居生活为一体，创造深含人文理想的"桃花源意境"。

第六，区域关系。项目用地距安墩镇约10千米，距县城50千米，东连宝口，南依白盆珠，西靠多祝和紫金上义，北接紫金蓝塘；项目是"生态安墩·康乐年华"（基本囊括整个安墩镇约430多平方千米，包括生态农业、健康休闲、陶瓷创意产业园三大板块）的核心板块。

第七，条件。(1) 地形地貌。项目用地属于丘陵地形，项目用地属于丘陵地形，平均海拔为50—200米，坡度变化在25%以下，比较适合各种工程建设。用地范围及其周边植被覆盖良好，林地基本为人工林和次生林。林地类型以松林、竹子等为主，树种较为单一。用地范围内水资源丰富，尤其是温泉资源最为突出（水质佳、温度高）。(2) 气候条件。项目所在的安墩镇地处乌禽嶂南坡，地势由东南向西倾斜，属亚热带季风气候，四季明显，雨量均匀，年平均气温22.5℃，年降雨量1926毫米。(3) 用地构成。项目用地范围约为3.6平方千米。目前除几处零散分布的度假村外，基本为农田与林地、溪流。(4) 道路交通。从县域来看，项目用地外部交通情况基础条件较好，形成了海陆空配套的立体交通网络。公路：G15沈海高速深汕段、S20潮莞高速公路及S21广惠高速公路均穿境而过。铁路：厦深高铁惠东火车站，距离深圳北站88千米，到达深圳北站仅需40分钟。目前有33趟车次经停惠东站。海运：拥有碧甲、大澳塘、亚婆角3个国家一类口岸。海上运输可直达闽、港、澳。航空：距县城15千米的惠州机场，可直航北京、上海、杭州、昆明、重庆等大中城市。但目前用地与镇区、县城的连接主要依托699乡道，必须加大道路断面拓宽以及加强与高速公路的对接。(5) 公共设施。项目用地内尚无大型公共设施。(6) 市政设施。项目所在的热汤村已基本上实现了"五通"（路通、水通、电通、邮通、网通），但河涌的水体部分受到人为的污染；生活垃圾二次污染较严重；电网横架于村落上空，破坏了空间轮廓线景观。

二　项目资源分析

(一) 旅游资源

安墩拥有粤赣湘边纵队纪念公园及其司令部旧址、重要会议会址等红色景点；热汤温泉是该镇宝贵的自然资源，温泉眼遍布热汤管理区1平方千米。项目及其周边的资源具备发展红色旅游、温泉养生、休闲度假的优越条件。项目资源所蕴含的特色主要有以下几个方面：第一，生态环境优美：四周群山环抱、河道环绕，村民依山逐水而居，民居四旁种以果树、竹林进行绿化，有着较好的居住环境，民宅、古树掩映，菜地与沟渠交错且无工业污染，是天然、典型的生态聚落。第二，农业资源丰富：热汤村是一个纯农业村，拥有大片的农田、鱼塘等，农业生态特色明显，是无公害蔬菜、水果基地，种植最多的水果包括各类香蕉、阳桃、番石榴、荔枝等。第三，高温温泉独具特色：泉眼遍布，水温达到90℃以上，而且为广东地区较少见的硫黄型温泉，对治疗皮肤病以及美容保健具有良好疗效。第四，长寿指标突出：安墩作为著名的长寿之乡，全镇6万多人中就有12位100岁以上老人，远高于全国长寿之乡7/10万的标准。

（二）文化资源

从惠东县域看，惠东县文化生活丰富，体育事业蓬勃，荣获"全国体育先进县"和"广东省象棋之乡"称号。安墩镇文化设施日益完善，县城建有集文化、娱乐、休闲于一体的文化广场、南湖公园等文化设施。从安墩镇域看，项目所处周边拥有系列完整的文化资源。

1. 客家文化

在客家地区，人们的宗教信仰也是十分宽容和亲善的，儒、道、释以及基督教等可以亲如一家、同居一寺。客家文化继承和发扬了中华文化的精华，长期的迁移养成了兼收并蓄取其长、开拓进取不保守的民风，使客家民系具有强大的凝聚力和生命力。安墩镇的传统布置模式延续了客家人的生活模式，部分村落内仍有保存完好的传统客家老屋。

2. 安墩文化

安墩作为惠东的经济欠发达地区，相对封闭的环境酝酿了当地淳朴、务实的民风。第一，农耕文化：热汤村内有大面积的农田，农田内苗木成片，果树成林，鱼塘交错，延续了岭南传统的农耕文化。第二，红色文化：项目所在地安墩镇曾是屯兵之地，至今仍保留着革命五烈士墓碑、粤赣湘边纵队司令部旧址等具有历史意义的建筑。第三，民俗文化：安墩人的"太平朝会""郭姑婆文化节"等节事是安墩当地重要的民俗活动，元宵节"舞火龙"这一盛事更是当地村民对一年美好生活的祈愿。

（三）资源评价

对现有资源进行科学分析和合理评价是打造高品质项目、实现可持续发展的前提。结合资源现状分析，项目的资源优势主要在于自然生态良好，温泉资源突出，构成"原生态山野趣味+滨水灵秀+客家山地村落"的桃源雏形。第一，旅游资源丰度不高，内涵有待挖掘。主要是以田园生态、水域风光为主，缺乏文化底蕴及地文景观类的资源。旅游资源类型较为单一，属于资源丰度不高的地区。第二，旅游资源独具特色，但缺乏知名度。项目的温泉资源具备较大价值，但是，在广东省乃至惠州市知名度都不高，缺少推广与品牌营销。第三，健康度假旅游有极大的发展空间。中国休闲时代的到来，人们对休闲生活有更多需求。项目具有优越的地理优势以及厚实的生态腹地，其养生、养老、度假、休闲旅游的开发具有很好的前景。其自然生态风景、温泉资源可成为做活健康度假旅游的资源前提。

三 项目发展前景

（一）区域发展

广东省是 CEPA 合作最大受益省份，省内交通、基础设施位居全国前列。广东居民的休闲旅游需求不断增长；周边市场潜力较大。

惠州市旅游资源丰富，有高山、江湖、滨海、温泉、名人史迹。但游客逗留时间短，单天来回或住一晚就走的旅游类型较多，消费不高，整个旅游市场仍处于观光休闲的初始阶段，存在较大发展空间。

惠东县集滨海、山地和温泉于一体。惠东县整体旅游形象定位为：集滨海风情、温泉享受和生态体验于一体的综合性休闲度假旅游目的地。其中，休闲度假旅游的形象要素包括海滨、温泉和山地三类度假产品；文化旅游形象的载体是客家文化、古镇文化、红色文化、宗教文化；生态文化的载体是自然保护区、森林公园和风景名胜区。惠东具备打造成为全国休闲度假旅游地的资源禀赋，作为距离珠三角最近的优质滨海旅游区，尤其是巽寮湾已被市场高度认可并持续拉动惠东旅游发展。

安墩镇处于惠东县"二主三副、三区一带"的旅游空间布局中的三区之一，发展生态产业将是其主要产业方向，金东海集团主导的"生态安墩·康乐年华"将促进安墩的跨越发展。

(二) 发展动力

1. 区位突出，市场广阔

项目所在的珠江三角洲地区，人口稠密、城市化水平高、客源市场广阔，且与周边资源可构成互补与综合优势（项目所处的安墩镇所构筑的生态旅游与巽寮湾形成"山—海"一体化的互补关系），主题旅游度假市场发展潜力巨大。

一方面，中国开始进入老龄化人口结构，数据显示截至2013年年底，中国60岁及以上老年人口2.02亿人，预计2020年将达到2.43亿人，2025年将突破3亿人。基于老年消费群体的医疗康复、营养保健、休闲旅游等各方面的需求强劲上升，与本项目相关的温泉养生、保健医疗等产业有极大的关联。另一方面，都市白领生活精神压力日益剧增，急需一个避世场所来释放压力，符合本项目的田园休闲风格，且大部分白领喜欢自驾游，能给项目度假旅游带来巨大的市场空间。

2. 依托镇区，保障有力

镇区现有的公共基础设施是项目前期启动的支撑，镇区的人口资源将为后续节约劳力成本、可持续发展提供保障。

安墩镇产业发展旨在探索一条"五化联动"（即产业生态化、旅游国际化、城镇园林化、农村田园化、城乡一体化）、"三业联建"（即温泉养生休闲产业、农林经济示范产业、陶瓷艺术产业）的新路径，加快把480多平方千米的镇域，打造成为"经济富裕、山川秀美、社会和谐、人民幸福"的美丽乡村。

其中，温泉养生休闲产业将作为全镇产业的一大亮点，致力于营造理想的泛桃源意境，倡导养生方法科学化、养生行为生活化、养生活动家庭化、养生意识社会化、养生活动娱乐化、养生境界享受化，根植"泛资源体系"，对接发展诉求，依托安墩及热汤村产业基础，构建以温泉生态产业为核心、多业融合的产业体系。

3. 包容周边，互动互补

（1）与周边山地旅游景区功能定位形成互补

御景峰国家森林公园属于城郊型主题森林公园，以"观梅"为主题，能满足休闲度假、山地观光、商务会议、体育运动、水上娱乐、户外露营等不同需要；古田自然保护区则属于城市近郊生态型度假地，以"生态野趣"为主题，打造成自驾者的天堂、骑行者的乐园、徒步者的花园、生态者的庭院；莲花山白盆珠自然保护区属于城郊型自然风景度假地，以"山地度假"为主题，打造成有名的山地度假旅游目的地。本项目以"山水田园"为自然基底，更注重高端客户的需求，将弥补现有惠东山地旅游度假的空白。

（2）与周边温泉项目功能定位错开发展

惠州市温泉项目可以大致归为海滨温泉、白盆珠温泉、龙门温泉三个方向。其中，海滨温泉是以"海洋文化"为主题的品牌温泉；白盆珠温泉是以"客家文化"为主题的区域性温泉度假产品；而龙门是温泉产品较多的一个县区，其中大多以"巴厘岛风情"为主题。深入各个温泉项目内部建设而言，基本上为各种功能的露天大浴池，仅在外部园林的建设上有所区别。本项目以温泉为发展抓手而又超越传统意义上的温泉产业，相对目前周边市场的产品将是错位式的提升。

4. 政策引导，政府支持

（1）省市层面

"生态安墩·康乐年华"项目不仅得到安墩镇政府的一致认同，"惠州市生态安墩旅游养生项目""惠东陶瓷科技产业园"更已成为惠州市与广东省重点项目。政府对本项目的支持将是难得的发展机会。

（2）国家层面

中国国民收入水平的上升和人口老龄化程度的不断加快，促进了养生旅游和医疗旅游的发展。2013年10月国务院印发了《关于促进健康服务业发展的若干意见》，重点提出开发养生旅游、绿色生态游、体育医疗旅游等项目。另外，国家大力扶持乡村旅游，2014年《关于实施乡村旅游富民工程推进旅游扶贫工作的通知》中提出：鼓励有条件的重点村建成有历史记忆、地域特色、民族特点的特色景观旅游名镇名村，大力发展休闲度假、养生养老和研学旅行，让项目有了更多发展的空间和契机。

（三）发展模式

温泉康复基地模式——"温泉+康复疗养"，如汤岗子温泉疗养院。温泉吸引市场最核心的本质是健康养生，随着社会上亚健康状态人群的不断加大，人们对于养生、康复的需求越来越大，把温泉和康复疗养结合起来，最能做成一项大产业。依托医院、生命科学研究中心等机构，充分发挥医学、生命科学与健康管理的作用，结合现代理疗手法的应用，把温泉的健康养生价值与日常的体检、医疗、诊断、康复、疗养、健身等一系列手段深度结合，打造温泉康复疗养基地，做大温泉健康养生的文章，获得巨大效益。

四 项目开发策略

（一）养生方向

随着物质生活水平的提高，人们对"健康、愉快、长寿"的欲望越来越强烈，养生休闲应运而生并开始在国际范围内成为一种趋势。

项目周边的罗浮山等地已先入为主开展传统型的养生项目，但目前国内的养生产业大多尚停留在利用自然环境的被动式养生层面，缺乏与健康管理等系列产业对接的主动养生内涵。

项目必须在休闲养生中植入"健康"的内涵，以文化驱动、以产业托举。以高质量的自然环境、高水平的养生保健项目、人性化全程养生服务以及和谐的休闲养生氛围为基础，以深厚的养生文化内涵为底蕴，融合先进的当代养生技术，打造一流的生态养生模式，建设健康型的养生目的地，最终形成组合式文化养生产业集群。

（二）复合方向

项目必须在资源与市场上做出巧妙的嫁接，市场导向上以温泉为抓手、养生为载体打造复合的休闲养生产业。

第一，以高起点与复合业态为开发思路。目前国内市场大部分的温泉质量都没有多大差别，无论其温度、矿物质含量都类似，所以其本身没有高、低端之分。走高端开发模式，应该从服务和文化上着手，在这方面可以借鉴国外产品，如瑞士温泉，除了山水俱佳的风景，更让人感到身心舒适的是高度发达经济下的文化与大自然的完美统一。而安墩具备良好的整体养生环境，拥有480平方千米的生态底盘，生态环境良好，当地产的生态健康食材、自产自销药材可作为养生配套产品，以大养生背景、高品位文化区别于其他竞争产品，创造出以康体、修心、养生为概念的新业态。

第二，以"土地综合开发"为导向综合开发。首先必须确立租、售、产相结合的"土地综合开发"导向，处理好旅（温泉、酒店、休闲）、居（休闲商业地产、养生居住地产）之间的关系。通过土地的综合开发带动项目和区域的升值，最终实现项目开发价值的突破。

第三，以"康体、修心、养生"为核心开发产业。作为土地综合开发的核心与快速回收投资的载体，"康体、修心、养生"是项目开发的关键所在，应成为精心打造的对象，主要分为三类：健康管理、文化熏陶、休闲养生。

五 项目产业规划

第一，健康管理。以"健康检测、健康评估、健康干预"三大步骤为基础，通过参加有益于身体和心理健康的休闲活动，消除疲劳，放松心情。

第二，生态养生。生态养生学的理论基础就是中医的阴阳平衡观和整体调适观。学习一种健康的生活方式；遵循"中医养生和健康管理"两大理论;实践"生态运动养生、生态饮食养生、生态四季养生、生态起居养生、生态情志养生、生态保健食品养生"六种养生方法。将"道法自然"生态思想有机地融入整个养生理论体系与养生实践过程之中。

六 项目设计举措

(一)设计目标

在分析了目前的资源、环境、经济和社会条件的优劣势的基础上,通过承接上一层次发展研究对项目的定位,对项目发展的理念、布局、形象、配套设施和经营管理等重要方面,进行前瞻性把控并依照修建性详细规划给予落实,以作为下一层次设计制定的指引和依据。

(二)设计策略

规划设计、建筑设计、景观设计都不是孤立的存在,必须与项目的发展研究高度融合。我们试图寻找一种将前期研究及后续设计高度复合的设计途径,使项目从前期定位到后期实施能全程统一贯彻。通过明晰的规划理念、合理的规划布局、宜人的建筑和环境设计,形成发展研究—修建性详细规划—建筑与景观概念设计的有序体系和全面互动。

(三)设计理念

第一,基地使用"护山保水",顺应地形、保持本区的地貌特征,基地建设不大填大挖,除必要的挖方外,能保留的山丘尽量保留,同时对水体实行梳理与整治。第二,空间组织"依山亲水",根据得天独厚的山水条件,将广场、绿地等公共开敞空间尽量邻靠植被较好的山林及水域布置,尽量扩大与外围田园山林的接触面，以形成"依山亲水"的空间环境。第三，建筑布局"显山露水"，为使山水要素充分显露，体量较大的建筑在定位布点及形体设计时尽量不遮挡山体，能见水的设法显露，同时通过建筑布置刻意强化山水形态特征。

第五篇

谋篇布局：开发模式

第十二章 开发模式一：与农民结成利益共同体

以哪种模式对安墩镇进行具体的综合一体化开发，这是一个迫切需要解决的现实难题。在解决这个问题之前，先要思考农村发展的总体思路。一方面，要使一部分人脱离土地，脱离农业生产，从事农产品加工以及发展农村服务业。另一方面，要将资源集中到真正有效率的使用者手里，实现规模效益，脱离土地的农民可以获得转让补偿，同时可以获得劳动收入。更为关键的是，这样的行为将培育农民的市场意识和创新意识。这也将更加合理地配置资源，间接培育了更多的人力资本。当然，这个过程不是一蹴而就的，应该根据不同的产业、不同的发展阶段，设计开发出不同的组织形态。

那么实现这种总体思路的生产组织形式是什么？在改革开放初期，家庭联产承包责任制极大调动了农民的生产积极性，促进了生产的发展。但在今天，这种生产模式已经越来越不适应农村发展的需要，甚至在一定程度上制约了农业规模化、产业化和农村现代化的步伐。传统的农村服务组织，如供销社、信用社和农技站也已经不能适应农村发展的需要。小农民、大市场的矛盾日益突出，农村产业单一与市场需求多样化的矛盾也日益突出，单个农民和市场之间缺乏有效的连接机制，农村经济发展需要引入大企业来重新整合农村的新组织资源。

在市场经济背景下，企业和农民是相互独立的理性经济主体，都追求自身利益的最大化。然而安墩镇综合一体化开发顺利推进的前提条件是龙头企业和农民联结成稳固的利益共同体。本书的利益共同体指的是包含多个经济主体，且利益相互影响、相互作用的经济组织。只有企业和农民存在共同的利益，并且使得企业和农民的利益都最大化，安墩镇综合一体化开发的组织机构才能形成并稳固运行。

目前为止，企业与农民之间所形成的利益共同体形式主要有市场自由结合型利益共同体、合同型利益共同体、租赁型利益共同体、雇佣型利益共同体、股份制型利益共同体五种。本章把这五种利益共同体统称为"企业+农民"开发模式。但从企业和农民的利益连接紧密程度来考察，第一种是松散型的利益共同体，是较为初级和原始的形式；第二种和第三种是半紧密型利益共同体，也是较为初级的形式；最后两种是紧密型利益共同体，是其发展的高级形式和未来目标。

第一节 初级形式的利益共同体

一 市场自由结合型利益共同体

在市场自由结合型利益共同体中，企业和农民的联系非常松散，是"企业+农户"利益共同体的初级和原始形式。具体表现形式为：在生态农业各个特色基地的开发过程中，企业和农民通过自由市场进行交易,两者之间没有稳定的经济联系和经济约束。例如企业对农民的农产品进行一次性收购,双方不事先签订任何合同,价格由市场决定;或者企业通过市场手段取得资源经营权,独立投入,雇用部分农民从事相关工作。事实上,这相当于一种企业独营模式。

这种"企业+农户"利益共同体的优点在于企业的自主执行力很强、独立性非常大,可以完全自主决定开发什么项目和产品。同时这种利益共同体较为灵活,适用性强,在某些短期性项目开发中很适用。未来企业可以考虑围绕产品开发进行全程质量控制,以技术服务为纽带,与农民建立起协作型利益关系,形成较为稳定的市场自由结合型利益共同体,对这种形式的利益共同体进行一定程度的创新。

但是这种利益共同体也有很多缺点,主要表现为以下几个方面。第一,开发初期投入大。企业需要通过市场手段完全承租农民的土地,独立负责土地平整投资,土地上的基础设施投资,需要大量的资金投入。第二,企业与农民之间存在潜在矛盾和利益冲突。由于企业和农民结成的是比较松散的信誉型市场交易关系,二者的关系是不稳定的,双方都要承担一定的违约风险。所以在这种模式下,农民缺乏发展农业生产,参与基地建设和经营的积极性,这将导致主导产业和基地建设缓慢,企业没有牢固的基础。

二 合同型利益共同体

这种利益共同体以合同为纽带,是目前企业与农民利益联结的主要形式。这种模式下,基地的产权属于农民,企业与农业生产基地、旅游基地、温泉基地的农民签订合同，规定双方的责任权利，利益分配方式，确定农民所提供产品的具体内容和形式等，企业对基地的农民采取一定程度的扶持政策，提供全方位全过程服务。例如，在生态农林产业中，企业与农民签订产销合同，确定种养面积、品种、数量，实行保护价格收购；企业以农民生产的农副产品为基础，提供加工、销售及其他社会化服务；农民的小生产经营活动通过企业与市场联结，形成农业产业化经营。这种模式也可以吸纳当地农民参与旅游业的经营与管理，在开发初期阶段，可以充分利用农民闲置的资产、富余的劳动力。

需要注意的是，在投资过程中，企业要和农民共担责任。在企业自身进行投资的同时，引导农民也进行专业性的投资，企业在大的方面进行投资，农民在小的方面进行投资。通过这种同时的专业性投资来稳定企业和农民之间的契约关系、交易关系并降低风险。共同的专业性投资也是相互信任的物质基础，以及长久合作关系的重要依托。从农业产业化经营的发展趋势看，无论是企业还是农民都具备进行这种投资的条件和能力。企业进行专业性投资的种类较多，如企业在农民生产之前便平整土地，投入化肥、良种、种畜、农业机械、技术等其他不可回收的固定投资，企业也可以事先投资建立农产品加工工厂，以表示出对农产品进行深加工的意图。这种投资既可以提高农业的生产效率，提高农副产品附加值，提高企业和农民的收入，也可以作为企业对农民的一种承诺机制。

合同型利益共同体有许多优势。第一，投入少、启动快。企业可以充分发挥其融资优势、技术优势、高效的管理能力、资源整合优势、销售渠道优势等，以较少投入快速整合农村分散资源，并提高农产品的技术含量、附加价值和产业链长度。尤其在实际运作过程中，公司可以作为主导，重点围绕几种产品或服务，组织农民进行大规模生产、加工和销售。这也可以在一定程度上有效实现企业与农民的有机结合，在进行一体化经营与管理的同时，形成广泛的利益共享经济体。第二，有效解决了市场竞争中农民利益保护的问题。企业和农民之间有了经济约束，在产品的生产和服务的提供过程中可以互相负责。农民有了固定的企业，充分调动了农民生产的积极性，降低了其生产的风险，同时企业也有了可靠的基地。

合同型利益共同体的劣势有以下几个方面。第一，由于农民的文化层次、素质、服务意识等还有待进一步提高，且又很难对他们进行统一培训，所以容易影响产品和服务的品质与档次。第二，合同履约率低，合同关系不稳定。这种模式缺乏企业与农民利益的紧密结合，两者很难形成稳固的利益共同体。从实践来看，合同可能无法得到连续稳定的贯彻落实，随意性和非规范性特点比较突出。当企业和农民利益分配不均或者缺乏有效的监督时，违约行为比较普遍，合同约束比较脆弱，协调困难。

三　租赁型利益共同体

这种利益共同体的表现形式是：企业通过租赁方式取得农村土地使用权，由企业投资建设现代化的农业种植基地、动物养殖基地、旅游基地、温泉基地，然后再转租给农民经营。在农民承包经营的过程中，由公司负责投资，并进行技术指导，对整个基地进行综合管理和协调。在农业种植基地和动物养殖基地中，企业向农民按合同价格收购农产品，并给农民发放一定程度的生活补贴。在旅游基地和温泉基地中，企业收取一定比例的经营收入。

这种利益共同体的优点在于以下几个方面。第一，能够充分调动农民的积极性，最大限度地减少开发阻力。农民只需要提供劳动力，负责农产品的生产活动，或者提供游客所需要的服务，风险很小，收入稳定。第二，由于基地都是企业负责开发的，并在经营过程中提供技术和服务指导，所以产品和服务的质量有保障。企业可以对农产品的质量制定统一的标准，并对农民进行培训，保证产品的质量。企业还可以对旅游路线进行统一规划，对旅游和温泉养生服务流程进行统一的设计，同时给予农民一定程度的自由度，使得服务提供多样化和差异化。

这种利益共同体的缺点有以下几个方面。第一，企业开发初期投资大，风险高。企业初期要投入大量资金建设生态农林基地，开发旅游线路和旅游基地，建设温泉养生基地。但是农民不一定能意识到这些基地的市场潜力和价值，甚至会采取观望态度。加之安墩镇年轻劳动力大量外流，老年人风险厌恶程度高，这些因素可能导致这些基地并不容易承租出去。企业面临很大的风险。第二，企业成本回收困难。农户数量多且分散，很难逐一收取租金，而且一旦面临损失，农民可能拒交或者少交租金。单个农民从旅游或者温泉基地中获得的收入较少，没有足够动力改善服务，抑制了旅游业和温泉养生业的发展，造成基地利用率偏低。

第二节 高级形式的利益共同体

利益共同体的高级形式应该是从所有制改革的角度，把企业和农民之间的外部市场关系转变为内部企业关系,从而在减少交易成本,提高结合效率的同时,减少企业和农民利益纠纷的发生。

一 雇佣型利益共同体

这种利益共同体的表现形式为企业出资长期承租农民土地,企业拥有全部股份,农民成为企业的员工,但仍在原来的土地上工作,或从事农业生产,或提供旅游服务等;为了激励农民高效工作,制订奖励计划,按此计划每年给予农民一定程度的物质奖励。在这种模式下,农民和企业的关系是一种企业内部的关系,从而实现了产品生产和服务提供的一体化。企业和农民之间形成了非常紧密的利益联合关系,较好地解决了传统利益联结方式中的不稳定因素,也在一定程度上突破了传统的农业和农村的经营管理方式,开辟了真正有效的农业产业化和农村现代化途径,是现在正在使用的方式,也是未来发展的一种方向。

这一模式的主要优点包括以下几点。第一,操作简单,管理容易,可以直接利用现代企业管理方式。事实上,这种模式只是工业生产模式在农业和服务业的一种具体运用,不同的是工人可能更多。第二,在企业严格和统一的管理制度下,产品和服务质量有保证。这将给游客一种管理有序、开发合理的感觉,从而获得游客的认同感和归属感。

这一模式的缺点在于:第一,初始阶段的投资成本较大,征地过程中将不可避免的出现与农民的矛盾;第二,农民有可能消极怠工,环境保护意识、工作主动性、服务意识都可能不高。这就需要企业在以后的经营中,有效运用现代企业激励和惩罚制度,不断积累经验,促使农民高效且积极地工作。

二 股份制型利益共同体

这是农村发展的一种比较理想的组织形式,是企业与农民利益共同体的高级形式。这种开发模式利用资本的力量对农村微观主体进行再组织,是一种新型的市场主体,它不仅突破了"企业+农民"的简单模式,使农地资本化,而且这种现代市场主体可以与现代金融体系和法治环境更有效对接,从而提高了农民的积极性和主动性。

在这种利益共同体中,企业主要利用资金和技术入股,并吸纳广大农民入股,成立股份制公司。农民主要以土地入股,也可以用其自有资金、农用设备、特有技术等要素入股,在企业中拥有股权,参与管理、决策和监督,甚至可以选举董事会,真正确保农民利益得到充分的反映和体现。企业和农民签订合同,明确农民提供农产品和其他服务的数量、质量、种类、价格及企业按股分红的办法。所以在这种利益共同体中,企业与农民不仅有严格的经济约束,且是共同的出资人,组成新的企业主体,拥有共同的利益,真正形成了"资金共筹、利益共享、积累共有、风险共担"的利益共同体。这种利益共同体对调动农民生产积极性、降低违约风险、促进农业现代化和产业化经营有着明显的作用,是农村发展的方向。

事实上,股份制型利益共同体才是真正意义上的利益共同体,其他几种利益共同体严格意义上只能算作不同利益主体的联合。农民在股份制型利益共同体中不仅可以获得出售产品的收入,而且可以参与利益共同体的重大决策,分享企业利润,使得利益机制朝着"风险共担,利益共享"方向迈进了一大步。农民既是农产品的生产者，也是股份制企业的股东，企业的经营效益和农民息息相关，从而极大调动了农民的生产积极性以及主人翁意识，保证了生产的稳定性。

这一模式的主要优点有以下几个方面。第一，企业和农民的合作关系长期且稳定，两者的利益都有保障。企业和农民采取长期合作的形式，合理地开发旅游资源，可以形成新的监督和激励运作机制，并且按照各自的股份获得相应的收益。第二，提高农民的积极性和主动性。通过股份合作形式，扩大了乡村集体和农民的经营份额，有利于实现农民参与到更高层次的经营活动中，积极性和主动性更高。第三，有助于使农民意识到生态环境的重要性。农民在积极和主动的生产和经营过程中，将意识到生态环境价值，自觉地参与到旅游资源和生态环境的保护中，提高了村民的环保和经营意识，实现了精神文明和经济效益的双赢。第四，减少投资成本压力并缓和征地等矛盾，让项目快速落地。

该模式面临的主要问题在于：第一，农村土地流转制度现在还不成熟，有待完善；第二，没有以往的经验可以借鉴，需要较强的创新能力；第三，缺乏农村土地和林地的交易市场，很难对这些土地进行准确的定价，从而影响到每个农民股权份额的界定，产生不必要的矛盾。

具体到安墩镇，我们应该汲取经验和教训：企业和农民的利用共同体应该是紧密型的，而不是传统松散型的；企业和农民的利益共同体应该随着具体开发项目而变化，即应该是多元化的，而不应该是一成不变的单一型的。

第三节　保障农民利益的四种机制

农民和企业的利益结合是安墩镇综合一体化开发的关键，这种利益结合不是道义上的，而应该是经济学意义上的结合。要使企业与农民结成稳定的利益共同体，必须处理好企业与农民之间的利益分配机制、利益保障机制、利益调节机制和利益约束机制。

一　利益分配机制

利益分配机制是指利益共同体中各个主体之间的利益分配关系，这是利益共同体中的核心内容。龙头企业和农民之间存在多种形式的利益分配方式，例如，保护价收购、二次返利、预付定金、赊购赊销、技术信息服务、股份合作等。在安墩镇综合一体化开发过程中，要根据情况，因地制宜，采用多种利益分配方式。但是不管采用哪种分配方式，都要首先照顾农民的利益，同时兼顾其他经济主体的利益。具体有以下形式的利益分配方式：第一，农民以土地等生产要素入股，按股分红，红利均等。第二，按合同规定的保护价格提供产品和服务，给予农民大约20%—25%的利润。第三，超额利润返还返利，以及龙头企业按照各参与主体提供产品和服务的比例，将一部分超额利润返还给农民，让利于农民。第四，企业与农民有租赁关系的，按时足额缴纳租金。第五，企业尽量雇用当地农村剩余劳动力，按职工工种、技术水平、生产效率和所完成任务付给工资，向表现优异者发放额外奖金。

二 利益保障机制

"风险共担，利益共享"的利益共同体必须要有一整套严格的利益保障体系。

第一，组织保障。安墩镇综合一体化开发需要稳定的组织来推动，它是制定与执行各种制度的承担者和重要保证者。首先，合格的龙头企业最为重要，它是制度的主要拟定者和主要执行者。其次，农村合作经济组织，如专业合作社、专业协会及其他由村政府组织成立的联合自助组织也极为重要。因为当农民的组织化程度越高时，制度效率和经营效率就越高，运行的交易成本就越低。如果没有适度而有效的农民组织，龙头企业是很难直接与众多且分散的农民分别打交道的，制度的推行也将十分困难。相反，如果由村组织和镇政府对农民进行一定程度地组织，那么，企业与农民的合作将会轻松和容易得多，共同制定的制度也将较容易推行，并得到共同遵守，容易监督和惩罚。

第二，制度保障。"企业＋农民"模式主要包括以下三种制度保障：一是合同买卖制度，这是现代市场经济中普遍采用的一种买卖制度，是龙头企业联结农民的重要手段。其实质是按预定购买额提供产品和服务。二是保护价格制度。保护价格是买卖合同的重要内容，其基准线是"成本总额＋平均利润"，以保证补偿生产者成本并赚取适当利润。有了这样一种制度，签约农民的利益就有了保证，而龙头企业所需原料和服务也有了保障。三是保险基金制度。这种制度也是一种"非市场化安排"，可以有效防范自然风险和市场风险。

第三，非市场化安排。这是龙头企业与农民之间的特殊利益关系,也是一种特殊的资源配置方式。这是保障农业产业化组织连续稳定有效运行,保障利益共同体内各利益主体关系稳定的重要手段。一是资金扶持,龙头企业要在需要的时候给予农民以必要的资金扶持,使得农民能够适应市场发展需要。二是低价供给或者赊销生产资料。当农民需要某几种生产资料,而又资金不足时,企业应该以低价供应农民生产资料,或者赊销给农民。

三 利益调节机制

要避免企业和农民之间利益分配的不对等化,构建合理的利益分配机制,并且不断进行调节。农民应该获得与龙头企业大致相当的利益,必要时要让利与农。要根据市场景气状况和企业盈利状况,调节发放给农民的工资、福利和奖金,并及时向农民反馈和说明。在市场景气、企业盈利好时,要适当提高农民的待遇,刺激农民提供产品和服务的积极性。在市场不景气、企业盈利很差时,则可以适当降低农民的待遇。

四 利益约束机制

主要包括以下几个方面:第一,市场约束机制,当企业和农民之间的联系不是很紧密时,一般采取这种制度。企业凭借自己的信誉和传统的买卖关系,与农民进行市场化交易,价格随行就市。第二,合同约束机制,这是农业现代化经营普遍采取的运行机制和方式。龙头企业与农民签订具有法律效力的买卖合同,资金扶持合同和科技成果引进合同等,明确规定各方权利和利益,以契约关系为纽带,共同发展。农民接受企业的指导,搞好农产品生产和服务提供,按合同向企业提供产品和服务,企业则为农民服务，并按照让利原则购买农民提供的产品和服务。第三，股份合作约束机制。企业和农民之间实行股份合作，互相参股，农民以土地和劳动力入股，企业以资金和技术入股，形成股份制公司。农民和企业以股份为纽带，形成"利益共享，风险共担"的利益共同体。第四，专业承包约束机制。例如农业生产可以实行两种方式。其一是农产品加工和运输实行公司制经营，其二是初级产品种植在坚持家庭联产承包体制下实行专业承包经营，公司与专业承包大户签订专业承包合同，规定双方在种植过程中的权利、义务和责任，以承包合同以及信誉来约束双方的行为。

第十三章 开发模式二：与村组织、镇政府结成利益共同体

单纯的"企业+农民"模式的缺点在于：当农民比较短视或者缺乏耐心时，当社会信任机制并不健全时，以及当外部风险比较大时，农民容易出现机会主义行为，直接影响这种模式的效率，严重时甚至导致这种模式破裂。事实上，仅靠契约关系是很难约束农民的，一是因为农民的契约精神还没有形成，二是农民不遵守契约的成本是比较低的，很难对农民进行惩罚。事实上，如果读者充分了解农村和农民，则会发现，农民的良好行为主要依靠道德来约束，靠村组织和镇政府等最基层组织来约束，契约的约束力反而是较弱的。

道德约束主要受当地文化和习惯影响，靠当地的精神领袖和有影响力的人物（能人）来维持。村组织和政府起着日常监督的作用，而且其中的主要干部也都是当地有较大影响力的人物，村民一般都会听从他们的组织和安排。所以企业为了与农民结成利益共同体，就应该首先与当地的精神领袖、有影响力的人物、村组织和镇政府结成利益共同体，通过他们与广大农民结成利益共同体。因为农村绝大部分精神领袖、有影响力的人物都在村组织

和镇政府中，所以我们把这种开发模式统称作为："企业＋镇政府＋村组织＋农民"利益共同体模式。

第一节 村组织、镇政府的功能定位

"企业＋镇政府＋村组织＋农民"利益共同体比单纯的"企业＋农民"利益共同体更加稳固，主要依靠村组织、镇政府、其他农村精神领袖以及有影响力的人物（能人）在企业和农民中间所起的联结作用。这种模式的优势在于其制度安排的完善，在一定程度上克服了单纯"企业＋农民"和合作社组织的不足，同时融合了他们的优点，放大了组织的优势。

一 村组织、能人和领导人物的功能定位

首先，发挥着重要的中介作用。村组织能够采取一定的措施，增加农民对企业的信任。农民有从众心理，也容易受村组织和当地其他有影响力的人物的影响，所以企业可以通过他们最大限度地吸引农民与企业合作。尤其是当村组织、村里其他的能人和领导人物已经与企业合作时，农民与企业合作的意愿将更高。村组织、能人和领导人物对企业的信任能够转变为一般农民对企业的信任。所以企业应首先与村组织、能人和领导人物结成利益共同体，这部分人相对较少，实现起来相对容易。然后通过他们去说服农民与企业合作，这样形成的利益共同体将更加稳定，权利和义务也将得到很好的执行。

能够起到对农民的监督作用。村组织可以经常性地监督农民的努力程度，特别是可以引导能人和领导人物对一般农民进行监

督。由于农民之间的相互了解以及道德约束，农村的这种相互监督有着极强的制约力，从而弥补了单纯的"企业+农民"模式的组织缺陷。

其次，可以给村组织一定程度的经济功能，例如对农产品进行收购、简单加工等。这既可以节约企业的生产成本，提高初级产品的质量，也可以提高农民的收入；甚至还有利于专用原材料品种的开发，引导农民生产和服务提供向专业化、基地化方向发展，更好地带动农民致富，赢得农民的广泛认同。

最后，节约了签约、执行和监督合同的成本。在"企业+农民"的组织形式中，企业需要与每一个农民"一对一"地签订合同，而且必须逐一监督每一份合同的执行情况，签约和监督成本高昂。通过村组织，企业只需要和村组织签订合同，由一方对多方（分散化的农民）转变为一对几方（村组织、能人和领导人物），极大简化了合同签订和监督的成本，也降低了合同风险。企业只需要与村组织干部、能人和领导人物进行交流和互相监督，成本较低。对一般农民的监督则转移给了村组织干部、能人和领导人物，后者对农民信息更加了解，监督成本更低且更有效。

因此，投资企业应当认识到，强化村组织的以上功能不仅是基层政府的责任，也是企业利益实现的保障。因此从一定意义上说，也是投资企业必须履行的社会责任和公司责任。

二 镇政府功能定位

镇政府作用体现在对综合一体化开发过程进行统一管理、规划和协调上，也包括公共服务以及基础设施的提供，从而保障农民权益的实现。镇政府的理想模式应是协调者、启动者和规范者的统一体。

投资企业承担合理界限的公共产品和公共服务的投入成本，使自己内化于镇政府公共服务与管理的运作之中，是投资企业与镇政府结成利益共同体的主要形式，也是需要探索的一个重要路径。

现阶段镇政府在提供可信承诺、弥补组织缺陷、提供质量标准、降低交易风险等方面有重要的作用。第一，随着农产品交易量和交易品种的扩大，需要镇政府来推动建立及时、准确、系统的农副产品质量标准，完善产品检测程序和手段，落实优质优价政策。第二，在组织改善和创新过程中，由镇政府培育中介组织（如信息、技术鉴定、咨询等）以及设立某种农业产业化基金。当市场行情变化时，镇政府可以动用基金对农民和企业予以部分补贴，从而稳定双方的合同关系，弱化市场风险和自然风险对合作关系的冲击。

第二节 利益共同体的组织模式

一 代理人模式

代理人模式即镇政府、村组织等充当企业和农民之间的代理人。企业为了与镇政府、村组织结成利益共同体，可以通过某种方式给予镇政府、村组织一定比例的企业股份，分红可作为它们除税收和国家拨款之外的收入。这种"企业+镇政府+村组织+农民"利益共同体模式是单纯"企业+农民"模式的简单延伸，是一种更成熟的综合一体化开发模式。村组织、镇政府负责架起投资商与村民之间的桥梁，企业通过村组织、镇政府组织农民参与农业生产、旅游服务以及温泉养生养老的提供。企业也通过他们对农民进行专业培训，并制定相关的规定，以规范农民的行为，并且也提高了村民参与的积极性，公司、农民、游客的利益也更加有保障。

这种利益共同体的优点在于：第一，投入少、启动快，而且比单纯"企业+农民"模式更有保障。因为依托了村组织和镇政府，甚至说服了其他农村能人和领导人物与企业合作，这就相当于对农村资源进行了再组织，所遇到的农民的阻力将小得多，项目启动速度也就会相应的加快。这里的关键是有效识别各农村起领导作用和核心作用的人物是哪几位。他们可能是村组织中的人，但是不一定完全是。第二，简单易行，可操作性强。事实上，很多农村开发项目使用的是这种模式。村组织、镇政府以及其他能人等往往具有较高的文化水平、目光长远、能与时俱进，企业与他们打交道相对来说比较容易。他们人虽少，但是能量大，组织起来讨论问题也容易。

代理人模式的缺点在于：第一，可能受到镇政府、村组织换届的影响。新的镇政府、村组织成员可能并不认同上届成员的政策和做法，进而会给企业经营造成一定风险。第二，可能阻碍企业与农民直接的沟通和交流，使得企业失去稳固的群众基础。

一 合作社和专业协会模式

这种模式表现为企业通过镇政府、村组织、能人和领导人物出面，资助成立镇级或者村级合作社和专业协会，使它们产生一定的经济作用，收入归镇政府、村组织等；企业以合作社和专业协会为纽带，连接一般农民，形成稳定的各类生产合作关系，实施农业规模化生产和服务高效提供。在该模式中,企业是核心,由它来把握国内外市场趋势和动向,按照市场需求组织产品生产和服务供给,并依靠合作社或者专业协会来组织农民进行农产品生产、加工和制作,以及各类服务的准备。合作社或者专业协会是纽带,负责组织广大农民进行具体的生产加工等活动,例如对农民进行技术指导、收购产品,进行加工和销售活动。农民是基础,按照合作社和专业协会的要求进行生产或者提供服务。在三方相互配合的过程中,实现利益的合理分配和广泛共享。

合作社也具有多种形式:一是农民以土地、资金、劳动和技术等生产要素自愿入股成立合作社,农民既参与生产经营,又参与民主管理,合作社集生产、销售、利益分配多种功能于一体,盈余按社员与合作社的交易量实行返还。二是农民投入劳动,提供相应的劳动产品,除享受合作社与企业签订的合同价格外,还可以按所提供产品和服务的数量和质量参加合作社的年终利润分红。三是合作社与企业签订合同后,合作社按照企业的要求,组织农民进行生产,企业或合作社为农民提供各种服务,盈余按合同规定返还合作社后,合作社再按照社员对合作社的贡献程度进行利润分配。要加快合作社的资本积累,让它们拥有与大规模生产相对应的资产。在这种情况下,一旦农民存在违约等机会主义行为,企业就可以诉诸法律以形成有效的约束力,企业也可以宣布放弃与某合作社合作,这是一种有效的威胁。

合作社或者专业协会是一种农民自助型专业组织,是一种新的农村劳动力和相应的生产要素的再组织方式,有许多优点。第一,它有助于组织农民共同进入社会化大市场,将企业与单个农民的市场交易转化为企业与合作社或者专业协会的交易,有效节约了交易成本和风险，有助于形成稳固的合作机制。第二，它也能有效地调节和实现企业和农民之间的以及农民内部间的权益，合理分享市场交易利益。所以这种组织比其他组织形式更为直接，更为农民所信赖。正因如此，合作社（专业协会）才能将众多分散的农民联合起来，形成统一的较大规模的生产组织。

通过合作社形成的"企业+镇政府+村组织+农民"利益共同体模式综合了现代企业经营制度与合作组织民主性的优点，有利于在企业和农民之间形成稳定的合作关系，从而建立多元利用共同体。企业有了稳定的劳动力来源，又降低了直接与农民联结的成本，减少了机会主义行为的发生，有利于企业的长远发展。以合作经济组织为载体，农民自组织能力增强，农民提高了谈判地位，降低了市场风险，还可分享农副产品产销环节的利润，便于农民利益的实现。

当然，合作社模式也有一些缺点。例如，当合作社的经济作用过大时，可能有独立于企业的冲动，进而威胁到"企业+镇政府+村组织+农民"利益共同体的稳定性，而这可能是一种两败俱伤的行为，因为合作社仍缺乏与市场直接交流、把握市场动态和趋势的能力。

第十四章　开发模式三：金融支持方式

第一节　企业融资方式

安墩镇综合一体化开发需要大量资金支持，怎样解决融资约束问题是非常关键和根本的。在现实经济中，农业产业化的融资非常困难，金融抑制问题突出。可能的融资方式有自有资金、股权融资、债务融资、政策性融资、互联网金融融资等，必须发展多元化融资方式。

一　寻求政府资金援助

安墩镇地处国家南部边陲，远离政治中心，战略地位并不突出，所以获得政府大规模资金援助的可能性不大。但是一些基础设施建设，如村级公路网建设、水利设施建设、河道两岸加固、农村污水及垃圾处理、农村饮水安全工程、农村环境设施建设、农村清洁能源和民居改造工程等，耗资巨大，大部分是公益性质的，也是国家"十三五"规划重点资助建设的项目。对这些项目可以适当寻求国家和广东省省政府的财政资金资助和专项资金援助。事实上，国家高度重视农村基础设施建设，把全面加强农村基础设施建设作为当前及今后一个时期"三农"工作的重中之重，拟从政策、资金投入等方面给予强力支持。制定出台了全面加强农村基础设施建设的优惠政策，大幅度增加财政投入，设立专款专户，做到专款专用，着力解决政策优惠和财政投入不足等问题。

国家也鼓励民营企业投资农村基础设施建设，把民营企业作为全面搞好农村基础设施建设的重要载体，希望通过政策引导、财政扶持、税收减免等优惠政策，鼓励、引导和支持大型民企投资农村（如制定对投资农村基础设施建设的民企实行免税10年的税收减免政策）。国家希望充分调动民企投资农村的主动性和积极性，借此充分利用民企的资金，更注重利用民企现代的管理理念，特别是在污水处理净化、垃圾处理利用、新能源开发利用等方面充分发挥民企的重要作用。国家将支持和引导一批有实力的企业当好农村基础设施建设行业的排头兵。大力完善农村基础设施建设，搭建好城市与农村协同发展的通道，保护好农村特有的生态环境，进一步推进农村基础设施建设实行市场化运作、产业化经营，以实现国家引导、企业投资、群众受益的最终目标。据此可推断，只要安墩镇综合一体化开发龙头企业（广东金东海集团）能够确保财政援助资金和专项资金的安全，建立有效的管理机制，获得国家资金援助的可能性是非常大的。

二 利用互联网融资

根据《2014年中国金融稳定报告》，广义的互联网金融既包括作为非金融机构的互联网企业从事的金融业务，也包括金融机构通过互联网开展的业务，而狭义的互联网金融仅指互联网企业开展的、基于互联网技术的金融业务。

与传统融资方式相比，互联网金融具有信息开放对称、低成本高效率、自主互动选择、时空灵活便捷等突出优势，与民营企业融资需求之间存在天然的"适配性"，金东海集团可以积极利用这种融资方式。一是有助于增加民营企业融资机会。互联网金融在处理民营企业贷款审核、资金交易方面具有比较优势，通过线上网络实现资金融通，能够降低民营企业融资难度。除各种互联网金融产品，众筹作为集合大量投资者小额单笔投资的网络平台，在开放选择中扩大服务对象，突破地域等限制，可以增加民营企业融资机会。二是有助于降低民营企业融资成本。民营企业贷款额度较小，因而银行处理民营企业贷款时，单位资金交易成本较高。互联网金融由于使用信息化技术，简化了贷款申请环节，可以降低民营企业申请贷款的交易成本。三是有助于实现民营企业个性化融资。民营企业融资需求呈现个性化、差异化特征。互联网金融可以依托信息技术，对金融服务和产品进行改造和重构，满足民营企业的个性化融资需求。

现阶段，互联网融资主要包括四种商业模式：点对点融资模式、基于大数据小额金融融资模式、大众筹资融资模式、电子金融机构—门户融资模式。安墩综合一体化开发可以考虑以下两种模式。

第一，点对点融资模式。这是目前业内出现最多的，最为常见的模式。它指的是民营企业可以互联网为媒介，寻求可以提供融资渠道的资金供给方，其借贷和放贷均可在互联网平台中完成。点对点融资模式的主要优势是：（1）有效地降低融资成本，大大缓解了民营企业的资金运营压力。这种融资方式灵活、快捷、方便，企业可以随时在项目需要资金时用此方式融资。（2）在点对点互联网平台上，资金供给方众多，同样也有更多的利率选择，这些可以使民营企业做出更加合理的融资决策，选择合适的融资时点。

第二，大众筹资融资模式。指的是民营企业通过互联网平台来联结资金需求者和资金者提供者，可以发动广大群众的力量，集中群众的资金来为民营企业提供贷款。该模式具有融资门槛较低、多样性、注重创意性，最为重要的是依靠大众力量的特点。但要注意的是，众筹不是捐款，应该给予资金提供者相应的回报。目前国内的众筹平台种类有：股权众筹、奖励性众筹、捐赠性众筹等不同形式。民营企业可以将自身融资的相关信息提交给众筹平台，并由其审核，在预设的截止时间之前完成筹资，如果项目筹资失败的话，则需将资金全部退回资金提供者。

三 发行债券和绿色债券

近年来，中国债券市场实施了一系列改革措施，政策环境渐趋宽松，发行债券已经成为企业融资的主要方式之一。例如，公司债券发行范围扩大至所有公司制法人，并允许建立非公开发行制度；项目收益债券可以在银行间债券市场以簿记建档形式公开发行；企业债券发行改革创新提速，简化了企业债券申报程序，而且债券融资不会稀释企业股东权益，到期只需还本付息，是一种比较安全的融资方式，安墩镇综合一体化开发可以考虑采取该种融资方式。

考虑到安墩镇综合一体化开发的特点，即"绿色"开发的特点,可以适当申请发行绿色债券。绿色债券是政府、金融机构、工商企业等资金需求者向投资者发行,承诺按一定利率支付利息并按约定条件偿还本金的债权债务凭证,且募集资金的最终投向应为符合规定条件的绿色项目。绿色债券所得资金专门用于资助绿色项目,例如转变落后生产技术、提高能效、降低污染等在内的项目。绿色债券在市场上的广泛发行,是国家想提醒与引导市场参与者关注绿色产业,关注生态文化。国家鼓励地方先行先试大力推动绿色债券的发展,以作为践行生态文明发展理念的有效途径之一。所以安墩镇综合一体化开发应该大力向绿色开发靠拢,争取获得绿色开发相关资质,通过绿色债券融资。

从全球范围来看,绿色债券于2013年进入迅速发展阶段,开始出现爆发式增长。2013年全球绿色债券发行量为110.42亿美元,2014年更达到365.93亿美元,这两年绿色债券发行量之和占2007年以来绿色债券累计发行量的80%。可以预期绿色债券将成为以后企业融资的主要渠道之一。中国也在大力发展绿色债券市场,具备稳定的顶层设计基础。中共中央《关于制定国民经济和社会发展第十三个五年规划的建议》提出了创新、协调、绿色、开放、共享的发展理念,就"坚持绿色发展,着力改善生态环境"提出了若干建议,其中包括"发展绿色金融,设立绿色发展基金"。国务院印发的《关于积极发挥新消费引领作用加快培育形成新供给新动力的指导意见》也强调要建立绿色金融体系,发展绿色信贷、绿色债券和绿色基金。

相对于银行间接融资和一般债券融资,绿色债券有以下优点。首先,绿色债券本质是债券,属于直接融资形式,可使资金直接从资金盈余单位转移到资金短缺单位,减少了银行间接融资方式的交易成本，使得资金成本存在进一步下降的空间。同时，对于一些绿色企业而言，难以从银行获得长期融资，往往就会采取借新还旧的贷款方式，这将会存在资金断裂的风险。而这些绿色企业若直接发行期限较长的绿色债券，则可规避上述风险。其次，一些绿色企业若作为普通债券的发行主体，暂时无法达到监管部门和市场所需满足的要求（如某些财务指标），但这些企业所拥有的绿色项目前景良好，受到相关部门支持，有足够的现金流支持还款，则可通过将来可能专设的"绿色通道"，发行绿色债券，解决融资难的问题。最后，绿色债券作为有助于生态文明建设的重要工具，受到国家、地方政府及相关监管机构的重视，未来很可能获得相关补贴和优惠政策的支持，如专门的贴息支持、较低的投资门槛、优惠的税收等。这将直接降低绿色企业的融资成本，使其以更低利率获取资金。

绿色债券鲜明的概念性也更受责任投资者青睐，尤其是在国际资本市场上，银行、保险公司、养老金和一些基金公司坚持可持续投资的理念和原则，在资产组合中有相当的比例需投向绿色项目，对绿色债券的需求较大。

四 拓展自有资金来源

拓展自有资金来源也即企业通过增发股权进行融资，不管是在民营企业的初始阶段还是在发展阶段，这都是一种主要的融资方式。民营企业可以通过企业法人自主积累、企业管理层与员工内部集资以及利用闲置的周转资金等多种形式拓展自有资金来源。具体到安墩镇综合一体化开发项目，企业还可以广泛吸收惠东县县政府、安墩镇镇政府、村组织和其他农民等以资金形式参股企业，最大限度的拓宽自由资金来源，这同时也可以全方位地调动各利益主体的主动性和积极性。

五　银行贷款

中国是一个以银行间接融资为主的国家，银行是企业最主要的融资渠道。现阶段，国家要求国有商业银行在政策上给予农业产业化企业和农村开发企业一定程度的资金倾斜，并且有一定程度的利率优惠。安墩镇综合一体化开发要充分利用这一优势，可以用土地等作为抵押品，向当地村镇银行、农业银行以及其他商业银行贷款，也可以未来项目现金流申请项目贷款。

第一，资产抵押贷款，企业可以将资产抵押给证券公司或商业银行，由相应机构发行等价的资产证券化品种，发券募集的资金由企业使用。企业要充分利用符合法律规定的有价值和使用价值的固定资产（如土地使用权限、房屋和其他地上建筑物、交通运输工具、机器设备等）以及可以流通、转让的物资或财产。利用银行等金融机构的金融创新产品盘活这些资产，获得更多流动性。

第二，项目开发贷款，当企业拥有重大价值的开发项目，但初始投入资金数额比较大，企业自有资本难以承受时，企业也可以向银行申请项目开发贷款。商业银行对拥有成熟技术及良好市场前景的高新技术产品或专利项目的企业以及利用高新技术成果进行技术改造的企业，将会给予积极的信贷支持，以促进企业加快科技成果转化的速度。对与高等院校、科研机构建立稳定项目开发关系或拥有自己研究部门的高科技企业，银行除了提供流动资金贷款外，也可办理项目开发贷款。

第三，政策性银行贷款。安墩镇生态综合一体化开发本质上是为了推动城乡一体化建设、农业现代化建设，是为了改善安墩镇广大农民的生活质量，具有极大的公益属性，所以惠东县政府可以引导和组织投资企业积极向中国农业发展银行申请政策性贷款。这种贷款利率低，期限长，能够较大程度的减少投资企业的融资成本。

六　利用租赁融资

《2015上半年中国融资租赁业发展报告》显示，截至2015年6月底，全国融资租赁企业总数约为3185家，比上年底的2202家增加983家；行业注册资金按人民币以实缴计算，约合10030亿元，较上年底的6611亿元增加3419亿元；全国融资租赁合同余额约为36550亿元，比上年底的32000亿元增加4550亿元，增幅为14.2%。融资租赁一边是市场规模快速扩张，另一边也迎来政策利好集中释放期。2015年8月26日，国务院总理李克强主持召开国务院常务会议，确定加快融资租赁和金融租赁行业发展的措施，更好地服务实体经济。9月7日，国务院发布《关于加快融资租赁业发展的指导意见》，提出推动创新经营模式，支持融资租赁公司与互联网融合发展，加强与银行、保险、信托、基金等金融机构合作。上述金融租赁指导意见明确表示，要支持金融租赁公司顺应"互联网+"发展趋势，利用物联网、云计算、大数据等技术，提升金融服务水平。总的来看，利用租赁进行融资主要包括融资租赁、金融租赁和互联网租赁三种形式。

第一，融资租赁是融资与融物的结合，兼具金融与贸易的双重职能，对提高企业的筹资融资效益，推动与促进企业的技术进步，有着十分明显的作用。融资租赁有直接购买租赁、售出后回租以及杠杆租赁等形式。此外，还有租赁与补偿贸易相结合、租赁与加工装配相结合、租赁与包销相结合等多种租赁形式。融资租赁业务为企业技术改造开辟了一条新的融资渠道，采取融资融物相结合的新形式，提高了生产设备和技术的引进速度，还可以节约资金使用，提高资金利用率。融资租赁在20世纪80年代从国外引入我国，对国家改革开放以来吸引外资、促进国民经济发展产生了重要作用。然而，由于国家特殊经济时期环境因素及行业从业人员对融资租赁理解的片面性，缺乏风险管理意识，致使融资租赁业发展一直很缓慢。在历经国家行业整顿和出台相关法律法规之后，2007年以来，融资租赁业进入快速发展时期。

第二，金融租赁是一种集信贷、贸易、租赁于一体，以租赁物件的所有权与使用权相分离为特征的新型融资方式。当企业需要某种设备后，即可委托金融租赁公司出资购得，然后再以租赁的形式将设备交付企业使用。当企业在合同期内把租金还清后，最终还将拥有该设备的所有权。对于资金缺乏的企业来说，金融租赁不失为加速投资、扩大生产的好办法；就某些产品积压的企业来说，金融租赁不失为促进销售、拓展市场的好手段。通过金融租赁，企业可用少量资金取得所需的先进技术设备，可以边生产，边还租金。

第三，互联网融资租赁指的是通过网络借贷平台，依托于平台的便捷性和媒体化属性，结合融资租赁行业特有的交易模式，实现融资租赁项目与投资人对接的融资方式。它还可以为项目的借贷双方提供信息流通、交易撮合、信用评审、法律咨询以及在线电子业务办理等相关服务。从当前市场出现的较为常见且运作成熟的互联网融资租赁业务模式看来，主要包括融资租赁项目众筹模式和融资租赁债权转让模式两类。

在互联网金融浪潮席卷之下，融资租赁也在不断地尝试探索与互联网最佳的结合模式。2013年6月国内便出现了第一个以P2B（Person to Business，个人对企业）业务模式，专注于融资租赁的互联网金融交易平台——上海普资华企。截至2015年年初，国内已有十余家具有代表性的互联网融资租赁平台，并成为互联网金融的一个重要组成部分。2015年，国务院连续印发《关于加快融资租赁业发展的指导意见》和《关于促进金融租赁行业健康发展的指导意见》，两者都强调了应当加强融资租赁与互联网结合的作用和意义。随着一批专注于互联网融资租赁服务的平台出现，互联网金融对于融资租赁行业的改变正在发生。

互联网融资租赁公司的一般模式为融资租赁公司与承租人订立融资租赁合同，由融资租赁公司按承租人需求出租设备给承租人，产生收租权；融资租赁公司与互联网金融平台签订合作协议，将收租权转让给平台投资人；承租方按时对投资人付租还本。互联网融资租赁的优点在于可以帮助融资租赁企业对接大量的个人投资者，接触到最广泛的民间资本，最大限度地拓宽融资租赁公司的资金来源。互联网在融资租赁业务来源、资金来源、风险控制，以及资产处置等方面也发挥着作用巨大。

第二节　农民融资方式

企业、合作社和农民都需要进行投资，但是因为银行等金融机构缺乏必要的有关农民生产经营和金融的信息，农民也没有抵押品，造成了农民获得贷款的能力较低，没有能力进行投资。在这种情况下，企业和政府有必要给农民提供一定程度的担保，解决农民的融资难问题。"企业+农民"模式可以有效地将分散的农民组织起来，解决小农民与大市场之间的矛盾，但是并不能解决农民融资难问题。后者将限制农民自身的发展，也将使得它们无法有效融入企业所主导形成的产业链中，进而限制企业的发展。

一 企业给农民担保模式

一方面，因为农民缺乏金融机构所需要的抵押品，以及金融机构缺乏对农民生产和经营现金流的掌握，信用社和银行等金融机构通常不愿意给农民提供贷款。这给农民扩大生产规模，进行生产资料投资造成了一定困难。另一方面，由于与农民有着紧密的合作关系，企业对生产基地内农民的生产、经营、技术、现金流状况比较了解，知道可以给哪些农民提供贷款。在这种情况下，企业可以选择一部分资质比较好的农民，由企业给农民提供担保，则可以在一定程度上解决信息不对称所造成的融资困难，农民获得信用社和银行贷款的概率将极大提高，对企业来说这种担保的风险其实也比较低。而且根据国家有关规定，企业每一单位的本金可以给高达5—10倍的贷款提供担保，这样企业相当于获得了相应倍数的杠杆资金，可以借此迅速扩大生产规模。总体来看，这种融资方式有以下优点。

一是充分利用了企业所掌握的农民信息，通过企业为农民提供担保的形式，有效解决了农村金融机构和农民之间信息不对称的问题，以及贷款的使用和回收问题。二是企业以较少的担保资金投入，获得了成倍的农民贷款，有效发挥了杠杆效应，使得更多农民可以获得贷款,既扩大了企业生产规模,也使得更多农民脱贫致富。三是可以帮助当地金融机构降低贷款风险,增加有效客户,增加了农村金融机构的收益。因为参加这种模式的企业、金融机构、农民都有利可图,有钱可赚,所以这种模式的阻力很小,操作性强。四是在利益共享的同时,分散了风险。企业、金融机构、保险机构、农民都承担了相应的风险。

缺点在于企业直接担保的方式在一定程度上影响了企业的现金流,容易引发道德风险,也会增加企业的经营风险。企业可以通过成立独立的担保公司来降低风险。企业可以作为发起人,通过引导农民入股、社会参与、其他保险公司入股的方式成立担保公司,作为公益性质的公司,专职为农民贷款提供担保。担保公司可以收取一定比例的担保费,保证能够盈亏平衡即可。事实上,龙头企业成立担保公司在中国部分地区已经有一定程度的发展。

二 政府给农民担保模式

当然,惠东县政府也可以考虑利用财政资金成立担保公司,也可引导行会、商会、银行、保险、证券和财务公司成立股份制或者会员制担保公司,在满足农民资金需求的同时最大化地分散风险。

担保基金来源于当地政府财政拨款、会员自愿交纳的会员基金、社会募集的资金、商业银行的资金等。信用担保机构实行会员制管理的形式,属于公共服务性、行业自律性、自身非营利性组织。当农民向银行借款,而又提供不出银行所能接受的担保措施时,如抵押、质押或第三方信用保证人等,担保公司可以帮助解决这些难题。农民需要提供一定的抵押品给担保公司，但是与银行相比而言，担保公司对抵押品的要求更为灵活。

三 农村合作型保险机构

长期以来，中国农村地区存在着为农业生产提供资金融通的农村信用合作社，然而，随着市场经济的发展以及商业银行融资方式的普及，农村信用合作社的作用日益式微，而新的融资方式还未形成。这造成农村资金不断涌入城市，为城市化建设做出了巨大贡献。但是农村自身的资金融通却变得越来越困难，农民获取资金的成本越来越高。这极大限制了农民对土地的投资，限制了农民购买现代化农业机械设备，制约了农业规模化经营。这也降低了农民抵抗风险的能力，削弱了农民的农业生产积极性。

所以，在农业现代化建设新形势下，需要重新整合农村内部现有资金，有效地把农村资金留在农村，为农业生产服务。建立新型农村合作型保险机构将是一种可行的方式，村组织和企业应当起带头作用，把农民组织起来，投资企业可以提供一定数量的启动基金，农民缴纳一定数量的保险金，通过这种方式成立农村合作型保险机构。农村合作型保险机构的作用主要有以下几点。第一，保险功能。农业生产属于高风险行业，受自然气候影响较大，所以需要为农产品生产提供保险资金，农民可以用农产品收获利益补偿保费收入，这也是企业为农民提供生产融资的一种形式。因此从这个角度看，也要发展企业为农业生产入股入资的小型农村合作保险机构。第二，资金融通功能。除了给农业生产提供保险以外，农村合作型保险机构也可以提供适当规模的农业生产信贷，以及农产品加工信贷，促进农业生产的规模化和集约化。

第十五章 资源整合：总体一级开发与分包二级开发

安墩镇生态综合一体化开发初期的基础设施建设需要大量资本，相关经验与人才，这是政府所缺乏的。引进具有大项目开发经验的一级开发商帮助政府进行初期的开发规划是必要的，这种一级开发相当于提供了一个可以继续经营的平台。接下来，二级开发商可以在这个平台上提供各式各样的产品和服务。

第一节 相关概念界定

一 土地开发

土地开发是指政府、企业或个人采取各种措施，将未利用土地改造成农用地或其他用地的活动。按开发后土地用途来划分，土地开发可分为农用地开发和建设用地开发两种形式。其中，农用地开发包括耕地、林地、草地、养殖水面等的开发；建设用地开发指用于各类建筑物、构筑物用地的开发。按开发的级别，土地开发一般分为土地一级开发和土地二级开发。

二 土地一级开发

土地一级开发，是指由政府或其授权委托的企业，按照土地利用总体规划、城市总体规划及控制性详细规划和年度土地一级开发计划，对一定区域范围内的城镇国有土地、乡村集体土地进行统一的征地、拆迁、安置、补偿，并进行适当的市政配套设施建设，使该区域范围内的土地达到"三通一平""五通一平"或"七通一平"的建设条件（熟地），也包含土地整理、复垦和成片开发过程。

2000年《中关村科技园区条例》最早提到"土地一级开发"概念。后来《北京市土地一级开发管理暂行办法》对"土地一级开发"有了更加明确的解释，在此办法中，土地一级开发是指地方政府委托土地整理储备中心，按照土地利用总体规划、城市总体规划及控制性详细规划和年度土地一级开发计划，对国有土地、拟征用土地和农村集体土地转国有土地，统一进行征地补偿、拆迁安置、基础设施和配套设施建设的行为。

按开发后土地用途来划分，土地开发可分为农用地开发和建设用地开发两种形式。其中，农用地开发包括耕地、林地、草地、养殖水面等的开发；建设用地开发指用于各类建筑物、构筑物用地的开发。从空间上来讲，土地一级开发主要可分为成片（或连片）开发及分片开发两类。当然，这只是一种约定俗成的说法，在法律上还没有明确的规模指标界定。从时间上来讲，一种是先做一级开发，再做二级开发，即一、二级开发按时间顺序分别进行；另一种是一级开发和二级开发联合进行。从性质上来讲，一类是存量一级开发，包括旧城改造、旧村改造、城中村改造等项目；另一种是增量一级开发，包括征用和农转工用土地，有些是已纳入城市总体规划的成片征地开发，有些是总体规划区以外单独立项的基建类项目。根据土地一级开发涉及的类型及发展历程，当前土地一级开发的开发模式主要有以下几种类型。

第一，传统开发模式。用地企业自行购买土地，自行做一级和二级开发。这种方式的好处是政府无须投入，缺点是政府收益较低，城市整体规划难以实施，开发进度无法掌控、保障。国家已经强调，今后经营性城乡建设用地将一律先由政府或者政府批准的企业主导进行一级开发，再进入土地市场，所以这种无秩序的开发模式将很少使用。

第二，政府独立开发模式。成立土地储备机构或指定专门成立的国有公司承担一级开发，好处是政府收益相对丰厚，缺点是政府需要大量铺垫资金，开发进度慢、效率低、风险大，当政府收入不足时将很难推进。而且这种开发模式操作不透明，企业一级开发的利润率难以确定。随着市场化改革的不断进行，这种模式将也会越来越少见。

第三，政府和社会资本合作模式。在这种模式下，政府公开招标方案优、成本低的企业承担一级开发，并分享土地一级开发后土地增值的收益。政府和企业需要签订合作协议，明确双方的责任、权利和义务，如果合作顺利，这种模式可以明显加快区域开发的速度。对于大规模、高起点的创新型区域规划，这种模式的优点尤为明显，因为这一般需要大量的资金投入，丰富的开发经验，高效的管理举措，仅靠政府很难满足各方面的要求。对于企业来说，需要其有丰富的一级开发经验和实力，协助政府进行整体规划、土地推介和宣传等。根据土地使用权的转移与否及分利办法不同，在实际操作中又衍生为多种形式。其一是一级开发不发生土地使用权转移的委托式,实际上相当于工程承包。其二是发生土地使用权转移,政府先将生地出让给一级开发商,开发成熟后再由一级开发商转让给二级开发商。其三是"生地出让—熟地回购"模式,即一级开发成熟后再由政府收储统一上市。在政府与一级开发商的分利办法上有固定收益、溢价分成、固定收益+溢价分成及完全市场操作等几种,如在惠州市政府与中信深圳集团一级开发合作中,政府做出了土地增值收益全部归中信的承诺。随着国家对政府和社会资本合作模式(PPP)的鼓励,该种开发模式将会越来越流行。建议安墩镇综合一体化开发使用这种一级开发模式。

三 项目二级开发

项目二级开发是指土地使用者从土地市场取得土地使用权后,直接对土地进行开发建设的行为。二级开发负责的是具体项目的开发,如某个农业生态产业园的建设,某个温泉养生养老基地的建设,某一条旅游线路的设计和运营,以及医疗、宾馆、餐饮、休闲、游乐等服务的提供等。

第二节 总体一级开发中政府的职责

地方政府要在土地一级开发中起引领、指导和监督作用,负责制定法律、法规,做好总体规划,保障开发商、农民等利益主体的权益。地方政府也需要全程参与开发计划、动迁安置、基础设施建设、土地出让等。地方政府的行为是土地一级开发成功与否的关键。

一 组织成立土地一级开发管理委员会

在安墩生态综合一体化开发项目启动之前，当地政府要组织一级开发商成立土地一级开发管理委员会或者项目筹备工作领导小组，负责整个项目的统一规划和组织，将土地一级开发列入政府重要议事日程。惠州市、惠东县、安墩镇三级人民政府在总体土地一级开发项目中明确各自的分工，市级人民政府负责工作指导和任务安排；县级人民政府负责实际操作和工程建设，指定专人协调各相关职能部门协助项目的开发建设；镇级人民政府负责居民的动迁、安置以及土地征收等。广东省金东海集团有限公司负责土地一级开发的具体运作，包括项目施工、基础设施建设，等等。

二 制定和完善土地一级开发的规章制度

土地法律法规体系的建立和完善是土地一级开发和土地储备的前提和保障。现在中国还没有关于土地一级开发的专门法律，在安墩镇综合一体化开发中，当地政府可以依据的法律法规有国土资源部2004年11月颁布的《关于完善征地补偿安置制度的指导意见》、2009年开始实施的《广东省土地利用总体规划条例》等，以此来制定土地一级开发的内部规章制度。

三 土地一级开发过程中的监督检查

安墩镇综合一体化开发的周期长，开发项目和工程多，涉及资金规模大，为了有效防止腐败寻租现象发生，可成立由惠州市、惠东县、安墩镇三级人民政府主导，相关单位和部门参与的土地一级开发监督体系。同时，充分发挥人民群众的监督检查作用，在动迁安置工作中，密切联系群众，定期公示土地征收、房屋拆迁以及各项补偿情况；通过各种宣传方法，对安墩镇综合一体化开发进行宣传，积极引导人民群众参与和监督开发工作和进程。

第三节 一级开发企业的目标和作用

长时期以来，中国土地一级开发市场由政府垄断，市场化运作经验缺失，"生地出让""一二级联动"等土地开发模式占据主流。但从近些年土地开发业务的发展情况来看，土地一级开发越来越成为一项独立的业务，"政府主导、市场化运作"趋势明显。安墩镇综合一体化开发顺应了这一趋势，与具备土地一级开发资质的广东金东海集团签订了框架协议。作为安墩一级开发企业，广东金东海集团需要明确开发应遵循的原则、开发目标和工作内容，并按规划切实实施。

一 一级开发应遵循原则

第一，保护和改善生态环境，促进土地资源可持续利用；第二，增加有效耕地面积，促进实现耕地总量动态平衡与农业可持续发展；第三，依据土地利用总体规划（土地开发整理专项规划），符合土地利用年度计划；第四，以土地整理和土地复垦为主，适度开发未利用土地；第五，采用先进科学技术，达到经济、社会和生态效益的统一；第六，因地制宜，先易后难，调动社会各方面的积极性。

二 开发规划

一级开发企业应该制定安墩镇发展策略和发展定位，以此为指导，制定镇域总体规划、镇区总体规划、产业发展规划、交通设施规划、生态景观系统规划、历史文化保护规划、旅游资源发展规划、综合防灾规划、环境保护和卫生规划、给水工程规划、污水工程规划、雨水（防洪排涝）工程规划、电力工程规划、电信工程规划、燃气工程规划等详细开发规划。

三 开发目标

（一）基础设施建设

对镇区国有土地和乡村集体土地，有计划的实施征地、拆迁、市政基础设施建设、公用配套设施建设，按期达到土地既定开发标准（如"三通一平""五通一平""七通一平"等）。"三通一平"指通水、通路、通电、平整地面。"七通一平"指通上水、通下水、通电、通信、通气、通热、通路、平整地面。

（二）农业用地整理

一级开发完成后，农业用地要相对集中连片，相对平整，适合一定程度的规模化经营。土地开发净增耕地面积不低于项目规划设计面积60%；土地复垦净增耕地面积不低于项目规划设计面积的40%；土地整理净增耕地面积不低于项目规划设计面积的10%。

（三）矿产资源合理利用

在保护环境的前提下，对安墩镇的高岭土、钾钠矿石等矿产资源进行统一的勘探、开发和利用，以杜绝现在盗采盗挖破坏环境的现象，力争走出一条在开发中保护，在保护中开发的新型矿产品开发道路。

(四) 温泉资源有效利用

对安墩镇内的温泉资源进行综合评估,做出统一的开发规划,统筹运营,以改变现在零散、无序和低效的利用状况。大力宣传安墩镇温泉资源,请第三方机构进行专业认证,提高外界对安墩温泉资源的认可度,打造安墩温泉名镇的称号。

四 开发步骤

第一,勘测与调查。主要是摸清待开发土地资源的数量质量与分布,为土地开发规划提供基础资料。

第二,确定开发目标。其基本目标是充分合理利用土地,增加土地的可利用面积,改善土地的利用条件,以提高土地的利用效益。从社会经济技术生态等各方面论证待开发资源开发的可行性,目前以农业开发为目标的可行性论证一般以经济效益的分析为主,同时还考虑土地开发对生态环境的影响及其对社会需求的满足程度,主要指标有产投比、土地生产率、土地利用率、土地生态效益。

第三,确定土地资源开发的结构和布局。土地资源开发的结构取决于一个地区用地构成的要求,以及国民经济发展长远计划或企业的经营方针,各类待开发土地资源的数量和质量状况,建立良性生态系统的要求和当地的社会经济条件。规划方案有三种:一是根据需求,逐项确定各种用地面积,然后参照待开发土地资源的适宜性进行调整,综合平衡各项指标。二是根据实际可能,如各类待开发土地的数量、质量、生产环境、资金、劳力等条件,确定各种用地的构成,然后再以此与发展计划指标平衡。三是建立数学模型,如线性规划,多目标规划等。以土地资源情况、国民经济建设的需要和社会经济条件等指标为制约因素，以优化的社会、经济、生态效益为目标，求出用地结构的最优解。土地开发布局一般是分区提出各类土地开发的比例，并根据可开发土地的分布状况、生产力水平以及开发条件优劣，合理的确定各处的土地开发量，同时确定开发重点。

第四，制定开发资金计划。在制订开发资金计划时，一是按照土地开发效益的大小、见效快慢、开发意义大小、将其分为重点、次重点、一般等层次，科学的配置资金；二是根据开发区的经济力量及开发模式，将土地开发区划分为完全性投资区、支持性投资区、扶持性投资区。

第五，选定开发方式。指土地开发的社会方式，包括土地开发的组织方式、经济投入、与分配方式等。

第四节　二级开发企业的作用

在一级开发进行过程中，或者一级开发完成后，需要引进合格的二级开发企业进行具体的项目开发，丰富配套服务。第一，生态农林基地建设。二级开发企业可以承租一级开发企业已经整理好的农地或者林地，种植经济作物、开发农业体验旅游基地，特色果园等。第二，提供商业配套服务。二级开发企业也可以在镇区、旅游景点和线路中，提供文化、旅游、酒店、餐饮、购物等相关服务。事实上，二级开发企业应该是无处不在的，不仅可以引起外地有相应资质的企业进行二级开发，更应该鼓励安墩镇村组织、当地有影响力的人，以及外出就业的村民回乡创业，提供更具有当地特色的产品和服务。

第六篇

市场开拓与开发预期

第十六章 市场开拓

第一节 市场开拓总体思路

从市场种类来看，必须开拓的市场包括旅游和养生养老市场、陶瓷产品市场、农林产品市场；从市场开拓规划来看，必须明确目标客源市场、目标客户群、特色产品开发、市场营销策略等。市场开拓的总体思路是：通过旅游和养生养老产品的开发吸引客户，形成规模化的购买力和消费能力；进而带动农林产品市场的发展，使得农林产品在当地自产自销；同时也有助于陶瓷产品市场发展，扩大陶瓷产品的国内国际影响力。

第一，安墩镇借助宜人的气候、自然的湖光山色、独特的历史文化资源、优质的热汤温泉等宝贵旅游资源，将成为周边区域甚至国内国际的休憩旅游胜地，吸引大量旅游爱好者。第二，广州、深圳等地有大量常住外来人口，他们已经适应了这些地区的气候、环境和饮食等，产生了归属感，已经不愿回到远离这些地区的老家养老，安墩镇紧邻这些地区，温泉养生养老基地的开发将极大吸引这些地区的老年人到安墩来养生养老。第三，大量旅游人群和养生养老人群将给安墩注入生气与活力，他们的衣食住行等将形成一个巨大的消费市场,带动农林产品和陶瓷市场的发展,催生各式各样农林产品和陶瓷产品的开发,这些产品的销路自然不成问题。

对于陶瓷业,除了开发游客和来此养生养老的老年人市场外,也要借助他们的力量进行宣传,扩大影响力;同时还需要积极开拓外地市场,以艺术和观赏陶瓷为主导产品,创造品牌、打出特色,吸引国内外消费者。

第二节 目标客源市场

由于市场的形成主要依托于旅游和养生养老产业,所以这部分主要介绍这两个产业的目标客源市场,且它们存在很大程度的重叠。根据客源地客户数量,市场可分为一级市场、二级市场,以及目前客源尚少的三级市场。一级市场是指客户人数占目的地接待总人数比例最大,一般达40%—60%的客源市场;二级市场是指客户人数在目的地接待总人数中占相当比例的客源市场;三级市场也称边缘市场。

旅游与养生养老目的地与客源地之间距离的远近是决定客流量的重要因素之一。空间跨度大,意味着地理、气候和文化等差异大,虽然对客户构成了强烈的吸引力,但是也意味着交通费用高,交通占用时间多。所以,项目应该首先将周边地区作为主要客源地,由此构成了客源市场的圈层结构。项目的市场发展要立足珠江三角洲,以本地惠深都市圈为核心,以广州、佛山、东莞、香港、澳门为重点,积极开拓省外、海外市场。

一 一级客源市场——深圳、广州、东莞地区

广州、深圳、东莞均处在安墩镇周边交通圈内，往返便捷，是安墩镇最有潜力的客源市场。交通条件的提升也为安墩镇产业发展提供了优势条件。未来市场开拓要以惠州客源市场为立足点，发掘周边大城市的客源市场。以广州、深圳为核心的城市群，人口众多，经济发达，消费潜力巨大，是其他地区所无法比拟的。未来应该对这一块市场进行重点宣传和开发，特别是要做好安墩镇养生养老基地和盛世桃源项目的开发，搞出特色，使得广州、深圳等地的老年人到安墩养生养老。

香港、澳门地区也是惠州市的重要客源市场，港澳经济实力强大，居民消费比较理性、成熟，消费水平较高，对设施和服务水平要求较高。随着港珠澳大桥的兴建，港澳和珠三角地区的交通联系更为密切，更有利于开拓港澳两地的游客市场。

二 二级客源市场——东部沿海地区

东部沿海地区，特别是长江三角洲、珠江三角洲一直是全国城市化水平最高的地区，经济最活跃的地方，这两个地方也一直是中国国内旅游客源的主要出产地，吸引这一部分游客的到来，对安墩镇旅游产业的发展具有十分重要的意义。

一年中出游的总体特点反映了旅客的旅游消费观念、消费模式，如家庭度假是主流；非黄金周的出游率大于黄金周，暑期是出游的高峰时期；旅游消费增长幅度大。

东部沿海地区的休闲度假市场可以分成两部分：一是商务会议市场，主要由地方的企事业单位组成，这部分人员的活动高峰

期是周一到周五；二是休闲度假市场，主要由成功人士、白领阶层以及高校师生组成，他们的活动主要集中在双休日和三个黄金周。配合一级客源市场的宣传与开发，东部沿海地区的市场份额提高的余地较大。

三　三级客源市场——京津冀地区

京津冀地区是国内旅游和养生养老三大客源产出地之一，一体化进程不断推进，发展速度加快，具有相当大的市场潜力。近年来，"北客南游""北客来南养生养老""由观光游转向深度游""由繁华都市转向自然风光"的趋势变化明显，正适合安墩镇把握时机，迅速发展。

待安墩旅游业和养生养老开发管理较完善后，可以配合一些收视率较高的真人秀电视节目进行宣传，提高安墩镇旅游和养生养老产业在全国范围内的知名度，发掘三级客源市场资源与潜力。

第三节　目标客户群

一　养生养老群体

依托热汤温泉养生度假区、石珠养老示范社区、水美养老示范社区、开发温泉疗养中心、中医调理中心、体检康复中心，吸引来自广州、深圳、东莞等周边城市的中老年人士，身体亚健康人士，以及为了消除疲劳静心养性的都市白领。中老年人可以进行高端体检，并得到一对一的疗养方案，在老年社区进行调养；压力大的都市白领可以在温泉度假区通过温泉养生舒缓身心；体虚及亚健康人士可以在温泉养生的同时去中医调理中心疗养身体。

休闲养生旅游具有较强的自然性、享受性、参与性，因此本项目依托热汤村的温泉资源，结合高端体检、中医调理和温泉度假三大中心为一体的养生基地开展康体健身、休憩疗养、消遣娱乐等活动。同时针对营销思路做"候鸟型"疗养养老。所谓"候鸟型"养老就是每一年抽出一两个月的时间，随着季节的变化，到不同的地方去，在游玩中健健康康、快快乐乐享受老年生活。这种养老方式集健康服务、旅游休闲、文化娱乐为一体，目前各个城市都在探索这种新型的养老服务模式。

二　家庭团体自驾游群体

依托有机蔬菜水果基地、茶叶种植基地、梯田花卉基地、牧养场、陶瓷原料深加工基地、陶瓷产业园等，吸引珠三角地区的家庭团体自驾出游。随着人们对健康的生活方式的需求日益增长，体验乡村生活逐渐成为时尚。游客可以实地体验种植、采摘、加工过程，并且可以在线购买农场的时令有机蔬果。

同时在安墩镇南部陶瓷产业园优先建设陶瓷艺术展馆、陶瓷文化中心、陶瓷体验园等项目。游客与孩子、朋友亲自手拉胚制作属于自己的、独一无二的陶瓷作品，体验陶瓷制作的乐趣，让陶瓷见证他们的亲情、友情、爱情；寓教于乐，在消费的同时感受惠州安墩镇的陶瓷文化，使安墩镇的旅游品牌更加亲民化。

第四节　市场营销策略

一　项目营销模式

（一）借助政府力量进行营销

惠州市政府从 2015 年就开始开展系列旅游营销推介活动，对惠州旅游的发展起到一定的推动作用。安墩镇、广东金东海集团等相关企业应该借助惠州市政府的旅游营销推介平台，积极开展旅游产业、养生养老产业、特色农林产品的营销活动。可以在推介活动的同时，举行安墩生态一体化开发项目的主题展览活动，吸引参加推介活动人员的注意力。由于是配合政府营销活动一起进行，所以这种展览活动更具权威性、正式性，更容易获得参加活动人员的认同。

（二）拓展多元化营销渠道

第一，旅行社营销渠道。旅游景区可通过与旅行社合作来打开销售渠道，旅游景区将自己的目标市场按区域划分，每个区域派驻营销经理，负责片区的营销全过程，与旅行社共同开发整合旅游产品，并配合旅行社做好线路推介，达到景区与旅行社共赢的效果。

第二，养老机构营销渠道。养生养老基地可以与广州、深圳等周边大城市的养老机构建立合作关系，通过这些养老机构推广安墩镇养生养老基地的理念、产品和特色服务。也可以与这些养老机构合作在安墩镇建立养生养老中心，最大限度地拓宽老年人客户的来源。

第三，媒体营销渠道。要争取政府等的支持，通过电视广告、平面媒体等方式宣传安墩特色产业和产品,在城市电视台投放宣传片,在报纸杂志上刊登安墩特色图文,形成全方位、多角度的立体宣传体系。例如,旅游景区可以经常参加旅游交流会,对旅游产品进行直接的推广营销。还可以举办一些主题特色活动来扩大知名度。最关键的是对媒体营销模式进行科学的研究和分析,找到一种相对优化的途径。

第四,网络营销渠道。积极通过互联网展现安墩镇旅游景区、养生养老基地等特色项目。可由一级开发企业主导建立安墩镇综合服务网站,向客户传递信息,扩大知名度。除了介绍旅游基地和路线、养老养生基地和特色农林产品外,网站还应该开通网上订票系统,实现网上营销的最终目的。另外,网络营销还可以开展服务调查,引导网友对景区服务质量、资源特色、综合治理、环境保护等方面的满意度进行调查,便于今后加以改进。基于电子商务的景区营销给传统营销模式带来了变革性的影响,在资源整合、降低成本、满足个性化需求等方面具有现实意义。

第五,微信营销渠道。以微信为代表的自媒体成为主要的宣传渠道,安墩可以通过微信公众平台向客户推送包括旅游基地和线路、养生养老基地状况等信息。微信也可以作为移动式实时客服平台,为客户提供线上咨询、模拟旅游、养生体验、预定门票、预约服务等功能,成为景区与客户交流互动的平台,带来新的服务体验。微信电商开辟了新的营销渠道,用好微信这一精准营销的核心产品,才能在未来的竞争中起到引领带头作用。

(三)建立客户服务系统

建立安墩镇客户系统,以客户为中心,对潜在客户采取一对一的营销模式，让有限的资源产生更大的价值，进而实现营销目标。作为安墩镇的营销机构，应该利用专业软件从大量的客户数据中提炼出对营销有价值的信息，以便有针对性地开展营销，提供个性化的系统服务。营销一定要以游客为导向设计产品、设计营销策略，为客户提供增值服务。如果安墩特色产品能够带给客户超出预期的体验，他们则会推荐周围的人去安墩参观和体验，这是一种非常有效和经济的营销模式。

（四）加强员工培训

尽管旅游和养生养老等基地的营销模式多种多样，但其核心内容仍然是服务。这就要求不仅要通过严格的标准化培训以规范服务人员的服务流程、言谈举止，使客户能愉快的接受服务，同时还要及时更新、维护基地各项硬件服务设施，为客户游览、等待、接受服务提供良好的条件。要通过推行标准化、人性化服务，实现零投诉，让客户一传十，十传百，通过"口碑"营销基地。这种亲朋好友间的人际传播，信服度高，很容易招徕客户。要通过建立客户评价反馈系统，实现服务的升级换代，实施各基地全员营销模式。

二 项目营销方向

（一）从跟随营销到创造营销

针对本项目的差异化，必须做出创造性营销。只有走在市场前面，才能在竞争中生存，即把客源潜意识的、模糊的、不清晰的需求有意识化、明朗化、清晰化和现实化，并通过市场营销加以满足，从而牢牢掌握市场主动权，这是一种主动适应市场需求的做法。例如，项目可以打造具有特色的农业生产体验游、中医养生养老基地、陶瓷艺术体验游等来吸引和创造客源。

（二）从传统营销到绿色营销

越来越多的人意识到生态环境的重要性，开始注重居住和生活地区的空气、水、食品的无污染性，开始使用绿色产品、有机产品。所以安墩的营销也要走可持续发展的绿色道路。绿色营销是一个复杂的营销过程，需要搜集绿色信息，捕捉绿色机会，发现绿色需求，拟订绿色计划，制定绿色价格，开展绿色促销等，但核心是开发绿色产品。绿色产品是一种无污染或无公害的产品。安墩要集中于开发绿色无污染食品、保护生态环境、减少污染、开发绿色旅游线路。对于陶瓷产业的开发，也要采取绿色模式。

（三）从有形营销到形象营销

旅游和养生养老市场竞争非常激烈，形象塑造是占领市场制高点的关键。旅游和养生养老基地的不可移动性，决定了要依靠典型形象的传播，使其为潜在客户所认知，从而产生前往体验的动机，并最终前往。国外研究表明，形象是吸引客户最关键的因素之一，"形象"使客户产生一种追求感，进而驱动其前往。如何让客源对我们形成一种全新的形象识别，基地形象的塑造具有举足轻重的作用，所以给广东金东海集团生态综合一体化开发项目取个有理念识别、行为识别、视觉识别的形象定位称呼非常重要。如黄山的定位形象表述为"五岳归来不看山，黄山归来不看岳"、牙买加的定位形象表述为"加勒比海中的夏威夷"。安墩这一项目也许可以称为"客家第一山水"。

（四）从对抗营销到合作营销

许多景区开始由对抗营销转向合作营销，他们把对手当成朋友、伙伴，在市场竞争中相互合作，相互促进，相互提高，共同发展。如大西南黄金旅游圈。而今，安墩项目也在珠江三角洲地区旅游一体化规划范围之内，可以得到政府主导的旅游合作营销上的许多扶持。

第十七章　近期开发预期

第一节　子项目开发预期

安墩生态综合一体化开发，即惠东县与广东金东海集团有限公司签订的"生态安墩·康乐年华"项目，包含4个子项目，它们的开发内容和计划如下。

第一，运营管理中心。负责建设运营管理中心，同时是农林水牧及矿产资源的科研、检测和交易中心，位于惠东县县区，计划占地50亩，在取得项目用地并办完相关手续后，将在10个月以内完成设计与概算，2年内建设完工，估计投资1.5亿元人民币。

第二，天宝物华陶瓷艺术产业基地。主要开发建设高岭土、钾钠长石等矿产资源的深加工基地和陶瓷艺术产业园，形成产学研一体化示范区。项目包含了位于矿区的陶瓷原材料深加工基地和位于左华村的陶瓷产业园两部分。陶瓷原材料深加工基地以安墩镇洋潭村为中心，陶瓷艺术产业园以安墩镇左华村为中心。基地用地规模设计不低于3200亩，其中陶瓷原材料深加工基地不低于300亩，陶瓷产业园不低于2900亩。开发计划：惠东县人民政府力争在协议签订之日起1年内给予项目配套工业用地指标200亩，在广东金东海集团协助惠东县政府申报取得国家级绿色矿山示范基地后，惠东县政府争取上级以专项用地指标方式解决剩余的用地需求。广东金东海集团在竞得项目所需用地并办理相关手续后，结合立项与规划，在10个月内完成项目设计与概算，建设时限3年完成。估算投资金额10亿元人民币。

第三，康乐年华健康养生养老基地。主要建设休闲度假及商业文化中心、医疗体检中心、中医调理中心，并配套建设养生养老会所及社区。基地将以安墩镇热汤村为中心。用地规模设计不低于4500亩，其中项目配套建设用地300亩。开发计划：惠东县人民政府自协议生效之日起2年内力争将项目配套用地300亩挂牌出让。在广东金东海集团协助惠东县人民政府申报整体项目成为省重点项目后，由惠东县政府争取上级用地指标支持解决项目剩余的建设用地需求，广东金东海集团在竞得项目所需用地并办理相关手续后，结合立项与规划，在10个月内完成设计与概算，建设时限5年完成，估算投资金额25亿人民币。

第四，秋实春华生态农林水牧基地。利用安墩镇丰富的农林资源开发建设林下经济示范基地，生物多样性经济种植基地，农林产品加工区及矿泉加工区等农林水牧畜基地。项目主要位于安墩镇新村、梓横、水美、和岭等村。用地规模不低于150亩。开发计划：公司在竞得项目所需用地并办理相关手续后，结合立项与规划，在10个月内完成设计与概算，建设时限3年，估算投资金额3.5亿元。

第二节 近期建设预期

一 近期总体建设预期

基于安墩镇总体发展战略格局和长远统筹，根据本次生态综合一体化开发的总体构思，并充分考虑安墩镇经济社会发展水平和旅游发展需求，计划到2020年，农林种养及农林产品加工物流产业得到大力发展，旅游产业粗具规模，陶瓷科技产业基础稳固。预期近期主要建设安墩旧镇中心组团、热汤温泉旅游度假区、黄沙爱国教育基地、西南农林产品加工物流区、康乐年华健康养生养老基地、秋实春华生态农林水牧基地、天宝物华陶瓷艺术产业园，希望通过项目的实施，有序落实总体规划布局，实现发展战略目标。在建设过程中，引导土地进行有效开发建设，明显提高社会服务水平、基础设施条件和生态环境质量，促进城镇健康、持续、快速发展。

二 近期重点建设地区

由于资源和时间的限制，预计近期主要对重点增长地区、重点更新地区和重点保护地区进行保护、开发和建设。

第一，重点增长地区，指的是对调整城镇空间结构，提升城镇功能，促进产业发展有重要作用的地区。其目的在于集中有限的城市建设投资进行重点开发并形成规模效应，保证投资省、见效快，并综合协调城市建设各系统，以引导城市空间结构和功能结构的合理发展。安墩镇重点增长地区包括中心镇区核心段、康

表17—1 近期建设项目及规划指引

类别	项目名称		具体位置	用地/规模		规划指引
				建设用地（亩）	农林用地（亩）	
重点增长区	中心镇区核心段		镇政府周边片区	—	—	1. 更新改造镇政府周边片区，奠定空间发展骨架，疏通支路和巷路，改善交通微循环； 2. 沿蓝多公路设置商业区，服务新旧城区居民； 3. 建设新客运站和电影院，推动新型社区建设； 4. 建设消防救灾中心，完善抗震救灾系统
	康乐年华健康养生养老基地	安墩镇养老社区启动点	洋潭村	10	50	
		九洲壩养老示范社区	葵双村	10	50	
		养老示范社区（一）	水美村	10	50	
		养老示范社区（二）	石珠村	10	50	
		热汤温泉养生度假区	热汤村	28	54.6	1. 建设旅游度假区的服务中心，提高服务水平； 2. 高质量建设温泉旅游度假村，提升旅游形象和吸引力； 3. 完善旅游度假村各项公共配套
		体育公园	热汤村	0.5	66.1	
		中医调理中心	热汤村	2.5	64.1	
		商业服务中心	热汤村	2.5	64.1	
		医院	热汤村	6	60	
		体检康复中心	热汤村	2.5	64.1	
		教育产业基地	热汤村	3	63	
		休闲度假中心	热汤村	2.5	64.1	

续表

类别	项目名称	具体位置	建设用地（亩）	农林用地（亩）	规划指引
重点增长区	秋实春华生态农林水牧基地	畜牧禽良种繁育中心	石塘村	—	130	
		牧养场	梓横村、石塘村	—	300	向周边推广
		野生动植物保护与驯养中心	仙洞村	—	150	
		野生动物驯养放养区	上洞村、下洞村	—	300	
		优良种质资源圃	新村村	—	130	
		林下经济示范基地（一）	新村村	—	300	向周边推广
		林下经济示范基地（二）	白沙村	—	300	向周边推广
		饮用矿泉加工区	水美村	0.8	100	
		林下铁皮石斛种植与药用研究产学研究基地	水美村	—	150	
		林地生物多样性经济种养示范基地（一）	石珠村	—	300	向周边推广
		林地生物多样性经济种养示范基地（二）	和岭村	—	300	向周边推广
		安墩镇农贸批发市场	安墩镇镇区	0.6	—	
		农林产品加工与物流区	葵双村	12	100	
		庄园建设	镇域分布			

续表

类别	项目名称	具体位置	用地/规模 建设用地（亩）	用地/规模 农林用地（亩）	规划指引
重点增长区	梯田花卉基地	黄沙村	—	300	
重点增长区	茶叶种植基地	左华村	—	300	
重点增长区 天宝物华陶瓷艺术产业园	绿色矿山开采试验区	洋潭村	12	—	
重点增长区 天宝物华陶瓷艺术产业园	陶瓷原材料深加工基地	洋潭村	33.4	—	
重点增长区 天宝物华陶瓷艺术产业园	陶瓷产业园	左华村	59.34	—	
重点增长区 配套项目	万亩林场	—	库容量1亿立方米		修建水库、发电站
重点增长区 配套项目	河道治理	—	—	—	河道治理
重点增长区 配套项目	连接潮莞高速的快速道	—	约32千米		建设连接潮莞高速的快速道（以政府为主导，由金东海以BT形式参与实施）
重点更新区	安墩老城区	蓝多公路（S243）以西	—	—	1. 对沿街商业和交易市场进行整合更新，塑造当地特色街市； 2. 疏通支路和巷路，改善交通微循环； 3. 完善镇区自来水网建设； 4. 疏通下水道，优化排水、排污管网； 5. 优化蓝多公路，划分人行道，建设绿化带
重点更新区	热汤古村落	热汤村西部	—	—	1. 通过对村庄建筑和景观整治，强化门户入口，提升热汤村形象风貌； 2. 通过改善局部环境、完善设施，挖掘建成区的潜在价值和空间

续表

类别	项目名称	具体位置	用地/规模 建设用地（亩）	用地/规模 农林用地（亩）	规划指引
重点保护区	安墩镇中央湿地公园	安墩镇镇区	—	8	1. 加强对新建、改建、扩建行为的监管，停止破坏行为的发生； 2. 加大资金和政策扶持，进行专项保护； 3. 通过改善局部环境、完善设施，挖掘建成区的潜在价值和空间； 4. 完善交通网络，加强与外界联系
重点保护区	客家文化观园	新田村	25	—	
重点保护区	爱国教育基地	黄沙村	30	—	

乐年华健康养生养老基地、秋实春华生态农林水牧基地、天宝物华陶瓷艺术产业园及配套项目。

第二，重点更新地区，指的是现在位于门户的建成区或景观空间，地位重要但需要提升建设水平、完善城市功能的地区。其目的在于通过改善局部环境、完善设施和置换陈旧功能，挖掘建成区的潜在价值和空间，促进城镇旅游形象提升。安墩镇重点更新地区包括安墩老城区、热汤村古村落。

第三，重点保护地区，指的是对城镇历史文化以及非物质资产具有重要意义的建成区，需要通过特别的手段进行维护更新。其目的在于提升城镇的旅游竞争力和保存历史街区。安墩镇重点保护地区包括安墩镇中央湿地公园、新田村客家文化观园、黄沙村爱国教育基地。

三 近期建设重点设施

预期包括环镇区公路、社会公共停车场、新客运站等交通设施;仙洞小学、大布小学、安墩新幼儿园、石塘托儿所、洋潭托儿所、消防救灾中心、安墩镇中央湿地公园、体育公园等公共服务设施与开放空间;热汤温泉养生度假区、优良种质资源圃、农林产品加工与物流区、客家文化观园等产业发展设施;沿蓝多公路布局的商业区、安墩镇农贸批发市场、商业服务中心等商业服务设施。近期建设应优先保障公益性设施用地,旅游发展应注重历史文化保护。

四 近期建设行动计划

预计到2020年左右,达到以下各方面的建设目标:

(一) 空间格局优化行动计划

优化中心镇区功能,到2020年初步完善镇区配套服务体系,建成一定规模的商业服务设施,城镇建设显著提升。落实空间管制要求,到2020年严格控制规划区城镇空间增长边界线,基本建立城镇发展动态监控机制。

(二) 产业格局集聚行动计划

第一,优化发展生态农业板块,依托丰富的耕地与林地资源本底,整合土地资源,引入大型的龙头企业与相关农业生产技术,到2020年初步实现规模化经营与全面技术推广,促进农产品深加工,提高农产品的附加值,形成规模批量生产,创出品牌,搞活流通。第二,重点发展旅游度假健康养生板块,推进热汤温泉养生度假区、商业服务中心、体育公园、黄沙爱国教育基地等项目的建设,到2020年力争将旅游度假健康养生板块建设成为安墩镇新的产业增长极。

(三) 交通运输建设行动计划

第一,城镇道路行动计划,建设规划新增的环镇区公路,将部分过境交通外移,减轻镇区原蓝多公路的交通压力,保障畅通。重点建设支路和巷路,改善交通微循环,形成主干路、次干路、支路以及巷路四个等级的城镇道路网。

第二,交通设施建设行动计划,启动建设位于镇区的社会公共停车场(面积为900平方米),配建标准按相关规范执行;保留现状的安墩加油站,并在四周设置防护绿地;重点推进镇区南部客运站的建设,加强与惠州周边城镇、村落的联系。

(四) 公共服务设施完善行动计划

第一,大力加强文化体育娱乐设施建设,到2020年建设覆盖城镇的公共文化和体育服务体系,市民公共文化、体育服务水平和城镇文化软实力得到明显提升。第二,深入推进教育现代化,推进仙洞小学、大布小学、安墩新托儿所、石塘托儿所、洋潭托儿所等教育设施的建设,到2020年教育设施服务半径基本覆盖远期需求,全面提升教育现代化水平。第三,提高医疗卫生服务水平,到2020年完善覆盖城镇的医疗服务和公共卫生体系。积极推进安墩镇卫生院的扩建。第四,调整行政办公设施的用地,促进行政办公用地的土地集约利用。到2020年基本将工商管理所、财政所由租赁的民宅迁移到新的办公场地,形成集中便民的行政服务体系。

(五) 基础设施保障行动计划

第一,给水工程行动计划,推进新水厂的建设,现状水厂作为备用水厂或逐步改造为高位水池，加强镇域水厂及输配水系统建设。第二，排水工程行动计划，全面提高镇域污水处理能力，建议镇域污水统一处理。在镇区南边新建西区污水处理厂，完善配套管网，近期实现污水处理率大于90%的目标。第三，供电工程行动计划，加快输变电工程的建设。10kV配电网尽可能通过开关站、线路分段分支设备，形成环形网络，提高供电的可靠性、连续性。部分现有的高压架空线路跨越规划地块，影响地块的建设与发展，建议将其迁移至规划道路两侧，拆除跨越地块敷设的高压架空线路。第四，燃气工程行动计划，优化能源结构，逐步以瓶装液化石油气为主，提高液化石油气的气化率，逐步取缔烧煤和烧柴现象，保护镇区的环境；为保证燃气工程的正常运作及安全性，重点推进燃气消防站点（含营业所及消防抢险站点等配套设施）的建设。第五，通信工程行动计划，将安墩镇电信局扩建为装机容量为5万门的电信局，完善通信管道网；在洋潭和石塘各新增1个邮政代办所。第六，防洪排涝工程行动计划，重点加固水库主体建筑物，提高水库工程类别；疏浚流经城市的排洪渠，拓宽泄洪通道，裁弯取直增大流量；沿山边设截洪沟，山水就近排入排洪渠。加强库区管理，特别是泄洪道及水库大坝的管理；除工程措施外，加强洪水灾害预报工作，建立较为完整准确的洪水预报系统。

（六）生态环境保育行动计划

第一，建设生态安全屏障，严格进行空间管制，到2020年生态恢复进入正向演替阶段，镇域生态环境逐步优化，通过林下经济与生态农业板块的发展，改变以桉树和美国松为主的经济林体系，基本形成稳定的生态安全保障体系。第二，结合自然环境和人文历史因素，重点建设公共绿地、生产防护绿地和道路绿化系统，形成自然分布于镇区的优美的绿化景观。第三，加大环境保护力度，到2020年，环境质量改善初见成效，实现工业固体废物处置利用率≥95%，工业危险废物安全处理率达100%，城镇生活垃圾无害化处理。

（七）城市形象提升行动计划

加强对历史文化和本土特色的保护，整合历史文化遗产，到2020年初步推进黄沙村、新田村等历史文物保护示范村的建设。

第七篇

创新意义的内涵

第十八章　创新意义的内涵

安墩镇生态综合一体化开发项目是一项践行国家"十三五"规划"创新、协调、绿色、开放、共享"五大发展理念，建设新型城镇化示范区和新农村建设示范区的战略举动。在总结安墩镇生态综合一体化开发项目的过程中，我们发现项目的多个方面体现着创新思维：以一个企业去整体开发一个镇，这本身就是一个极具创新意义的举动；在开发模式的设计中，推行新形式的"企业+农民"模式和新的"企业+农民+政府"模式，这是一种体制机制的创新；积极开发农业产品新品种，这是一种技术上的创新；在矿业开发中，践行开发与保护并重的模式，这既是技术也是理念上的创新；运用各种融资渠道，积极采用众筹和互联网等新型融资手段，这是一种资源组织的创新；积极引入大企业、政企合作共同开发安墩镇，这体现着政府施政理念和地区开发模式的创新。

第一节　新农村建设创新

安墩镇目前经济欠发达，城市化率很低，农村发展落后，怎么推进农村建设是个难题。传统的新农村建设一般由政府主导,采取并村建楼方式。从外在形象来看,农村确实变得更加有规划、有秩序,整洁了,但是产业发展并没有跟上,农民没有找到合适的就业岗位,收入依然较低,生活水平并没有实质性提高。

安墩镇开发项目新农村建设的创新之处在于,以构建广泛的利益共同体为保障,在加快新型城镇化步伐的同时,提高社会主义新农村建设水平,努力缩小城乡发展差距,推进城乡发展一体化。因地制宜发展特色鲜明、产村融合、充满魅力的新农村。

一　融新型城镇化建设和新农村建设于一体

(一) 传统的新农村建设模式

著名社会学家费孝通很早之前就在对苏南农村和温州农村的考察基础上提出了农村发展模式这个概念,并依据地域条件、历史与文化传统、发展路径和本地特色四要素,从这些地区的农村发展经验中总结出诸如"苏南模式""温州模式"等农村发展模式,同时指出"各地农民居住的地域不同,条件有别,所开辟的生财之道必定多种多样,因而形成了农村经济发展的不同模式"。"苏南模式""温州模式"本质上都是依靠农村自身力量的内源式发展,需要比较长的时间来发展,偶然性因素影响较大。在周边大城市虹吸效应巨大,人口大量外流的安墩镇,推行这两种发展模式都不现实。

事实上,由于不同区域、不同时期的矛盾不同,各地不能完全照搬其他地区的成功经验与模式,而是要充分结合自身条件与现状基础,构建能体现当地特色、带动当地社会经济发展的新农村建设模式和发展路径。为了缩小城乡差距,阻止大量农业人口涌入城市，安墩开发项目倡导"城乡等值化"理念建设农村的实践，希望通过土地整理、村庄革新等方式，实行产业本地化和农业经营规模化，鼓励村民离土不离乡，地方工业与农业同步发展模式，即"多中心分散式发展的城镇化模式"。项目计划集新型城镇化建设和新农村建设于一体，以解决农村地区人口过疏、产业衰退、基础设施落后和人口老龄化等问题，并改善农林生产经营条件、合理开发和利用土地资源、保护乡村自然环境和景观、促进乡村基础设施建设等。

具体的，项目计划根据比较优势原理，在安墩镇各村分别建立现代生态农业体系、观光和体验旅游农业基地、健康养生养老基地、陶瓷科技产业园等，在把整个安墩镇建成一个新型旅游宜居城镇的同时，做好新农村建设工作。总之，新农村之所以新，就在于它已经超出农村这个界限，突破城乡二元结构的框架，即新农村应当是城镇化进程中的农村，城镇化应当是推动农村发展的城镇化。换言之，没有工业化和城镇化的发展，也就不可能有新农村建设，离开现代工业和城市发展，孤立地看待新农村建设，试图仅仅从农村内部寻求新农村建设动力的思路，实在是一种孤芳自赏的臆想。

（二）一体化模式的优点

通过这种新型城镇化和新农村建设一体开发的模式，可以使得整个安墩镇在生产、生态、生活、流通等多方面高度融合、协调发展。通过集成生态农业、农产品加工业、旅游业和养生养老等产业，建设"产品—企业—产业—产业集群"四位一体的农村经济发展载体，通过载体建设实现提供绿色农产品和原材料的目标，履行生态环境服务功能，同时提供观光、休闲、健康养生养老、娱乐、文化教育等服务等功能，实现"生产发展、生活宽裕、乡风文明、村容整洁、管理民主"的建设目标。

二 构建利益共同体多主体开发模式

安墩镇生态综合一体化开发项目开创了一种新型的"企业＋农民＋政府"整体参与，共同建设整个镇域的开发模式，其本质是构建广泛的利益共同体。

（一）认识农村自身力量的有限性

对于很多农村地区来说，仅仅依靠农村自身的力量已经很难进行有效的现代化农村和农业建设。新农村建设必须要与农村外部的城镇化、产业化等力量相结合，才能有效利用农村的土地、劳动力和矿产等自然资源。农村发展也才能利用城市大企业的资金、技术、环境等生产要素发展经济，实现农民非农化、农业产业化，推动农村的工业化、城镇化。新农村建设是农村内部驱动力和外部推动力共同作用的结果。

这也顺应了中国经济发展规律。目前，中国整体区域发展已经进入到工业化中后期阶段，城市产业资金、大企业、大资本已经不断发展，对农村的扩散效应逐步加强，资源要素开始在城乡间相互流动，城乡关系进入以工促农、以城带乡的阶段，为新农村建设提供外部环境和动力因素。但是，在工业化、城市化进程较慢的区域，城乡间资源的流向主要是从农村到城市单向流动，城市区位的极化效应凸显，而城市对农村的扩散效应极其微弱，这些区域仍处于农业支持工业、农村支持城市的阶段。如不借助外部力量，这种现象似乎很难改变，所以亟须引进外部大企业资金对这些区域进行整体开发。安墩镇引进广东金东海集团对其进行综合一体化开发，正是想扭转这一不利局面。

（二）突出开发主体的多元性

传统观点认为只有农民是新农村建设的主体。农村确实是农民的家园，但是由于知识、资金、技术等的不足，农民可能并不知道怎样建设新农村。事实上，农村建设的复杂性决定了其推进过程是一个多主体共同参与的过程，在此过程中，政府、农民、企业、社会机构等不同主体都扮演着重要的作用，但是角色是不同的。在推进新农村建设的过程中，首先应当对新农村建设不同参与主体在此过程中扮演的角色有清晰的把握，新农村建设才能取得实质性进展。安墩镇生态综合一体化开发项目正是看清了这一点，所以才在体制和机制上进行创新，构建多元利益主体，共同开发安墩镇，体现在以下几个方面。

第一，安墩镇新农村建设得到了政府的大力支持，尤其是财政支持，做到了真正的城乡统筹，以期获得预期的结果。但是要摆脱强政府模式，政府在其中是协调者、引导者。政府主要负责新农村建设相关的政策、方针及制度等的制定；负责农村道路、水电设施等基础建设；负责新农村建设的发展规划制定、组织实施、过程监督以及效果评价等。

第二，安墩镇新农村建设积极争取农民自身参与，坚持农民是基本建设主体。其主体性地位主要体现在以下几点：首先，农民是新农村建设的需求主体，新农村建设的重点在哪里，应当怎样建设等问题应当充分尊重农民的意愿，推进过程中应当保障农民需求意愿的表达途径，体现农民的主体性地位。其次，农民是新农村建设的建设主体，只有农民积极参与到新农村建设之中，成为新农村建设的主人，新农村建设才有实质性的价值和存在的可能性。最后，农民是新农村建设的受益主体，新农村建设的目的之一就在于通过改善农村居民的生产生活环境，提升农民的真实福利水平，让农民享受新农村建设的成果。

第三，当地政府负责引入大企业、大资本，使其为新农村建设投资主体。事实表明，许多农村都是在龙头企业及农村非农产业快速发展的带动下推进新农村建设的，龙头企业带动的农业产业化大大提升了农业的增值能力，同时带动的要素生产效率的提升构成了农村生产发展的关键。在企业参与新农村建设的过程中，政府应当创造有利的条件（重点在政策倾斜、行政引导、机制创新三个方面）促进其作用的发挥。政府要组织和引导企业介入，探索与引导企业相关资源向新农村建设倾斜的机制与政策，探索一条企业参与农村产业发展、基础设施建设、社区建设和管理、社会事业发展、农村劳动力素质培训、农村社会保障等新农村建设的有效路径。

大企业的作用体现在诸多方面，大企业能为农村输入更多的金融资产以带动农村产业的发展；大企业的技术是丰富农业生产与农村发展的要素支撑，通过发挥新农村建设中的先进技术要素的作用，提升新农村建设的质量；大企业有信息优势，在信息经济时代，产品、技术等信息是发展的关键要素，大企业也可以为农村发展提供更多的有效信息，是实现小农户与大市场、小农民与大社会对接的有效途径。

总之，安墩生态综合一体化开发项目立足于改造传统农村的理想，在尊重农民意愿的基础上，通过企业市场化运作方式把新农村建设、农业产业化经营、生态旅游和养生养老等产业有机结合起来，并在实现各方利益的基础上形成各产业的良性互动机制，从而达到增加农民收入、改造传统农业、实现新农村建设的目标。

第二节 农林业技术创新

安墩镇是典型的南方丘陵地区，山地多，平地少。这导致农业规模化程度较低，目前以小规模家庭农业生产模式为主，生产技术落后。近年来，由于年轻劳动力外流严重，很多土地已经荒废，造成了土地资源浪费。这表明单纯依靠农村自身力量难以形成规模化和产业化的现代农业。惠东金东海绿色农林产业有限公司成立之后，拟根据现有农产品的特点，引入优良农业品种，培育品牌农产品；充分利用林地资源，发展多种形式的林下经济；引进先进的农业生产技术，做出科学的规划，建立农业大庄园；建立产学研一体化基地，培训农业生产和管理人才，推广农业生产技术。

一 农业品种创新

安墩镇有许多丘陵地，适合种植柑桔、龙眼等经济水果树，但安墩镇目前为止仍没有具有特色的水果品种。鉴于此，广东金东海集团旗下惠东金东海农林产业有限公司秉承"为耕者谋利，为食者造福"的宗旨，于2014年先后组团到重庆、成都调研金秋砂糖桔的杂交试验基地和品种中试基地，经过几番周折，终于在2015年10月份签订金秋砂糖桔的种苗购买、苗木联合开发和生产推广协议。惠东金东海农林产业有限公司成功引种金秋沙糖桔，不仅丰富了广东省柑桔栽培品种的资源，也填补了广东省无核柑桔种植和秋末无早熟柑桔两项空白。

金秋砂糖桔是中国农业科学院柑桔研究所曹立副研究员所研发，已于2013年4月以"中柑5号"成功申请植物新品种权保护（新品种权申请号：20130475.7），以"金秋砂糖桔"正式名称申请品种审定，是中国第一个拥有自主知识产权的优质杂交柑桔新品种。

金秋砂糖桔引种与产业标准化生产示范推广，以及其果品综合利用技术加工配套建设项目与广东省第十二届人民代表大会第三次会议第1368号建议《关于柑橘区域复种和产业转型升级的建议》相统一，符合广东省高度重视农业规模化生产和产业化经营，打造"公司+农户"的农业产业化生产模式，今后将在惠东山区大大提高土地生产率和增加农民收入。

二 林下经济创新

安墩镇山多平地少，对山林地区进行合理有效开发利用具有重要的战略意义。金东海农林产业有限公司提出发展多种形式的林下经济，是符合国家政策，发挥安墩优势，促进农民增收，保护生态环境的新型生态产业。目前，我国的林下经济发展模式正处于起步阶段，中央政府高度重视，在我国部分林业发展强县，如东北三省、江西省和福建省等地区初步形成了具有地方特色的发展模式。安墩镇也已经在乔木树干上大面积种植铁皮石斛等林下经济作物。

未来考虑依托安墩优越的森林资源，进行野生动物驯养与牧养、良种牲畜品种的培育。安墩镇生态农林水牧养殖基地通过对野生动植物的保护、驯化，牧禽良种繁育的研究，已积累了大量的动物驯化和优良牧禽的养殖管理经验，建有一整套标准的技术规范和流程，使驯化动物和牧禽生产的可控性得到了保证。

三　农业生产技术创新

金东海集团拟通过农业集约化、规模化、商品化、现代化发展模式，改善安墩镇农业结构，丰富农产品种类，更好地与现代市场对接。例如，仙女峰大庄园建设有助于实现村庄联动生产、打造精品农业品种的目标。

金东海集团也在积极开发生态有机农业发展模式，生产无公害有机农产品。第一，开发物质分级多层利用模式，建设微生物菌肥生产系统，设置集中沼气池，集中收集人畜排泄物、农作物肥料等，培育微生物肥料，用于无公害和有机农业生产，解决养殖业粪便污染问题，形成以"动物—沼气池—植物"为主的结构优化模式，用于立体多样性经济种植，形成良性生物链，保持生态平衡，降低成本，减少环境污染。第二，发展以生物防治为主的病虫害防治模式，依托科研院校的技术力量建设生物防治体系，通过天敌生物的引入克制病虫害的发生，为作物创造良好的生存环境。第三，开发生物多样性生态种养结合技术，遵循生物链循环，按照生态工程原理，对种养的品种进行合理配置，按高标准建设立体式生物多样性种养模式。

四　产学研一体化

安墩开发项目也高度重视生产、教育和科研的融合，以便加速最新科技创新成果的推广和转化应用，加快先进生产技术在一线生产人员中的普及，提高科研人员对实际生产情况的了解，形成一条低成本、高效率的农业产品生产、开发与推广道路。具体来看，金东海集团已经建立铁皮石斛药理研究中心，形成铁皮石斛产业产学研基地，期望彻底搞懂铁皮石斛的药用原理和价值，搞清楚铁皮石斛适宜的生长环境和方式。金东海集团也引入了农业协会及相关科研机构，希望通过科技创新，对生态农林产业和基地的建设进行技术指导。

未来金东海集团将与更多高校、研究机构展开农业生产方面的合作，甚至促使科研院所在安墩镇成立科研基地，方便专家教授更加便捷地开展研究工作。金东海集团也打算定期组织专家教授在安墩镇举办各类讲座，对农业技术人员、管理人员和农民等进行培训；定期组织专家对农业进行技术评估，为农业企业提供技术服务，根据企业需求进行技术会诊，帮助企业决策、解决企业技术创新中存在的问题和难题。最终走出一条"科研院所+龙头企业+农户"的科技产业化应用体系。

第三节 矿业开发创新

一 绿色开采

矿业开发一直被人们认为是破坏生态环境、引起水土流失和水质污染的活动。人们之所以有这种印象，与传统矿产品开采过程重经济效益、轻环境保护有关。传统矿业开发确实造成了一定程度的环境污染，对地区可持续发展十分不利。汲取以往的经验教训，在矿业开发过程中，广东金东海集团有限公司始终坚持开发与生态修复并重、同时进行的原则，推行积极保护型的开发模式。

金东海集团希望通过绿色开采，来积极保护安墩的生态环境。安墩瓷土矿自古就有名，这吸引了很多人来盗采盗挖，他们不注意保护环境，盗挖过程没有秩序，没有规划。这已经导致部分地区的道路不断被土渣阻塞，周边山体露出白骨般的土层，无人对开采后的山体进行修复，上面寸草不生，生态环境受到极大的破坏，同时开凿的沟槽直接流向周边的农田和村庄，导致村民的农田不断被土渣和化学药品冲刷和污染，至今仍未恢复。金东海集团具有绿色开采资质、先进的开采技术和生态可持续发展解决方案，由其对瓷土矿进行绿色开采有望改变这一不利局面。

金东海集团瓷土矿开采方法具有创新性。第一，开采与加工地点的选址遵循就近原则，主要选址于安墩瓷土矿的主要集中地，以减少开采、运输和加工过程中对外界的影响。在生态优先与可持续发展的前提下，对瓷土深加工的工艺流程和环境影响进行实时监控与调整，并计划申请省级、国家级绿色矿山开采试点。第二，坚持不直接销售瓷土矿原材料的原则，对瓷土矿进行深加工，提高其附加值。

广东金东海集团想把安墩镇打造成一个集生态宜居、生态旅游、健康养生养老等于一体的基地，从其自身利益出发，绿色开采是最优的。

二　陶瓷开采与陶瓷艺术

陶瓷开采只是广东金东海集团有限公司构建陶瓷产业链的第一步，其最终目标是构建陶瓷"绿色开采—精细加工—高端产品"产业链体系。第一，在绿色开采之后，该公司将建设陶瓷原料加工基地，引进国外高技术瓷土深加工等工艺流程，生产多种高品质的瓷土产品，通过合理开发与深加工提升瓷土资源的附加值。该公司将重点进行工艺陶瓷品的品牌化建设，从而优化当地的瓷土产业结构。第二，该公司计划在洋潭村、珠湖村等村落建设陶瓷文化产业园，结合新田村客家民俗观光园形成陶瓷文化圈，以整合当地的陶瓷文化资源。计划建设与"蓝天、绿树、碧水"相协调的园区自然色调，体现当地返璞归真、回归自然的理念，充分彰显安墩镇的地域特色。第三，该公司还将规划建成以陶瓷产业为特色的技术产业集聚区，将学术交流、技术创新、产品开发、人才培育与资本运营融合为一体，以政府产业政策扶持为导向、以开放的技术平台为依托，致力于培育一流绿色开采与精细加工的开发企业，同时发展陶瓷艺术的一块高地。第四，为了让更多的人了解历史悠久的陶瓷工艺和艺术、普及陶瓷文化，该公司还拟推广陶瓷开采与制作体验活动。

第四节　金融支持创新

安墩整体开发项目需要大量资金，金东海集团多措并举，在有效利用传统融资方式的同时，积极接纳新的融资方式，提高了筹资的效率。

一　互联网融资

近年来，互联网金融风起云涌，未来或将继续发展，成为主要的融资方式之一。如果安墩镇生态综合一体化开发项目能够成功利用互联网融资，则将成为大项目互联网融资的先例之一。如果能进一步利用众筹等方式融资，则将开辟一条分散化小资金对接大项目的有效途径。安墩镇生态综合一体化开发项目采用互联网融资的创新之处还表现为：第一，为项目开发找到了一条新的融资渠道。例如，众筹作为集合大量投资者小额单笔投资的网络平台，能够有效扩大潜在投资对象，突破地域等限制，可以增加民营企业融资机会。第二，为中小投资者分享项目收益提供了一条路径，符合五大发展理念的"共享"理念，有助于构建分享性经济。事实上，中小投资者一直只能通过购买银行理财产品等几种有限的渠道进行投资，如果风险管理得当，互联网金融将有助于有理财需求的中小企业和个人解决他们的资金问题。第三，有助于为创新性、个性化项目融资。安墩开发项目的融资需求呈现创新性、个性化、差异化特征。互联网金融可以依托信息技术，对金融服务和产品进行改造和重构，满足项目的个性化融资需求。

二 政策性银行贷款

政策性银行不以营利为目的，贷款利率较商业银行低，且期限长，对企业非常有吸引力。但是民营企业一直难以获得诸如国家开发银行、中国农业发展银行等政策性银行的贷款，因为政策性银行一般只给那些促进社会发展的项目提供资金，例如中国农业发展银行的融资对象主要是农业开发项目，承担农业政策性扶植任务。民营企业一般不从事这些项目，所以基本不可能获得这类贷款。然而，考虑到安墩镇生态综合一体化开发项目有利于农村社会发展的特点，具有一定促进社会发展的功能，可以考虑积极争取政策性银行的贷款。如果申请贷款成功，则不失为民营企业获取金融支持方式的创新。

三　绿色债券

绿色债券是今年来才发展起来得债券融资方式，前景广阔。绿色债券是政府、金融机构、工商企业等资金需求者向投资者发行，承诺按一定利率支付利息并按约定条件偿还本金的债权债务凭证，且募集资金的最终投向应为符合规定条件的绿色项目。绿色债券所得资金专门用于资助绿色项目，例如，转变落后生产技术、提高能效、降低污染等在内的项目。绿色债券在市场上的广泛发行，是国家想提醒与引导市场参与者关注绿色产业，关注生态文化。国家鼓励地方先行先试大力推动绿色债券的发展，将其作为践行生态文明发展理念的有效途径之一。考虑到安墩生态综合一体化开发的特点，即"绿色"开发的特点，可以争取获得绿色开发相关资质，通过绿色债券融资，成为民营企业发行绿色债券的先驱。

绿色债券的发行符合国家政策，国务院印发的《关于积极发挥新消费引领作用加快培育形成新供给新动力的指导意见》强调要建立绿色金融体系，发展绿色信贷、绿色债券和绿色基金。绿色债券作为有助于生态文明建设的重要工具，也受到了地方政府及相关监管机构的重视，未来很可能获得相关补贴和优惠政策的支持，如专门的贴息支持、较低的投资门槛、优惠的税收等。这将直接降低安墩项目的融资成本，使其以更低利率获取资金。

四　新型农业合作保险

安墩镇生态综合一体化开发项目的另一金融支持重大创新是

成立新型农村合作型保险机构，重新整合农村内部现有资金，有效使得农村资金留在农村，为农业生产服务。村组织和投资企业起到带头作用，把农民组织起来，当地政府和投资企业提供一定数量的启动基金，农民缴纳一定数量的保险金，通过这种方式成立农村合作型保险机构。

在农村信用合作社资金融通功能日益式微的背景下，建立新型农村合作型保险机构将有非常重要的意义。第一，具有保险功能。农业生产属于高风险行业，受自然气候影响较大，所以需要为农产品生产提供保险资金，在农业生产受到重大不利冲击时，给农民提供一定程度的补偿。农民可以按年用农产品收获利益补偿保费收入。因此从这个角度看，也要发展企业为农业生产入股入资的小型农村合作保险机构。第二，具有资金融通功能。除了给农业生产提供保险以外，农村合作型保险机构也可以提供适当规模的农业生产信贷，以及农产品加工信贷，以促进农业生产的规模化和集约化。

第五节　开发模式创新

一　政企合作

安墩镇生态综合一体化开发项目最突出的制度创新就是政府和企业合作模式（PPP），这是一种新的资源组织方式。在国家目前公布的第三批PPP项目中，开始出现城镇综合开发类示范项目，说明了安墩开发项目的前瞻性和预见性。通过引入大企业、大资本对其进行开发，安墩镇土地、林地、劳动力、温泉和矿产资源等可以得到充分的利用，改变以往闲置不用的状态，是一种对各方都有利的开发模式。

第一，对地方政府来说，可以视为一种拓宽新型城镇化建设的融资渠道，也可以促进政府职能加快转变，推动社会治理模式创新，所以 PPP 模式已经应用到越来越多的领域。之前的这种模式主要应用于交通能源行业，现在已经广泛运用到民生类、社会类项目，包括土地整理、产业园区管理、水利、环境保护、市政公用事业、农业、文化、医疗、卫生等多个领域。安墩镇可以借助与广东金东海集团有限公司的合作，推动实施产业落地、促进安墩经济发展的核心目标，最终实现安墩的全面、综合和可持续发展。

第二，对企业来说，它们的资本、管理经验、信息、技术等要素获得了在新型城镇化建设中发挥作用的渠道，也可以获得稳定的收益。在安墩镇整体开发项目中，广东金东海集团与安墩镇签订整体开发协议，承担安墩镇土地利用规划、镇域总体规划、产业发展规划等，一揽子负责基础设施与公共设施建设、各项目融资、产业招商服务等工作。这种机制减少了分项目谈判的操作成本，从"一事一议"变为以 PPP 机制为核心的协商制度，大大提高了新型城镇化建设的效率，是探索民生类、社会类、综合类 PPP 项目的有益尝试。

二 构建企业与农民利益共同体

为了尽可能减少开发过程中的不确定性，有效调动农民的生存积极性，安墩开发项目设计了多种形式的"企业＋农民"利益共同体。第一，市场自由结合型利益共同体，即企业和农民通过自由市场进行交易。这种利益共同体简单、灵活，在多种短期合作项目中非常适用。第二，合同型利益共同体，即企业和农民以合同为纽带开展合作。企业在这种利益共同体中资金投入少、项目启动快。企业可以充分发挥其融资优势、技术优势、高效的管理能力、资源整合优势、销售渠道优势等，以较少投入快速整合农村分散资源，而且有效解决了市场竞争中农民利益保护的问题。第三，租赁型利益共同体。其表现形式为，企业通过租赁取得农村土地使用权，由企业投资建设现代化的农业种植基地、动物养殖基地、旅游基地、温泉基地，然后再转租给农民经营。在农民承包经营的过程中，由公司负责投资，并进行技术指导，对整个基地进行综合管理和协调。其优点在于能够充分调动农民的积极性，最大限度地减少开发阻力；由于基地都是企业负责开发的，并在经营过程中提供技术和服务指导，所以产品和服务的质量有保障。第四，雇佣型利益共同体。其表现形式是，企业出资长期承租农民土地，拥有全部股份；农民成为企业的员工，但仍在原来的土地上工作；制订奖励计划激励农民高效工作。在这种模式下，农民和企业的关系是一种企业内部的关系，从而实现了产品生产和服务提供的一体化。其主要优点是操作简单，管理容易，可以直接利用现代企业的管理方式，且产品和服务质量有保证。第五，股份制型利益共同体。其组织形式是企业利用资金和技术入股，农民以土地入股，成立股份制公司。这有助于企业和农民合作关系的长期稳定，两者的利益都有保障；能够最大程度提高农民的积极性和主动性；有利于农民对生态环境的保护。

三 构建政府、村组织、企业、农民利益共同体

单纯的"企业+农民"模式有时会不稳定。例如，当农民比较短视、缺乏耐心，以及外部风险比较大时，农民容易出现机会

主义行为，直接影响这种模式的效率，严重时甚至导致这种模式破裂。所以安墩开发项目还构建了"企业+镇政府+村组织+农民"利益共同体模式。在这种模式中，企业首先与当地的精神领袖、有影响力的人物、村组织和镇政府结成利益共同体，由他们负责对一般农民进行教育与约束，并通过他们与广大农民结成利益共同体。这种模式有两种形式：第一，代理人模式，即镇政府、村组织等充当企业和农民之间的代理人。一般通过给予镇政府、村组织一定比例的企业股份作为报酬，其优点是简单易行，可操作性强。第二，合作社和专业协会模式。其组织形式是企业通过镇政府、村组织、能人和领导人物出面，资助成立镇级或者村级合作社和专业协会，并给予它们一定的经济作用；企业以合作社和专业协会为纽带，联结一般农民，形成稳定的生产合作关系，实施农业规模化生产和服务高效提供。这种模式的优点在于：将企业与单个农民的市场交易转化为企业与合作社或者专业协会的交易，有效节约了交易成本和风险，有助于形成稳固的合作机制；有效地实现企业和农民之间的，以及农民内部间的权责分配，合理分享市场交易利益。

四 农村微观主体的再组织

近年来，由于年轻人口大量外流，农村微观主体的旧有组织已经比较涣散，很难适应新形势下综合开发项目对其组织能力的需要。在对安墩镇农村的调研中，也可以发现这一点，所以安墩开发项目提出对安墩农村微观主体进行一定程度的再组织，以增强农民之间的凝聚力，具体包括以下几个方面的措施。

第一，继续发挥农村党支部委员会、村民自治组织等正式组织的作用。为了使这些正式组织发挥作用：一是要积极培养一批年轻化、文化程度较高、思想先进的村干部，可以积极引进一批愿意在农村工作的大学生村官。二是要提高村干部工资待遇，让他们能够稳下心在农村工作。三是对村干部进行必要的考核，给予成绩突出者一定奖励。村组织要充分利用这一批新干部队伍的现代化技术和管理知识，对村级发展做出规划，定期召开一些村民会议，宣传规划理念，进而扩大村组织的影响力。

第二，培育企业和农民共同入股的股份制型利益共同体，使之成为一种新型的农村微观主体。股份制型利益共同体是农村发展理想的组织形式，是企业与农民利益共同体的高级形式。这种利益共同体借助投资企业的力量对农村微观主体进行再组织，也将成为一种新型的市场主体，它不仅可以突破"企业＋农民"的简单开发模式，而且这种现代市场主体可以与现代金融体系和法治环境进行更有效的对接，从而最大限度提高农民的积极性和主动性。

在这种利益共同体中，企业利用资金和技术入股，并吸纳广大农民以土地、自有资金、农用设备、特有技术等要素入股，成立股份制公司。农民在企业中拥有股权，参与管理、决策和监督，甚至可以选举董事会，真正确保农民利益得到充分的反映和体现。所以在这种利益共同体中，企业与农民不仅有严格的经济约束，且是共同的出资人，组成新的企业主体，拥有共同的利益，真正形成了"资金共筹、利益共享、积累共有、风险共担"的利益共同体。所以，这种利益共同体可以有效保证企业和农民的合作关系长期且稳定；可以形成新的监督和激励运作机制，按照各自的股份获得相应的收益，从而提高农民的积极性和主动性；可以减少投资成本压力并缓和征地等矛盾，让项目快速落地。同时农民的主人翁身份有助于其意识到生态环境的价值，自觉地参与到旅游资源和生态环境的保护中。总之，这种利益共同体对促进农业现代化和产业化经营有着明显的作用，是农村发展的方向。